CONSELHO NACIONAL DE EDUCAÇÃO
DESENHO JURÍDICO-INSTITUCIONAL DA PARTICIPAÇÃO SOCIAL

COLEÇÃO FÓRUM
DIREITO
E POLÍTICAS
PÚBLICAS

GISELLE GOMES BEZERRA

Prefácio
Maria Paula Dallari Bucci

CONSELHO NACIONAL DE EDUCAÇÃO

DESENHO JURÍDICO-INSTITUCIONAL DA PARTICIPAÇÃO SOCIAL

3

Belo Horizonte
FÓRUM
CONHECIMENTO JURÍDICO
2023

COLEÇÃO FÓRUM
DIREITO E POLÍTICAS PÚBLICAS

© 2023 Editora Fórum Ltda.

É proibida a reprodução total ou parcial desta obra, por qualquer meio eletrônico, inclusive por processos xerográficos, sem autorização expressa do Editor.

Conselho Editorial

Adilson Abreu Dallari
Alécia Paolucci Nogueira Bicalho
Alexandre Coutinho Pagliarini
André Ramos Tavares
Carlos Ayres Britto
Carlos Mário da Silva Velloso
Cármen Lúcia Antunes Rocha
Cesar Augusto Guimarães Pereira
Clovis Beznos
Cristiana Fortini
Dinorá Adelaide Musetti Grotti
Diogo de Figueiredo Moreira Neto (in memoriam)
Egon Bockmann Moreira
Emerson Gabardo
Fabrício Motta
Fernando Rossi
Flávio Henrique Unes Pereira
Floriano de Azevedo Marques Neto
Gustavo Justino de Oliveira
Inês Virgínia Prado Soares
Jorge Ulisses Jacoby Fernandes
Juarez Freitas
Luciano Ferraz
Lúcio Delfino
Marcia Carla Pereira Ribeiro
Márcio Cammarosano
Marcos Ehrhardt Jr.
Maria Sylvia Zanella Di Pietro
Ney José de Freitas
Oswaldo Othon de Pontes Saraiva Filho
Paulo Modesto
Romeu Felipe Bacellar Filho
Sérgio Guerra
Walber de Moura Agra

FÓRUM
CONHECIMENTO JURÍDICO

Luís Cláudio Rodrigues Ferreira
Presidente e Editor

Coordenação editorial: Leonardo Eustáquio Siqueira Araújo
Aline Sobreira de Oliveira

Rua Paulo Ribeiro Bastos, 211 – Jardim Atlântico – CEP 31710-430
Belo Horizonte – Minas Gerais – Tel.: (31) 99412.0131
www.editoraforum.com.br – editoraforum@editoraforum.com.br

Técnica. Empenho. Zelo. Esses foram alguns dos cuidados aplicados na edição desta obra. No entanto, podem ocorrer erros de impressão, digitação ou mesmo restar alguma dúvida conceitual. Caso se constate algo assim, solicitamos a gentileza de nos comunicar através do e-mail editorial@editoraforum.com.br para que possamos esclarecer, no que couber. A sua contribuição é muito importante para mantermos a excelência editorial. A Editora Fórum agradece a sua contribuição.

Dados Internacionais de Catalogação na Publicação (CIP) de acordo com ISBD

B574c	Bezerra, Giselle Gomes
	Conselho Nacional de Educação: desenho jurídico-institucional da participação social / Giselle Gomes Bezerra. - Belo Horizonte : Fórum, 2023.
	242p. ; 14,5cm x 21,5cm. – (Coleção Fórum Direito e Políticas Públicas ; v.3)
	ISBN: 978-65-5518-442-6
	ISBN da coleção: 978-65-5518-447-1
	1. Direito Constitucional. 2. Direito Público. 3. Desenho jurídico-institucional da participação social. 4. Conselho Nacional de Educação. 5. Forma de escolha dos Conselheiros. 6. Sociedade civil organizada. 7. Participação de grupos de interesse. 8. Políticas públicas. I. Título. II. Série.
2022-2184	CDD 342
	CDU 342

Elaborado por Odilio Hilario Moreira Junior - CRB-8/9949

Informação bibliográfica deste livro, conforme a NBR 6023:2018 da Associação Brasileira de Normas Técnicas (ABNT):

BEZERRA, Giselle Gomes. *Conselho Nacional de Educação*: desenho jurídico-institucional da participação social. Belo Horizonte: Fórum, 2023. (Coleção Fórum Direito e Políticas Públicas, v. 3). 242p. ISBN 978-65-5518-442-6.

À minha filha, que nasceu durante a realização deste sonho, e ao meu pai, que, de maneira inesperada e dolorosa, se foi pouco antes de sua materialização.

AGRADECIMENTOS

Gostaria de registrar a minha gratidão à professora e minha orientadora na então dissertação que deu fruto a esta obra, Maria Paula Dallari Bucci, da Faculdade de Direito/USP, que tanto me ensinou ao longo desta jornada, algo que levarei para a vida, cujo contato sempre é uma experiência maravilhosa. Aos Professores: Nina Beatriz Stocco Ranieri e Luis Fernando Massonetto, da Faculdade de Direito/USP; Wagner Pralon Mancuso e Ursula Dias Peres, da Escola de Artes, Ciências e Humanidades/USP; Adrian Gurza Lavalle, da Faculdade de Filosofia, Letras e Ciências Humanas/USP; e Rubens Barbosa de Camargo, da Faculdade de Educação/USP, pelo diálogo e pela profunda instrução.

Aos amigos da Faculdade de Direito/USP, especialmente ao também professor Rodrigo Pires da Cunha Boldrini e a Ingrid Viana Leão.

À minha escola de formação em Direito Público Municipal, Conam – Consultoria em Administração Municipal, em particular ao professor Austen S. Oliveira, que fez a leitura e teceu comentários que me impulsionaram nesta obra; à Dra. Dyonne Stamato, que desde sempre é a minha inspiração; aos seus diretores e apoiadores no mestrado que ensejou a presente obra: professor Walter Penninck Caetano e Srs. Douglas Rodrigues Caetano e Fabian Rodrigues Caetano; e aos Drs. Manoel Joaquim dos Reis Filho e Armando Marcondes Machado Jr. (*in memoriam*) – eternos professores e chefes cuja admiração e respeito por ambos me são ímpar.

Às bibliotecas da Faculdade de Direito, da Escola de Artes, Ciências e Humanidades, de Educação e de Filosofia, Letras e Ciências Humanas da USP, que tão bem me acolheram por horas e horas a fio; ao Ministério da Educação, na figura da professora Vitória Dione Carvalho Pereira, coordenadora de Apoio ao Colegiado, cujo suporte nas pesquisas foi imprescindível.

À Júnia Guimarães Botelho e *in memoriam* de sua mãe, a discípula de Mário de Andrade e especialista brasileira em folclore e literatura popular, Ruth Guimarães Botelho, que me acolheram, ensinaram e fortaleceram; e igualmente à Vanessa Vieira Beraldo.

E, por fim, à minha família, em especial ao Alexandre Grampa, companheiro que me apoia de maneira irrestrita dia após dia.

LISTA DE ABREVIATURAS E SIGLAS

ABAVE	Associação Brasileira de Avaliação Educacional
ABE	Academia Brasileira de Educação
ABEA	Associação Brasileira de Ensino de Arquitetura e Urbanismo
ABED	Associação Brasileira de Educação a Distância
ABEDi	Associação Brasileira de Ensino de Direito
ABENGE	Associação Brasileira de Ensino de Engenharia
ABL	Academia Brasileira de Letras
ABRUC	Associação Brasileira de Reitores de Universidades Comunitárias
ABRUEM	Associação Brasileira de Reitores de Universidades Estaduais e Municipais
AGB	Associação dos Geógrafos Brasileiros
ANDIFES	Associação Nacional dos Dirigentes de Instituições Federais de Ensino Superior
ANFOPE	Associação Nacional pela Formação dos Profissionais da Educação
ANGRAD	Associação Nacional dos Cursos de Graduação em Administração
ANPAE	Associação Nacional de Política e Administração da Educação
ANPEC	Associação Nacional de Centros de Pós-Graduação em Economia
ANPED	Associação Nacional de Pós-Graduação e Pesquisa em Educação
ANPG	Associação Nacional de Pós-Graduandos
ANPOCS	Associação Nacional de Pós-Graduação em Pesquisa em Ciências Sociais
ANPOF	Associação Nacional de Pós-Graduação em Filosofia
ANUP	Associação Nacional de Universidades Particulares
APMs	Associações de Pais e Mestres
art.	artigo; **arts:** artigos

AVM Faculdade Integrada	AVM nasceu como um Projeto em 1996, com o objetivo de oferecer Pós-Graduação de qualidade, por baixo custo, ligada à Universidade Cândido Mendes
CCDM	Conselho Cearense dos Direitos da Mulher
CEB	Câmara de Educação Básica
CEE-SP	Conselho Estadual de Educação de São Paulo
CES	Câmara de Educação Superior
CESGRANRIO	Fundação CESGRANRIO
CF, CF/1988	Constituição Federal
CF/1934	Constituição Federal de 1934
CFE	Conselho Federal de Educação
CGT	Confederação Geral dos Trabalhadores
CNA	Confederação Nacional da Agricultura
CNC	Confederação Nacional do Comércio
CNE	Conselho Nacional de Educação
CNI	Confederação Nacional da Indústria
CNPq	Conselho Nacional de Desenvolvimento Científico e Tecnológico
CNT	Confederação Nacional do Transporte
CNTE	Confederação Nacional dos Trabalhadores em Educação
CONIF	Conselho Nacional das Instituições da Rede Federal de Educação Profissional, Científica e Tecnológica
CONSED	Conselho Nacional dos Secretários de Educação
CRUB	Conselho dos Reitores das Universidades Brasileiras
CSE	Conselho Superior do Ensino
CUT	Central Única dos Trabalhadores
EC	Emenda Constitucional
Embrapa	Empresa Brasileira de Pesquisa Agropecuária
Fecomercio	Federação do Comércio de Bens, Serviços e Turismo do Estado de São Paulo
FGV	Fundação Getulio Vargas
FMU	Faculdades Metropolitanas Unidas
FUNARTE	Fundação Nacional de Artes
Funpar	Fundação de Apoio da Universidade Federal do Paraná
GOVERNO/PE	Governo do Estado de Pernambuco
GOVERNO/SP	Governo do Estado de São Paulo
ICSS	Instituto Cultural de Seguridade Social
IFITEG	Faculdade de Filosofia e Teologia de Goiás

LDB	Lei de Diretrizes e Bases da Educação Nacional
LNCC	Laboratório Nacional de Computação Científica
MEC	Ministério da Educação
MNPEF	Mestrado Nacional Profissional em Ensino de Física
MP	Medida Provisória
MPs	Medidas Provisórias
MROSC	Marco Regulatório das Organizações da Sociedade Civil
Obs.:	Observação
OEA	Organização dos Estados Americanos
ONGs	Organizações não governamentais
OSCs	Organizações da Sociedade Civil
PNE	Plano Nacional de Educação
PNPS	Política Nacional de Participação Social
PUC/GO	Pontifícia Universidade Católica de Goiás
PUC/RJ	Pontifícia Universidade Católica do Rio de Janeiro
PUC/SP	Pontifícia Universidade Católica de São Paulo
RJ	Rio de Janeiro
SBF	Sociedade Brasileira de Física
SBP	Sociedade Brasileira de Psicologia
SBPC	Sociedade Brasileira para o Progresso da Ciência
SBQ	Sociedade Brasileira de Química
SEB	Sistema Educacional Brasileiro S.A.
SNPS	Sistema Nacional de Participação Social
TSE	Tribunal Superior Eleitoral
UBES	União Brasileira dos Estudantes Secundaristas
UCAM	Universidade Cândido Mendes
UCB/DF	Universidade Católica de Brasília
UCSAL	Universidade Católica do Salvador
UEFS	Universidade Estadual de Feira de Santana
UERJ	Universidade do Estado do Rio de Janeiro
UFABC	Universidade Federal do ABC
UFAL	Universidade Federal de Alagoas
UFG	Universidade Federal de Goiás
UFJF	Universidade Federal de Juiz de Fora
UFMG	Universidade Federal de Minas Gerais
UFMT	Universidade Federal de Mato Grosso
UFPA	Universidade Federal do Pará

UFPE	Universidade Federal de Pernambuco
UFPR	Universidade Federal do Paraná
UFRGS	Universidade Federal do Rio Grande do Sul
UFRJ	Universidade Federal do Rio de Janeiro, também denominada Universidade do Brasil
UFSCAR	Universidade Federal de São Carlos
UnB	Universidade de Brasília
UNDIME	União dos Dirigentes Municipais de Educação
UNE	União Nacional dos Estudantes
UNIBAN	Universidade Bandeirante de São Paulo
UNICAMP	Universidade Estadual de Campinas
Unilab	Universidade da Integração Internacional da Lusofonia Afro-Brasileira
UNINOVE	Universidade Nove de Julho
UNIP	Universidade Paulista
UNIPAMPA	Universidade Federal do Pampa
UNISO	Universidade de Sorocaba
USF	Universidade São Francisco
USP	Universidade de São Paulo
UNE	União Nacional dos Estudantes
UNESCO	Organização das Nações Unidas para a Educação, a Ciência e a Cultura
UNI	União das Nações Indígenas
UNICAMP	Universidade Estadual de Campinas
UNICEF	Fundo das Nações Unidas para a Infância
USP	Universidade de São Paulo
VAA	Valor Anual por Aluno

SUMÁRIO

APRESENTAÇÃO DA COLEÇÃO 15

PREFÁCIO 17

INTRODUÇÃO 21

CAPÍTULO 1
DEMOCRACIA REPRESENTATIVA E PARTICIPATIVA 25
1.1   A democracia participativa como espécie entre as formas democráticas 34
1.2   Os limites da participação popular no curso do processo decisório 36
1.3   Os atores envolvidos no processo participativo: entidades e segmentos da sociedade civil organizada 40

CAPÍTULO 2
A INSTITUCIONALIZAÇÃO JURÍDICA DA PARTICIPAÇÃO 49
2.1   Institucionalização e desenho jurídico-institucional 49
2.1.1 A relevância do desenho jurídico-institucional para a efetividade da participação: atos normativos que lhe prestam apoio 57
2.2   O desenho jurídico-institucional e os seus efeitos sobre a participação de grupos de interesse 61
2.3   Participação social no direito positivo brasileiro 64
2.3.1 Da revogação promovida pelo Decreto Federal nº 9.759/2019 ao Decreto Federal nº 8.243/2014: esse último promovia novo status aos conselhos de políticas públicas? 69

CAPÍTULO 3
ANÁLISE APLICADA DE INSTITUCIONALIZAÇÃO DA PARTICIPAÇÃO: O CASO DO CONSELHO NACIONAL DE EDUCAÇÃO 75
3.1   Conselhos Nacionais como forma de participação 78
3.2   Do Conselho Superior do Ensino ao Conselho Nacional de Educação: a evolução da composição 90

3.3 A questão da representação das entidades da sociedade civil na composição da Câmara de Educação Superior do CNE 107
3.4 O processo de escolha dos Conselheiros da Câmara de Educação Superior e a participação de grupos de interesse pós-1996 109

CAPÍTULO 4
A FORMA DE ESCOLHA DOS CONSELHEIROS DA CÂMARA DE EDUCAÇÃO SUPERIOR DO CNE: UMA LEITURA CRÍTICA.........119
4.1 Questões de método para a realização do estudo de caso 120
4.2 Estudo de caso: uma leitura crítica 123

CONCLUSÃO 145

REFERÊNCIAS 149

ANEXO I 163

APÊNDICE I 221

APÊNDICE II 233

APÊNDICE III 235

APÊNDICE IV 239

APRESENTAÇÃO DA COLEÇÃO

A *Coleção Fórum Direito e Políticas Públicas* tem o objetivo de apresentar ao leitor trabalhos acadêmicos inovadores que aprofundem a compreensão das políticas públicas sob a perspectiva jurídica, com triplo propósito.

Em primeiro lugar, visa satisfazer o crescente interesse pelo tema, para entender os avanços produzidos sob a democracia no Brasil depois da Constituição de 1988. É inegável que as políticas públicas de educação, saúde, assistência social, habitação, mobilidade urbana, entre outras estudadas nos trabalhos que compõem a coleção, construídas ao longo de várias gestões governamentais, mudaram o patamar da cidadania no país. Certamente, elas carecem de muitos aperfeiçoamentos, como alcançar a população excluída, melhorar a qualidade dos serviços e a eficiência do gasto público, assegurar a estabilidade do financiamento e, no que diz respeito à área do Direito, produzir arranjos jurídico-institucionais mais consistentes e menos suscetíveis à judicialização desenfreada. O desmantelamento produzido pela escalada autoritária iniciada em meados dos anos 2010, no entanto, se explica não pelas deficiências dessas políticas e sim pelos seus méritos – não tolerados pelo movimento reacionário. Compreender a estrutura e a dinâmica jurídica das políticas públicas, bem como a legitimação social que vem da participação na sua construção e dos resultados, constitui trabalho importante para a credibilidade da reconstrução democrática.

O segundo objetivo da coleção é contribuir para o desenvolvimento teórico sobre as relações entre Direito e políticas públicas. Publicando trabalhos oriundos de teses e dissertações de pós-graduação, constitui-se um acervo de análises objetivas de programas de ação governamental, suas características recorrentes, e seus processos e institucionalidade jurídicos. Neles estão documentados os impasses inerentes aos problemas públicos de escala ampla, e estudadas algumas soluções ao mesmo tempo jurídicas e políticas, presentes em práticas de coordenação e articulação, seja na alternância de governo, nas relações federativas, ou na atuação intersetorial. Assim, sem perder a multidisciplinaridade característica dessa abordagem, valendo-se da bibliografia jurídica em cotejo com a literatura especializada, publica-se material de pesquisa empírica (não quantitativa) de onde se extraem os conceitos e relações que numa organização sistemática dão base para a teorização jurídica da abordagem Direito e Políticas Públicas. Com essa preocupação, a coleção também publicará trabalhos de alguns dos raros autores estrangeiros com obras específicas na área.

Finalmente, o terceiro objetivo da coleção é contribuir para a renovação teórica do direito público brasileiro, fomentando o desenvolvimento de uma tecnologia da ação governamental democrática, engenharia jurídico-institucional para o avanço da cidadania do Brasil. Isso permitirá ampliar a escala de experiências bem-sucedidas, inspirar melhores desenhos institucionais pela comparação com experiências similares, além de avançar na cultura da avaliação, agora positivada na Constituição Federal.

São Paulo, 22 de agosto de 2022.

Maria Paula Dallari Bucci
Professora da Faculdade de Direito da Universidade de São Paulo. Coordenadora da *Coleção Fórum Direito e Políticas Públicas*.

PREFÁCIO

Quando Giselle Bezerra apresentou a ideia inicial para seu projeto de mestrado sobre a participação social, em 2014, chamei atenção para a "lente cor-de-rosa" que ela parecia estar usando para visualizar o problema, mergulhando na euforia participacionista da época. Faltava problematizar o assunto. Mais do que isso, faltava um roteiro de análise da configuração jurídica da participação que pudesse informar a interpretação sobre o sentido da participação, se de reforço à democracia ou de corrosão dela por dentro, por força de cooptação ou outras disfunções conhecidas.

Mal sabíamos nós, Giselle, eu e o povo brasileiro, que, desde a defesa da dissertação na Faculdade de Direito da USP, em agosto de 2017, a democracia passaria a sofrer ataques sistemáticos. A participação – que havia sido um elemento de qualificação e dinamização da democracia representativa –,[1] sem rivalizar com ela, passava a sofrer com os ventos reacionários. O Decreto nº 8.243, de 2014, símbolo da centralidade da participação, concebido pelo saudoso advogado Diogo de Sant'ana com o propósito de organizar a multiplicidade de formas e procedimentos da participação social, seria tachado de "bolivarianismo". Em outubro de 2014, dois dias depois das eleições, a Câmara decidiu sustar o decreto. Em 2019, ele foi finalmente revogado pelo governo Bolsonaro.

O retrocesso foi em parte revertido com a determinação do STF de funcionamento dos Conselhos previstos em lei. O Conselho Nacional de Educação permaneceu ativo, não apenas por ter base legal – não podendo, portanto, ser extinto por mero decreto –, mas também por sua tradição centenária, criado com a Constituição de 1934, como sucessor do antigo Conselho Superior do Ensino, de 1911, conforme

---

[1] "E nós sabemos que quando o povo se afasta da política, ela é facilmente monopolizada pelas elites. Nosso objetivo é socializar a política, socializar o poder público, sem que o Estado abra mão de suas responsabilidades. A Constituição brasileira usa um conceito de democracia participativa que considero um conceito rico, um avanço, do ponto de vista da formulação. A democracia participativa, para falar de uma maneira simplória, seria a democracia representativa qualificada" (cap. 2, nota 29).

relata a autora. Em outros casos, algumas práticas participativas permaneceram sob novas formas. Mas o desmantelamento das políticas públicas no Brasil desde 2016 passa pelo enfraquecimento das instâncias democráticas, em suas funções de controle social e de legitimação. Nesse sentido, o trabalho de Giselle foi premonitório:

> Aos olhos do leigo, a participação social costuma ser concebida como positiva. Entretanto, esse mecanismo pode funcionar cooptado por grupos de interesse, distorcendo a democracia ou acentuando os seus problemas. A hipótese de a participação atuar como elemento perturbador da democracia será, na presente obra, o ponto de partida para a reflexão sobre a importância do desenho jurídico-institucional adotado. [...] O cerne do trabalho é a participação social e seu desenho jurídico-institucional. A compreensão dos atos que favorecem a participação, condicionantes da efetividade das instâncias participativas, passa pelo desenho jurídico-institucional dessas. Daí nasce a importância de observar e compreender sua forma de institucionalização, relacionando-a com os aspectos próprios da democracia.

Giselle Bezerra aceitou o desafio e cumpriu com muita competência a tarefa de examinar a fundo o papel do desenho jurídico-institucional como critério de legitimidade da participação social. Bem-estruturado e escrito em linguagem fluente, o livro convida à leitura.

Começa situando a participação no tema da democracia, tanto representativa como direta e semidireta, com base em cuidadosa revisão bibliográfica. Nela examina aspectos do desafio participativo nos diferentes modelos de democracia: elitista, pluralista, liberal, participativa, deliberativa, consensual ou majoritária. E traz curiosidades, como o comentário de Norberto Bobbio, que em 1984[2] já alertava para os riscos do "excesso de participação" que poderiam gerar como efeito "a saciedade de política e o aumento da apatia eleitoral". Também Dahl, Held, Przeworski, entre outros, fundamentam a empreitada de Giselle de problematização em profundidade da democracia participativa e suas disfunções. De Carole Pateman e outros, a autora traz ao leitor do Direito o histórico das gerações de estudos participacionistas e seus diferentes temas centrais: as classes sociais e o mercado, na primeira geração; o Estado e o associativismo, na segunda geração, e finalmente

---

[2] *O Futuro da Democracia*, citado pela autora com base na edição brasileira de 2000.

a perspectiva de maior interesse para o trabalho: a qualidade das instituições participativas e seus critérios normativos.

Segue-se o estabelecimento do sentido de desenho jurídico-institucional, o que confere originalidade ao trabalho, na medida em que as regras e os procedimentos definidos pelo direito é que materializam o funcionamento da democracia. Aqui se apresenta o "cubo da democracia", de Archon Fung, que destaca: i) quem participa; ii) como os participantes se comunicam uns com os outros e tomam decisões em conjunto; iii) como os participantes se comunicam uns com os outros e tomam decisões em conjunto.

Com essa fundamentação teórica, o núcleo do problema proposto pode ser examinado: "O tecido orgânico que dá esteio à participação de entidades e organizações da sociedade civil – inclusive em Conselhos Gestores – está nas normas que admitem, regem e limitam suas ações". [...] "A natureza participativa nesse aspecto está na seleção de pessoas da sociedade civil organizada e, se essa seleção for distorcida pelo desenho jurídico-institucional, todo o mecanismo estará comprometido".

Finalmente, desenvolve-se a parte empírica do trabalho, com um cuidadoso levantamento de 20 anos de nomeação de conselheiros do Conselho Nacional de Educação, de 1996 a 2015, com base nas publicações de atos oficiais do Ministério da Educação. O déficit de transparência nos procedimentos de seleção e nomeação de conselheiros demonstrado no livro passou praticamente sem modificações por três Presidentes da República e uns tantos Ministros da Educação, a demonstrar a permanência – ou a institucionalização – de práticas nada republicanas. Durante um período, essas foram agravadas pela sucessão de Medidas Provisórias editadas e reeditadas, numa barafunda normativa muito conveniente à manipulação em favor de interesses particulares.

> Hoje, salvo a existência do Decreto Federal nº 3.295/1999, que rege a forma de escolha dos membros a serem nomeados, houve dificuldade na localização dos atos que conduzem a forma de escolha dos Conselheiros. Nem mesmo o Regimento do Conselho Nacional de Educação foi capaz de lançar luzes sobre esse aspecto. O que, sem dúvida, intencionalmente ou não, resultou em salvaguardar a participação de alguns grupos de interesse.
>
> [...] Nota-se opacidade na tramitação de tal procedimento, não havendo rito próprio e transparência necessária ao processo. [...] o rito [...] é, sobretudo, nebuloso. Há falta de transparência na escolha das entidades tidas como aptas a realizar a indicação, sendo tão somente publicada Portaria com a indicação das habilitadas e, após as referidas indicações, outra lista é publicada com os nomes de maneira compilada.

Eloquente para essa tese é o destaque dos dois conselheiros com mais tempo de casa durante o período da amostra; um deles não tem sequer currículo Lattes, mínimo exigido de qualquer docente da educação superior brasileira, e outro tem apenas três produções bibliográficas.

Por fim, um aspecto mais profundo do problema, trazido à luz pelo estudo do desenho jurídico-institucional, diz respeito à própria natureza ambígua do papel do Conselho. Segundo as fontes da autora, o Conselho Nacional de Educação, criado com a extinção do Conselho Federal de Educação, em 1994, por denúncias de corrupção, nunca perdeu a característica de "sistema de representação corporativa". Conforme especula Giselle no final do livro, isso talvez se deva às suas raízes, como via alternativa à representação parlamentar de cunho liberal, na Constituinte de 1933-34, quando foi concebido ao lado de outros três Conselhos Nacionais, o de Economia, o de Defesa e o do Trabalho, que acabaram não se confirmando.

Com esse vem outro problema congênito, relativo à definição imprecisa de suas funções, entre normativas, deliberativas e consultivas, a merecer dura crítica de José Mário Pires Azanha: essa "tríplice natureza é fonte permanente de colisões, abertas ou latentes, com os poderes Legislativo, Executivo e Judiciário, além de dificultar aos próprios conselheiros a formação de uma ideia clara a respeito dos limites de suas ações". Posteriormente, o eminente educador abrandou a crítica, enxergando nessa ambiguidade uma possível vantagem adaptativa dessa forma institucional.

Como se vê, o leitor tem argumentos de sobra para percorrer o belíssimo livro de Giselle Bezerra sobre a dimensão jurídica como condição de legitimação da participação social.

São Paulo, 17 de junho de 2022.

Maria Paula Dallari Bucci
Professora da Faculdade de Direito da
Universidade de São Paulo

INTRODUÇÃO

A participação social é concebida como boa e até mesmo benéfica, todavia, nem todos se dão conta de que essa participação pode funcionar como mecanismo de captura por determinados grupos de interesse, acentuando, inclusive, os próprios problemas da democracia.

O tema da presente obra – "Conselho Nacional de Educação: desenho jurídico-institucional da participação social" – nasceu da constatação das dificuldades enfrentadas pela democracia, especialmente em sua vertente participativa, que é frequentemente objeto de tensões.

Não é demais lembrar que debates acalorados acerca da participação social vieram à tona no ano de 2014 com a entrada em vigor do Decreto Federal nº 8.243/2014, que instituiu a Política Nacional de Participação Social – PNPS e o Sistema Nacional de Participação Social – SNPS. O Decreto, composto por 22 artigos, além de ter instituído a Política Nacional de Participação Social – PNPS, que tinha por objetivo fortalecer e articular os mecanismos e as instâncias democráticas de diálogo, pretendia, também, aperfeiçoar a atuação conjunta entre a administração pública federal e a sociedade civil.

Entre as instâncias participativas então delineadas pelo Decreto Federal nº 8.243/2014, chamava atenção uma de longa data na cultura institucional participativa brasileira, a que estabelece os Conselhos de Políticas Públicas (artigo 6º, inciso I).

Entretanto, para marcar os 100 dias de governo, o presidente Jair Bolsonaro assinou, cumprindo com sua agenda política de redução de participação civil em instâncias decisórias, o Decreto Federal nº 9.759/2019, determinando a extinção de todos os conselhos, comitês, comissões, grupos, entre outros tipos de colegiados ligados à administração pública federal que tenham sido criados por decreto, ato normativo inferior ou ato de outro colegiado, incluindo aqueles mencionados em lei, caso a respectiva legislação não detalhe as competências e a composição do colegiado, revogando expressamente a Política Nacional de Participação Social – PNPS e o Sistema Nacional de Participação Social – SNPS, instituídos pelo Decreto Federal nº 8.243/2014, conforme artigo 10.

Convém aqui destacar que o Conselho Nacional de Educação, objeto de análise da presente obra, ficou mantido por não se enquadrar nas hipóteses de extinção estabelecidas pelo Decreto Federal nº 9.759/2019.

De tal forma que nessa oportunidade analisa-se o Conselho Nacional de Educação, no tocante ao processo de escolha de seus membros nomeados para a sua Câmara de Educação Superior, para testar a hipótese de que a participação pode servir contra a democracia, não a seu favor.

A obra é construída basicamente sobre três pilares: a *parte teórica*, o *estudo de caso* e a *parte analítica*, todos regidos sob o cerne da participação social e do desenho jurídico-institucional.

O Capítulo 1, marcado pela parte teórica, traz a análise e os fundamentos da democracia, com a apresentação da distinção entre as suas formas representativa e participativa – neste último caso, abordadas as três gerações da teoria democrática participacionista, com foco na chamada Governança Participativa. Estuda-se, também, no Capítulo 1, a coexistência de ambas as vertentes democráticas – representativa e participativa –, bem como os limites da participação no curso do processo decisório e o conceito de sociedade civil organizada. Os dilemas da participação percorrem todo o capítulo.

A participação social reclama por um desenho jurídico-institucional, objeto do Capítulo 2 e igualmente relacionado à parte teórica. Em tese, a participação é um valor que agrega à democracia, expandindo-a, e, para tanto, depende do desenho jurídico-institucional que é a sua disciplina jurídica. Caso o desenho jurídico-institucional não seja adequado, ele desvirtua, corrompe, diminui a própria democracia.

Assim, no Capítulo 2 aborda-se a institucionalização jurídica da participação e a relevância do desenho jurídico-institucional para a efetividade da participação, acentuada a questão dos atos normativos que lhe prestam apoio e seus efeitos sobre a participação de grupos de interesse. Nesse aspecto encontra-se a discussão dos desenhos jurídico-institucionais como aquilo que materializa a participação, o que dá concretude jurídica para a tipologia da democracia. Aborda-se também a participação social no direito positivo brasileiro.

O campo de verificação escolhido foi um espaço tradicionalmente participativo, sendo este o estudo de caso. No Capítulo 3 é realizado aprofundamento do desenho dos Conselhos Nacionais, sua base jurídica, competências, estruturas e poder decisório nas políticas públicas e a pertinência de um processo transparente na escolha dos seus membros. Isso para rumar à análise de um Conselho importante, antigo, que provê normas que vinculam a Política Nacional Educacional, o Conselho Nacional de Educação. Em especial será examinado o processo de composição do Conselho, na parcela relativa aos membros nomeados para a Câmara de Educação Superior, no período de 1996 a 2015.

O ano de 1996 serve como marco temporal de seu efetivo funcionamento, pois a criação da Câmara de Educação Superior foi promovida por alterações da Lei Federal nº 9.131/1995 na antiga Lei de Diretrizes e Bases da Educação Nacional, Lei Federal nº 4.024/1961.

A natureza participativa nesse aspecto está na seleção de pessoas da sociedade civil organizada e, se essa seleção for distorcida pelo desenho jurídico-institucional, todo o mecanismo estará comprometido.

Uma vez apresentados os mecanismos jurídico-institucionais de funcionamento do Conselho Nacional de Educação – em que há a seleção em sua composição da sociedade civil –, com sua descrição, será realizada análise dos dados apresentados para verificar a hipótese de que a participação pode servir contra a democracia, não a seu favor.

Para tanto, foram consultadas as informações públicas disponíveis na plataforma digital do CNPq ou, quando inexistente, em pesquisa realizada na internet.

A parte analítica está no Capítulo 4, no qual são conjugados a participação, o desenho jurídico-institucional e seu papel no processo de escolha dos membros no Conselho Nacional de Educação. Se o desenho jurídico-institucional do Conselho Nacional de Educação não estiver bem-feito, poderá corromper a democracia, pondo-a em risco caso haja interesses especiais.

O cerne da obra é analisar a participação, o desenho jurídico-institucional e como eventual omissão pode comprometer a própria participação, utilizando, como modelo de verificação, a forma de escolha dos Conselheiros da Câmara de Educação Superior do Conselho Nacional de Educação. Destaca-se que a forma de escolha de Conselheiros e a questão da participação de grupos de interesse podem provocar tanto a sub-representação na seleção dos membros ligados às sociedades civis organizadas quanto a super-representação desses grupos, alterando, nesse caso, aspectos relacionados à política educacional. Ao final é apresentada uma leitura crítica sobre a forma de escolha dos Conselheiros nomeados para a Câmara de Educação Superior do Conselho Nacional de Educação.

O estudo observará se a participação institucionalizada poderá ser menos opaca, passando pelo aprimoramento do desenho jurídico--institucional. A análise do processo de escolha de Conselheiros nomeados para a Câmara de Educação Superior do Conselho Nacional de Educação deverá ser concluída de modo a servir de contribuição para repensar o papel do desenho jurídico-institucional no campo participativo.

CAPÍTULO 1

DEMOCRACIA REPRESENTATIVA E PARTICIPATIVA

> [...] *a participação não substitui, mas reconfigura a representação, constituindo-se a participação em chave da boa representação.*[1]

A democracia é certamente uma forma difícil de governo, os problemas vão desde a sua instituição até a manutenção do regime.

A palavra "democracia" tem origem grega, derivada de *demokratia*, sendo *demos*, povo, e *kratos*, governo; tem-se, assim, a ideia de poder pelo povo. Daí ser a democracia uma forma de governo que se contrapõe à monarquia e à aristocracia, pois nela o povo governa, implicando a existência de "um Estado em que existe alguma forma de *igualdade política* entre o povo".[2]

Aristóteles, em *Política*, definiu as formas virtuosas e as correspondentes formas degeneradas de governo. Para a monarquia – governo de um –, há a tirania; para a aristocracia – governo de poucos –, a oligarquia; e para a democracia – governo de todos –, a politeia.[3]

A primeira experiência democrática foi desenvolvida no século V a.C., e nada se assemelha à forma hoje delineada da democracia.[4] Em Atenas, no século VI a.C., foi criado ordenamento proposto por

---

[1] LÜCHMANN, 2007, p. 167, grifo nosso.
[2] HELD, 1987, p. 1.
[3] ARISTÓTELES, 1988, p. 73.
[4] SARTORI, 1994, v. 2, p. 35.

Clístenes, cujo centro era a Assembleia do Povo e o Conselho dos Quinhentos.

Na Assembleia realizavam-se reuniões periódicas objetivando a deliberação acerca de problemas relacionados à vida, cuja participação era restrita aos cidadãos – desses, excetuavam-se os estrangeiros, as mulheres e os escravos. E mesmo nesse modelo:

> [...] quando os cidadãos não passavam de poucos milhares e a sua assembleia, considerando-se os ausentes por motivos de força maior ou por livre e espontânea vontade, reunia-se com todos juntos no lugar estabelecido (no qual, escreve Glotz, raramente podiam ser vistos mais que dois ou três mil cidadãos, mesmo que na colina onde habitualmente se realizavam as assembleias ordinárias coubessem, sempre segundo Glotz, vinte e cinco mil pessoas em pé e dezoito mil sentadas).[5]

Vale destacar que Aristóteles registrou o que viu: "a desintegração da democracia grega pela luta de classes",[6] pois:

> Um autogoverno real, como os gregos o praticavam, requeria que o cidadão se dedicasse completamente ao serviço público. Governar a si mesmo significava passar a vida governando. [...] O grau de envolvimento na política requerido pela fórmula era tão absorvente que um desequilíbrio profundo foi criado entre as funções da vida social. A hipertrofia política trouxe consigo a atrofia econômica: quanto mais perfeita se tornava sua democracia, tanto mais pobres ficavam os cidadãos. [...] A experiência grega gerou uma "cidadania total" que foi longe demais.[7]

Ainda sobre o impacto da democracia ateniense no equilíbrio da estrutura social, Coulanges afirma que "a democracia não suprimiu a miséria; pelo contrário, acentuou-a. A igualdade de direitos políticos evidenciou mais ainda a desigualdade de condições".[8]

Hamilton, ao criticar a democracia grega na primeira carta do Federalista, afirmou: "A maior parte dos homens que subverteram a liberdade das repúblicas começaram sua carreira cortejando servilmente o povo: começaram como demagogos e terminaram tiranos".[9]

---

[5] BOBBIO, 2000, p. 65.
[6] SARTORI, 1994, v. 2, p. 39.
[7] SARTORI, 1994, v. 2, p. 39.
[8] COULANGES, 2002, p. 361.
[9] HAMILTON *apud* DAHL, 2001, p. 176.

A democracia direta, para Weber, somente seria possível se consideradas as seguintes diretrizes: "1) a organização deve ser local ou limitada de alguma outra forma em termos do número de seus membros; 2) as posições sociais dos membros não devem diferir grandemente umas das outras; 3) as funções administrativas devem ser relativamente simples e estáveis; 4) deve haver um desenvolvimento mínimo de treinamento de formas e meios objetivamente determinados". E mais, destacava que a "democracia direta requer relativa igualdade entre todos os participantes, sendo uma condição-chave esta igualdade, uma diferenciação econômica e social mínima".[10]

A democracia praticada pelos gregos é sobretudo diferente da hoje vigente. Todavia, a impossibilidade de participação permanente e geral da população é traço marcante seu, tal como para a democracia participativa atual.

Dahl salienta ser a democracia discutida há cerca de 2.500 anos,[11] pressupondo que possa ser ela inventada e reinventada de maneira autônoma, desde que haja condições adequadas, isso a qualquer tempo e lugar. E mais, reconhece ser um impulso para a participação democrática a "lógica da igualdade".[12]

É interessante notar que "nenhum Estado jamais possuiu um governo que estivesse plenamente de acordo com os critérios de um processo democrático", sendo provável que isso nunca ocorra.[13] Todavia, diante das características guardadas pela democracia, é ela preferível às demais formas de governo. Afirma, ainda, que ela propicia: "1. Participação efetiva; 2. Igualdade de voto; 3. Aquisição de entendimento esclarecido; 4. Exercer o controle definitivo do planejamento; 5. Inclusão dos adultos".[14]

Lijphart ressalta a discordância dos cientistas políticos sobre alguns detalhes na definição e na avaliação da democracia, arrematando que os critérios propostos por Robert A. Dahl, a saber: a) o direito ao voto; b) o direito a ser eleito; c) o direito dos líderes políticos de competirem por apoio e votos; d) eleições livres e honestas; e) liberdade de reunião; f) liberdade de expressão; g) fontes alternativas de informação;

---

[10] WEBER *apud* HELD, 1987, p. 136; WEBER, 1999, v. 2, p. 193-194.
[11] A ampla adesão à democracia "como uma forma adequada de organizar a vida política tem menos de cem anos de idade" (HELD, 1987, p. 1).
[12] DAHL, 2001, p. 12-20.
[13] DAHL, 2001, p. 53.
[14] DAHL, 2001, p. 50.

e h) instituições capazes de fazer com que as medidas do governo dependam do voto e de outras manifestações da vontade popular, são ainda bastante apoiados.[15] Tal como para Held, pontos esses necessários na caracterização de um sistema plenamente democrático.[16]

O regime democrático pode ser conceituado primariamente como "um conjunto de regras de procedimento para a formação de decisões coletivas, em que está prevista e facilitada a participação mais ampla possível dos interessados"; se incluindo, nesse conceito geral, "a estratégia do compromisso entre as partes por livre debate para a formação de uma maioria".[17]

O formato acima mencionado – em que se apregoa a ampla participação e a formação de uma maioria – se aproxima mais ao modelo proposto pela democracia representativa do que à democracia direta em seu formato clássico ateniense.

A partir daí verifica-se o primeiro grande impasse relacionado à democracia, o de sua conceituação, posta sua complexidade, afinal, é termo "portador de experiência histórica cujo significado é estabilizado por um processo interminável de tentativa-e-erro"[18] e, portanto, marcado pela mutação contínua em seu sentido conotativo e denotativo.[19]

A análise da democracia pressupõe o reconhecimento de inúmeros modelos propostos,[20] a saber: dos antigos e dos modernos, elitista,[21] pluralista,[22] liberal,[23] participativo,[24] deliberativo,[25] consensual ou majoritário[26] etc.

---

[15] Nesse sentido, Arend Lijphart afirma: "Embora os cientistas políticos discordem sobre alguns detalhes na definição e na avaliação da democracia (BEETHAM, 1994; INKELES, 1991), os oito critérios propostos por Robert A. Dahl (1971: 3) em seu influente livro *Polyarchy* ainda recebem amplo apoio" (LIJPHART, 2003, p. 69).

[16] HELD, 1987, p. 250-251.

[17] BOBBIO, 2000, p. 22-23.

[18] SARTORI, 1994, v. 2, p. 19.

[19] Nesse sentido: "Desnecessário dizer que a conceituação de democracia é uma tarefa quase impossível, mormente porque o termo 'democracia', com o passar do tempo, foi transformado em um estereótipo, contaminado por uma anemia significativa (Warat). Daí que parece acertado dizer que a razão está com Claude Lefort, para quem a democracia é uma constante invenção, isto é, deve ser inventada cotidianamente" (STRECK; MORAIS, 2014, p. 111).

[20] HELD, 1987, p. 3-4; BOBBIO, 2000, p. 10; NOBRE, 2004, p. 31-35; DAHL, 2012; FISHKIN, 2015, p. 85).

[21] SCHUMPETER, 1984.

[22] DAHL, 1997.

[23] HAYEK, 1960.

[24] PATEMAN, 1992; MACPHERSON, 1978.

[25] HABERMAS, 1990; COHEN; ROGERS, 1992.

[26] LIJPHART, 2003.

Invariavelmente, é possível constatar como firme a definição da democracia fundada em discurso realizado no ano de 1863 em Gettysburg pelo então Presidente dos Estados Unidos, Abraham Lincoln, como o "governo do povo, pelo povo e para o povo".[27]

Da afirmação marcante se extrai que a democracia pelo povo, ou por representante eleito pelo povo, traz a essência da democracia representativa, cujo símbolo máximo é o sufrágio universal – sendo essa a única forma de democracia vigente e em pleno funcionamento.[28] Lijphart destaca:

> [...] a expressão "pelo povo" contém implicitamente o sufrágio universal, o acesso aos cargos públicos e eleições livres e honestas. As eleições não podem ser livres e honestas se não houver liberdade de expressão e de reunião, tanto antes das eleições quanto no período entre as mesmas. De modo similar, "para o povo" contém implicitamente o oitavo critério de Dahl, o da responsabilidade do governo para com as preferências dos eleitores.[29]

Evidentemente, a democracia não é remédio eficaz contra todos os males, afinal, é produzida pelo homem e acompanha naturais imperfeições, tal como a natureza de seus criadores. A relação do sistema democrático de governo com a cultura democrática que lhe presta apoio é complexa.[30] Ademais, não há regime político capaz de atender e agradar a todas as pessoas.[31]

Questão importante e igualmente debatida é a restrição à ampla participação política que faz parte do passado e do presente em matéria de democracia. Pilar que sustenta tal argumento é a afirmação de que

---

[27] Em nota de rodapé, Arend Lijphart presta importante esclarecimento: "Como observa Clifford D. May (1987), o crédito por esta definição deveria ir provavelmente para Daniel Webster, em lugar de Lincoln. Webster fez um discurso em 1830 – 33 anos antes do pronunciamento de Lincoln em Gettsburg – no qual falava de um "governo do povo, feito para o povo, pelo povo e prestando contas ao povo" (LIJPHART, 2003, p. 17).
[28] BOBBIO, 2000, p. 38.
[29] LIJPHART, 2003, p. 69-70.
[30] DAHL, 2001, p. 64.
[31] Norberto Bobbio admite a unanimidade no processo decisório na seguinte hipótese: "[...] a unanimidade é possível apenas num grupo restrito ou homogêneo, e pode ser exigida em dois casos extremos e contrapostos: ou no caso de decisões muito graves em que cada um dos participantes tem direito de veto, ou no caso de decisões de escassa importância, em que se declara de acordo quem não se opõe expressamente (é o caso do consentimento tácito). Naturalmente a unanimidade é necessária quando os que decidem são apenas dois, o que distingue com clareza a decisão concordada daquela adotada por lei (que habitualmente é aprovada por maioria)" (BOBBIO, 2000, p. 31-32). Ver: DAHL, 2001, p. 67.

a maioria deveria deixar o complicado problema do governo nas mãos dos mais qualificados:

> Até o século XX, a maior parte do mundo proclamava a superioridade dos sistemas não democráticos, na teoria e na prática. Até bem pouco tempo, uma preponderante maioria dos seres humanos – às vezes, todos – estava sujeita a governantes não democráticos. Os chefes dos regimes não democráticos em geral tentaram justificar seu domínio recorrendo à velha exigência persistente de que, em geral, as pessoas simplesmente não têm competência para participar do governo de um estado.[32]

A ideia de que o governo deveria ser cuidado por especialistas era defendida por Platão; embora governar um povo exceda a exigência de puro conhecimento científico.[33] Os dilemas apresentados percorrem toda a história da democracia e ainda são invariavelmente trazidos à tona.

Os desacertos, ou também chamadas "promessas não cumpridas", da democracia são produto do formato delineado para a democracia ideal, aquela concebida por seus pais fundadores, e a democracia real, aquela vivida cotidianamente.[34] Entretanto, o mais importante em matéria de instituição e permanência de um regime democrático é "saber se a longo prazo há probabilidade de um processo democrático prejudicar menos os direitos e os interesses fundamentais de seus cidadãos do que qualquer alternativa não democrática".[35]

A respeito da distinção existente entre a democracia representativa e a sua vertente participativa é de se destacar que o formato representativo, diversamente do praticado pelos antigos, é caracterizado pela representação política, cujos interesses de ação percorrem os interesses da nação e não teoricamente a defesa de interesses particulares.[36]

Thomas Hobbes, em *Leviathan*, aborda a representação, e Pitkin destaca: "um representante é alguém que recebe autoridade para agir por outro, que fica então vinculado pela ação do representante como se tivesse sido a sua própria". "Limitada" quando "autorizadas apenas algumas ações específicas sob restrições específicas", ou [...] "ilimitada". Este último tipo dá lugar à soberania.[37]

---

[32] DAHL, 2001, p. 57-58.
[33] DAHL, 2001, p. 86-87.
[34] BOBBIO, 2000, p. 20.
[35] DAHL, 2001, p. 60.
[36] BOBBIO, 2000, p. 36.
[37] PITKIN, 2006, p. 28.

As teorias normativas de democracia "não podem aceitar reduzir a democracia à sua forma de organização político-estatal" ao sistema partidário, somente em "uma sociedade centrada no Estado". De modo a ser conveniente "compreender a democracia como *forma de vida*, como pressupondo uma *cultura política* da qual ela depende", refletindo, inclusive, em sua "institucionalidade político-estatal".[38]

A democracia representativa é uma experiência limitada no tempo, completada com a vertente participativa, e esta reclama por um desenho jurídico-institucional. E mais, delinear a própria democracia implica reconhecer a existência de inúmeros modelos, como visto.

Assim, se de um lado tem-se a representação vertente democrática marcada pela escolha de representante tradicionalmente realizada por meio do voto, há registros de que a resposta ao seu aperfeiçoamento estaria na abertura de espaços de participação popular.

Constant, em discurso pronunciado em 1819, denominado *Da Liberdade dos Antigos Comparada à dos Modernos*, destacou a tensão existente na liberdade de o cidadão permanentemente deliberar e dessa forma pertencer ao poder coletivo – despreocupando-se com os direitos e as garantias individuais –, considerada prática voltada aos antigos.

De outro lado vê-se o sentimento de afastamento da coisa pública, tal como apenas um número em uma multidão, mas com forte pulsão pelo desenvolvimento de suas liberdades individuais, relacionado aos modernos.

E mais, destacou o perigo da liberdade antiga em que, "atentos unicamente à necessidade de garantir a participação no poder social, os homens não se preocupassem com os direitos e garantias individuais". Enquanto na moderna está "em que, absorvidos pelo gozo da independência privada e na busca de interesses particulares, renunciemos demasiado facilmente a nosso direito de participar do poder político".[39] Demonstra-se a imperiosidade de tratar a equalização de tal forma de ação do cidadão.

A participação direta do cidadão na tomada de decisões como forma de aprimoramento das ações do Estado é traço pulsante nos estudos sobre o regime democrático, especialmente em sua vertente participativa.

---

[38] NOBRE, 2004, p. 35, grifo do autor.
[39] Tradução livre. Texto original: "Le danger de la liberte antique était qu'attentifs uniquement à s'assurer le partage du pouvoir social, les hommes ne fissent trop bon marché des droits et des jouissances individuelles.
Le danger de la liberte moderne, c'est qu'absorbés dans la jouissance de notre indépendance privée, et dans la poursuite de nos intérêts particuliers, nous ne renoncions trop facilement à notre droit de partage dans le pouvoir politique" (CONSTANT, 2010, p. 616).

Aos argumentos que buscam combater a democracia participativa, Bonavides esclarece que ela não se prestaria a liquidar o pluralismo partidário, não aboliria as modalidades representativas:

> [...] como equivocadamente se inculca, a democracia de participação é, perante a crise dos partidos, das casas congressuais, dos Executivos autoritários e arrogantes, transgressores dos limites constitucionais de autoridade, competência e poder, a resposta certa, a solução cabível, o modelo adequado; enfim, o caminho que ainda se conserva livre, aberto e desobstruído.[40]

Fala-se, portanto, em democracia participativa, marcada, para Canotilho, pela estruturação de processos que ofertem aos cidadãos "efectivas possibilidades de aprender a democracia, participar nos processos de decisão, exercer controlo crítico na divergência de opiniões, produzir *inputs* políticos democráticos".[41]

A participação age como elemento transformador ao destinatário direto do Estado, o povo, sendo, inclusive, substantivo da democracia.[42] E é a democracia participativa firme no seio brasileiro. Daí promover na participação popular o ideal de "participação real" destacado por Dallari.[43]

A questão da legitimidade na democracia participativa leva à reflexão de como poderia ser ela garantida e vigente, sendo, para Weber:

> §6. A legitimidade de uma ordem pode estar *garantida*:
> I. unicamente pela atitude interna, e neste caso:
> 1. de modo afetivo: por entrega sentimental;

---

[40] BONAVIDES, 2012, p. 371.
[41] CANOTILHO, 2003, p. 288.
[42] Paulo Bonavides acrescenta: "Quem diz democracia diz, do mesmo passo, máxima presença de povo no governo, porque, sem participação popular, democracia é quimera, é utopia, é ilusão, é retórica, é promessa sem arrimo na realidade, sem raiz na história, sem sentido na doutrina, sem conteúdo nas leis" (BONAVIDES, 2008, p. 283).
[43] "[...] a participação formal é a prática de formalidades que só afetam aspectos secundários do processo político [...] a participação real é aquela que influi de algum modo nas decisões políticas fundamentais [...] Há situações em que o governo está nas mãos de um pequeno grupo e não deseja conceder ao povo a participação real mas que, pressionado por alguma força social poderosa, não pode recusar pelo menos a participação formal. Nesses casos o grupo dominante abre para o povo a possibilidade de participação política, pretendendo que ela seja apenas formal. Se nessa oportunidade houver um trabalho eficiente de conscientização e organização do povo, com a exploração inteligente das fraquezas e das incompetências do grupo dominante, aquela abertura restrita poderá ser ampliada e o povo poderá conquistar a participação real" (DALLARI, 1984, p. 92).

2. de modo racional referente a valores: pela crença em sua vigência absoluta, sendo ela a expressão de valores supremos e obrigatórios (morais, estéticos ou outros quaisquer);

§7. Vigência *legítima* pode ser atribuída a uma ordem, pelos agentes:

a) em virtude da *tradição*: vigência do que sempre assim foi;

b) em virtude de uma crença *afetiva* (especialmente emocional): vigência do novo revelado ou do exemplar;

c) em virtude de uma crença *racional* referente a valores: vigência do que se reconheceu como absolutamente válido;

d) em virtude de um estatuto existente em cuja *legalidade* se acredita.

Esta legalidade [*d*] pode ser considerada *legítima* [pelos participantes]:

α) em virtude de um acordo entre os interessados;

β) em virtude da imposição (baseada na dominação julgada *legítima* de homens sobre homens) e da submissão correspondente.[44]

Assim, a legitimidade, se não vigorar em virtude da *tradição*, da *crença afetiva* ou *racional*, é alcançada pela *via legal*, fundada em acordo entre os interessados ou pela imposição.

A participação não substitui a representação, mas a reconfigura[45] por comportar a participação cidadã.[46] Por isso da importância de ser devidamente institucionalizada. No caso brasileiro, há a coexistência dos sistemas representativo e participativo, ambos constitucionalizados.

O aparecimento hodierno de mecanismos de controle, a serem exercidos por grupos organizados ou individualmente, revela a necessidade do reconhecimento de democracia eleito por um país, tal como ocorre no Brasil. Representativa com previsão de participação direta, de forma a levar ao aprofundamento de ambas as democracias.[47]

A participação pode contribuir na definição, na implementação e na avaliação permanente da ação pública. Afinal, por mais que a participação popular tenha sido constitucionalizada em 1988, perdura intermitente a falha de sintonia entre os anseios da população junto às políticas públicas formatadas pelo Governo.

---

[44] WEBER, 1994, v. 1, p. 20-22, grifo do autor.
[45] LÜCHMANN, 2007, p. 167.
[46] "É nesse sentido íntimo, originário e fundamental que a idéia de democracia vincula-se à noção de participação: as decisões vêm de baixo porque os cidadãos participam de sua elaboração. Por isso, democracia e participação são conceitos entrelaçados" (UGARTE, 2004, p. 95).
[47] SANTOS, 2003, p. 32.

A depender do processo decisório ou político para o qual o Estado preconize a participação, a opção pelo instrumento adequado será necessária, tal como destaca.[48] Tem-se, assim, a importância de verificação da etapa vivida pela política pública, se está em sua definição, formulação ou chegada à efetiva prestação do serviço, nascendo, então, o benefício da participação, que evitaria, sobretudo, o desperdício de recursos públicos.

1.1 A democracia participativa como espécie entre as formas democráticas

A participação popular é inerente à noção de democracia, sendo ela estimulada, permearão, além da capacitação do cidadão, a defesa dos direitos e a luta pela criação e pela efetivação de outros mais.[49] O processo participativo propicia maior interlocução entre o cidadão e o Estado, atuando os agentes que dele participam como sujeitos políticos.

É certo que a participação popular é característica essencial do Estado Democrático de Direito, contando com função dúplice: i) aproximar a sociedade e o Estado, com a eliminação de barreiras até então existentes; e de ii) fomento, com a criação de mecanismos próprios.

Há de se destacar estudos voltados à democracia participativa, com ênfase nas *três gerações que compõem a teoria democrática participacionista*. Para o presente trabalho, interessam registros alinhados ao papel do desenho institucional no acolhimento da participação, algo especialmente relacionado à *terceira geração*.

Em apertada síntese, a *primeira geração*[50] reforça o papel da educação para a participação, além disso, defende que o cidadão não precisa ter preferências claras, pois o espírito público pode levá-lo a uma decisão que privilegia questões importantes. Convém destacar que, para a autora, a participação é um valor em si, sem, contudo, se debruçar especificamente nos resultados.

A democracia participativa não propõe ruptura com o formato representativo, é modelo que critica a redução da participação somente

---

[48] EVANS, 2012.
[49] A esse respeito, Carole Pateman afirma: "quanto mais o cidadão participa, mais ele se torna capacitado para fazê-lo. Os resultados humanos obtidos no processo de participação fornecem uma importante justificativa para um sistema participativo" (PATEMAN, 1992, p. 39).
[50] PATEMAN, 1992.

ao processo eleitoral. A democracia vai além de um método político, revelando-se "um conjunto inteiro de relações recíprocas entre as pessoas que constituem a nação ou outra unidade".[51]

É bom destacar que essa geração esteve mais preocupada com o estudo das classes e do mercado, com foco maior na teoria e, em menor grau, nos estudos empíricos.[52]

Já a *segunda geração*, ao colocar a participação no centro da sociedade democrática, na chamada "democracia forte",[53] defende o autogoverno, sendo que a democracia não significaria nem o governo da maioria nem a representação. Ressalta os benefícios da participação no processo educativo da população.[54]

O foco dessa geração está na força do Estado, pois é nele que se processa o bem comum, sendo, dessa forma, especialmente importante o associativismo. Hirst destaca o poder da sociedade civil no melhoramento de tudo, sendo ela uma saída para o Estado, para o mercado e mesmo para a coletividade.[55]

O associativismo está ligado ao pluralismo, não funcionando propriamente a participação como sinônimo de descentralização. Assim, Mansbridge ressalta que a única forma viável de participação é a modalidade de agregação, na trilha dos modelos consensuais. Sua linha se aproxima sobremaneira à terceira geração.[56]

Todavia, os rumos tomados pela Teoria Democrática, que pensou e pensa a democracia e sua relação com a participação, passaram por modelos positivos, normativos. Aqui interessam verdadeiramente os registros alinhados à consideração da participação do 'demos', todos, como somente os interessados.

Tal medida se impõe pela doutrina de Warren[57] e Gaventa,[58] que reconhecem a participação de todos os pressupostos como inalcançável e onerosa[59]. De modo que convém realizar a agregação de interesses para buscar a participação em aspectos da vida pública de forma direcionada;

---

[51] MACPHERSON, 1978, p. 13.
[52] PATEMAN, 1992; KAUFMNAN, 1960; ARNSTEIN, 1969; MACPHERSON, 1978.
[53] BARBER, 1984, p. 34.
[54] PATEMAN, 1992.
[55] HIRST, 1994.
[56] MANSBRIDGE, 1983.
[57] WARREN, 2001; 2002; 2006.
[58] GAVENTA, 2006.
[59] A escala – concebida pelo volume populacional – e a falta de tempo para a tomada de decisão devem ser igualmente consideradas (DOWBOR; HOUTZAGER; SERAFIM, 2008, p. 14).

daí a existência de pluralidade de instâncias que representam e que demandam. Tais autores pertencem à chamada *terceira geração* que, ao trazer um novo cenário, redimensionam a participação ao primarem pela análise da qualidade das instituições participativas, contribuindo por apresentarem critérios normativos e por não proporem o rompimento com o formato representativo.

Além disso, tal geração concentra-se em inovações institucionais, sem propor uma mudança de mentalidade – tal como em outras gerações. Além disso, prima pela consideração da diversidade de elementos e pela concentração de esforços para o aprofundamento/aprimoramento da democracia.

Nessa vertente, não se busca construir modelos normativos que lutem pela defesa da participação, mas sim que possibilitem ao Estado melhorar a participação pela via do desenho institucional. Exsurge a Governança Participativa "Empoderada" (EPG) de Fung e Wright.[60] Todavia, não é modelo unitário, varia a depender da instância escolhida e de suas características.

Isso no campo do neoinstitucionalismo, que prima pela exegese dos atos que favorecem a participação, na linha dos condicionantes para a efetividade das instâncias participativas, que passam pelo desenho institucional e influi, por exemplo, na aproximação ou no afastamento da participação de determinados grupos de interesse. Desse modo, o foco aqui é no formato institucional.[61]

Gaventa e Fung[62] pensam em como mudar a agenda por meio de inovações institucionais, objetivando reformar a democracia, aprofundando-a, melhorando-a, não servindo como modelo unitário a ser replicado indistintamente. Cada mecanismo participativo deverá, caso necessário, ser ajustado para o seu aprimoramento. Afinal, não é possível dar todas as respostas a todo tipo de democracia, mas sim pensar em como aprimorar as instituições.

1.2 Os limites da participação popular no curso do processo decisório

Haveria limites para a participação popular no curso do processo decisório? O ideal democrático no processo de tomada de decisões pelo governo poderia passar pelas seguintes etapas:

---

[60] FUNG; WRIGHT, 2003.
[61] TATAGIBA, 2002; FUNG; WRIGHT, 2003.
[62] GAVENTA; FUNG, 2006.

- [o] processo garantiria que, antes de uma lei ser promulgada, todos os cidadãos tenham a oportunidade de apresentar seus pontos de vista;
- todos terão garantidas oportunidades para discutir, deliberar, negociar e procurar soluções conciliatórias, que nas melhores circunstâncias poderiam levar a uma lei que todos considerarão satisfatória;
- no mais provável caso da impossibilidade de se atingir a unanimidade, a lei proposta pelo maior número será a promulgada.[63]

Todavia, mesmo que sejam adotadas tais etapas, não resta assegurado "que todos os membros literalmente viverão sob leis que escolheram, eles expandem a autodeterminação até seu maior limite viável". Nessa hipótese, seria assegurada a "liberdade de autodeterminação escolhendo [o cidadão] livremente viver sob uma constituição democrática em vez de uma alternativa não-democrática".[64]

A participação direta, pura, do cidadão na forma originária em Atenas, chamada inclusive de "teatrocracia" por Platão, hoje não seria possível. O risco maior estaria na ameaça à própria democracia, pois "nada ameaça mais matar a democracia que o excesso de democracia".[65] Ainda segundo o autor:

> A hipótese de que a futura computadorcracia, como tem sido chamada, permita o exercício da democracia direta, isto é, dê a cada cidadão a possibilidade de transmitir o próprio voto a um cérebro eletrônico, é uma hipótese absolutamente pueril. A julgar pelas leis promulgadas a cada ano na Itália, o bom cidadão deveria ser convocado para exprimir seu próprio voto ao menos uma vez por dia. O excesso de participação, produto do fenômeno que Dahrendorf chamou depreciativamente de cidadão total, pode ter como efeito a saciedade de política e o aumento da apatia eleitoral. O preço que se deve pagar pelo empenho de poucos é frequentemente a indiferença de muitos.[66]

A inviabilidade da convocação permanente dos cidadãos para deliberar gerou o reconhecimento de que o sistema representativo

---

[63] DAHL, 2001, p. 67.
[64] DAHL, 2001, p. 67-68.
[65] BOBBIO, 2000, p. 39.
[66] BOBBIO, 2000, p. 38-39.

parecia ser a solução mais adequada ao nosso sistema político.[67] A participação popular funcionaria como forma de eliminação do "poder invisível", trazendo transparência ao poder.[68]

O poder mobilizador e como plataforma de expressão das redes sociais mostra a força guardada por esse mecanismo de comunicação. Todavia, mesmo nesse espaço não se assegura a participação de todos, mas somente dos interessados.

Mill aborda o direito do cidadão em defender seus próprios interesses em comunidade:

> [...] aquela em que a soberania, o poder supremo de controle em última instância, pertence à massa reunida da comunidade; aquela em que todo o cidadão não apenas tem uma voz no exercício do poder supremo, mas também é chamado, pelo menos ocasionalmente, a tomar parte ativa no governo pelo exercício de alguma função pública, local ou geral.[69]

A diferença existente no grau de participação, em que se analisa a prevalência ou não da vontade de uma maioria ou minoria, é traço marcante nos modelos de democracia propostos por Lijphart. Denominados como modelo majoritário e modelo consensual:

> [...] prevalece a vontade do maior número de pessoas. É este o ponto vital do modelo consensual. Ele não difere do modelo majoritário, concordando em que é melhor o governo da maioria do que da minoria. Mas considera a exigência de uma maioria como um requisito mínimo: em vez de se satisfazer com mínimas maiorias, ele busca ampliar o tamanho das mesmas. Suas regras e instituições visam a uma ampla participação no governo e a um amplo acordo sobre as políticas que este deve adotar. O modelo majoritário concentra o poder político nas mãos de uma pequena maioria, e muitas vezes, mesmo, de uma maioria simples (*plurality*), em vez de uma maioria absoluta [...] ao passo que o modelo consensual tenta compartilhar, dispersar e limitar o poder de várias maneiras. Uma outra diferença, relacionada a esta última, é que o modelo majoritário de democracia é exclusivo, competitivo e combativo, enquanto o modelo consensual se caracteriza pela abrangência, a negociação e a concessão. Por esta razão, a democracia consensual poderia também ser chamada de "democracia de negociação".[70]

---

[67] Tanto é assim que Giovanni Sartori afirma: "Todas as nossas democracias são indiretas, isto é, são democracias representativas onde somos governados por representantes, não por nós mesmos" (SARTORI, 1994, v. 2, p. 37).
[68] BOBBIO, 2000, p. 41.
[69] MILL, 1981, p. 31.
[70] LIJPHART, 2003, p. 18.

Nesse aspecto, o autor considera a democracia consensual até mesmo mais democrática que a majoritária.[71] Especialmente por considerar que a exclusão da participação dos grupos perdedores nos processos decisórios violaria o principal pressuposto da própria democracia.[72] Mesmo sendo o modelo consensual considerado mais democrático, é o majoritário mais eficaz no que concerne à tomada de decisões.[73]

Já Held, apesar de expor que "a forma mais defensável e atraente de democracia seja aquela em que os cidadãos possam participar do processo de tomada de decisões em um amplo leque de esferas (política, econômica e social)", não crê "que qualquer dos modelos existentes, sozinho, proporcione uma elucidação satisfatória das condições, aspectos ou fundamentos lógicos desta forma democrática".[74]

E mais, a participação direta individualizada inviabilizaria a efetivação de quaisquer políticas públicas que inserissem a participação social de maneira obrigatória em todas as suas etapas.[75]

Disso evidencia-se que o modelo ideal de democracia (o que deveria ser) distancia-se do modelo real (o que de fato é).

Uma alternativa seria a criação de espaços públicos múltiplos e diferenciados. Algo defendido por Habermas, nos quais direitos e vontades do povo são considerados como critérios para julgamento e legitimidade dos atos públicos, colocando "a questão da possibilidade de uma democratização dos próprios processos de formação de opinião e vontade" e refletindo "sobre como as corporações parlamentares existentes poderiam ser completadas por instituições que exporiam o Executivo, incluindo também a justiça, a uma pressão mais forte de legitimação por parte da clientela e do espaço público do direito".[76]

A abertura de tais espaços implica, além de pensar no futuro do Estado,[77] a necessidade de ele moldar-se estruturalmente e funcionalmente:

---

[71] LIJPHART, 2003, p. 22.
[72] LIJPHART, 2003, p. 51.
[73] LIJPHART, 2003, p. 293.
[74] HELD, 1987, p. 7.
[75] "[...] nas sociedades, indivíduos e grupos organizam-se em associações, movimentos sociais e populares, classes se organizam em sindicatos, criando um contra-poder social que, direta ou indiretamente, limita o poder do Estado; em segundo lugar, a democracia é a sociedade verdadeiramente histórica, isto é, aberta ao tempo, ao possível, às transformações e ao novo" (STRECK; MORAIS, 2014, p. 111-112).
[76] HABERMAS, 1990, p. 109.
[77] "[...] a resposta acerca do futuro do Estado irá implicar uma revisão do Direito. Este, a partir da ruptura do monismo e do protagonismo exclusivista estatal, passa a apontar para o esfacelamento da regulação jurídica, especialmente em virtude do reconhecimento da (re)emergência de um direito plural que se constrói pragmaticamente assentado em bases

[...] um segundo obstáculo surge em consequência do próprio processo de democratização da sociedade que, na medida em que alargava as possibilidades de participação social, permitia que novas demandas fossem propostas ao Estado. Assim, a organização estatal viu-se na contingência de moldar-se estrutural e funcionalmente para tentar dar conta do crescente e diversificado número de demandas. A fórmula adotada foi a da constituição de um aparato burocrático responsável por responder às pretensões sociais cuja característica é a de ser um poder que se organiza verticalmente do alto para baixo, contrapondo-se, assim, ao modelo democrático de um poder que se eleva da base para o topo.[78]

Não há limites determinados na participação popular no curso do processo decisório, mas há a possibilidade de haver a adoção de uma linha consensual, negocial participativa.

A estrutura da política pública pode prever mecanismos de inserção da participação popular em escalas que podem acompanhar toda a política pública ou mesmo em etapas pontuais. A exemplo das características consultiva e deliberativa bastante comuns em Conselhos de Políticas Públicas, estabelecida tal natureza por meio das leis que os criam, dos seus regulamentos, das portarias e dos atos – editais etc. – que lhe dão operacionalidade e funcionamento.

1.3 Os atores envolvidos no processo participativo: entidades e segmentos da sociedade civil organizada

Conceitualmente, a entidade da sociedade civil pode ter natureza pública, privada ou híbrida, como federações, sindicatos, entidades de classe etc.[79] Torna-se importante destacar o seu significado histórico:

> A sociedade civil é um termo construído historicamente e seu significado vem se transformando nos últimos anos. Quem são os atores considerados como seus principais protagonistas atualmente? São as ONGs, os

---

[...] negociais – grupos de interesse, participação cidadão etc. – com um caráter menos prescritivo" (STRECK; MORAIS, 2014, p. 165).

[78] STRECK; MORAIS, 2014, p. 118-119.

[79] "O conceito de sociedade civil já passou por várias concepções e significados no Brasil e na América Latina. Ele vem sofrendo reformulações que seguem, em linhas gerais, momentos da conjuntura política nacional e a trajetória das lutas políticas e sociais do país [...]. Na linguagem política corrente ele se tornou sinônimo de participação e organização da população civil do país na luta contra o regime militar" (GOHN, 2008a, p. 70).

movimentos sociais, as comissões, grupos e entidades de direitos humanos e de defesa dos excluídos por causas econômicas, de gênero, raça, etnia, religião, portadores de necessidades físicas especiais; associações e cooperativas autogestionárias de redes de economia popular solidária; inúmeras associações e entidades com perfis variados do Terceiro Setor; fóruns locais, regionais, nacionais e internacionais de debates e lutas para o encaminhamento de questões sociais; entidades ambientalistas e de defesa do patrimônio histórico e arquitetônico; redes comunitárias de bairros, conselhos populares e setores organizados que atuam nos conselhos institucionalizados das áreas sociais. Mas a sociedade civil incluiu também algumas empresas e fundações que atuam segundo critérios de responsabilidade social.[80]

Assim, diversamente da representação realizada por meio do sufrágio, tem-se conferido às entidades civis organizadas um poder de representatividade segmental, pertinente às suas áreas de atuação, impulsionado pelo viés da participação. Lüchmann destaca que a forte demanda pela institucionalização de participação:

> [...] passa a caracterizar a atuação de diversos segmentos da sociedade civil organizada. Como resultante deste processo em que, para além dos debates, articulações, encontros que visam a discutir, problematizar questões e demandar soluções para os problemas que estão ausentes ou que recebem tratamento precário na agenda pública, produzindo e ampliando, portanto, os espaços públicos [...] No caso dos Conselhos Gestores, sua institucionalização, resultado de uma trajetória de lutas de diferentes segmentos sociais, apresenta uma natureza jurídica que imprime um caráter legal ao seu status deliberativo na definição, decisão e no controle das principais diretrizes e ações governamentais nas diferentes áreas de políticas sociais.[81]

A sociedade civil organizada aparece como ator importante na escala representativa, materializada por meio de estruturas formais de representação segmentada por áreas de atuação. A discussão sobre a legitimidade dos membros em oficialmente representar determinado segmento faz nascer o emprego de sistemas paralelos de competição e escolha entre os encarregados à representação. Convém lembrar que:

---

[80] GOHN, 2008a, p. 107.
[81] LÜCHMANN, 2007, p. 145.

[...] A presunção de representar alguém, é claro, não equivale à sua efetiva representação; no entanto, o comprometimento com os interesses representados é um componente vital da representação, irredutível a dispositivos institucionais. Embora a dimensão subjetiva da representação tenha sido sistematicamente desvalorizada no campo das teorias da democracia, como apontado por Sartori em reconhecimento à arguta intuição de Burke quanto à importância dessa dimensão, as regras e desenhos institucionais tornam-se impotentes quando os representantes não são animados ou comovidos por um "sentimento de representação" – *idem sentire, animus* (Sartori, 1962). De modo mais preciso, se a representação é irredutível à mera representação presuntiva, a representatividade não pode prescindir do compromisso de representar. Aliás, não é descabido esperar que esse compromisso tenda a se manifestar com maior intensidade nas formas de representação coletiva do que no comportamento de partidos no parlamento.[82]

A adoção da representação via sociedade civil organizada é forma de inserção do cidadão no jogo da política, afinal, como visto, impossível fazê-lo – tanto por falta de tempo, pelo volume populacional, quanto pela apatia de alguns ou pela indisponibilidade de recursos.[83]

Bobbio, Matteucci e Pasquino abordaram eventual contraposição entre o Estado e a sociedade civil – cuja finalidade era a de polemizar –, com a afirmativa:

---

[82] LAVALLE; HOUTZAGER; CASTELLO, 2006, p. 89.
[83] Fung, no que diz repeito à deliberação pública organizada de maneira autoconsciente no denominado *minipúblicos*, ao tratar sobre seu desenho institucional, destaca: "Como deveriam os indivíduos vir a participar de um minipúblico? O mecanismo mais comum é a auto-seleção voluntária. [...] Às vezes, a lei requer que sejam abertos dessa forma. Aqueles que tomam conhecimento da oportunidade e dispõem dos recursos, interesses e tempo participam. A dificuldade aqui é que os que comparecem são tipicamente os que possuem melhores condições de vida – ricos, instruídos e profissionais – em relação à população da qual provêm. Praticamente todas as formas de participação política exibem padrões de participação que favorecem pessoas de status elevado, e as formas mais exigentes tendem a exacerbar esse viés" (2004b, p. 177-178). Em linhas gerais, os minipúblicos, na forma concebida por Fung (2004b), são programas participativos de menor porte muitas vezes realizados em escalas municipais, a exemplo do Orçamento Participativo de Porto Alegre no Brasil. O conceito é originário de Dahl (2012, p. 543-544), para quem é denominado como *minipopulus*. Contrariando a afirmação de que pessoas com capacidade financeira elevada tendem a participar mais das atividades civis e políticas, em uma análise particular em São Paulo: "Quanto ao efeito dos recursos materiais e econômicos sobre a participação, se usado o tamanho do orçamento como indicador sintético da riqueza de um ator, encontra-se resultado importante: riqueza não afeta a participação, que dizer, na amostra, atores ricos e pobres da sociedade civil são igualmente propensos a participar [...]" (LAVALLE; HOUTZAGER; ACHARYA, 2004, p. 352); "Isso contrasta fortemente com a bem estabelecida conclusão de a participação política individual ser fortemente afetada pela riqueza pessoal – i.e., pessoas mais ricas tendem a votar mais e participar mais das atividades civis e políticas (Verba, Schlozman e Brady, 1995)" (VERBA; SCHLOZMAN; BRADY, 1995; LAVALLE; HOUTZAGER; ACHARYA, 2004, p. 355).

[...] por exemplo, [de] que a Sociedade civil move-se mais rapidamente do que o Estado, que o Estado não tem sensibilidade suficiente para detectar todos os fermentos que provêm da Sociedade civil, que na Sociedade civil forma-se continuamente um processo de deterioração da legitimidade que o Estado nem sempre tem condições de deter. Uma velha formulação desta mesma antítese é a que contrapõe o poder real ao poder legal. Daí a frequente afirmação de que a solução das crises que ameaçam a sobrevivência de um Estado deve buscar-se, antes de tudo, na Sociedade civil, onde é possível a formação de novas fontes de legitimidade e, portanto, novas áreas de consenso. Nos momentos de ruptura, se exalta a volta à Sociedade civil, tal como os jusnaturalistas exaltavam o retorno ao Estado de natureza.[84]

A respeito do enquadramento necessário para a ocupação de entidades e a sociedade civil organizada em espaços participativos, há de se salientar:

A divisão rígida do Estado e sociedade civil, mundo da política e da vida social, é um recurso conceitual limitado para a análise dos processos políticos em sociedades complexas, com grandes organizações estatais, segmentadas e sofisticadas, pois há que ter em conta que vários atores sociais influentes não estão localizados nem no Estado nem na sociedade civil: transitam entre espaços governamentais e sociais exercendo diferentes papéis conforme a conveniência pessoal e circunstâncias políticas.[85]

Não se pode reduzir a visão da sociedade civil como "polo de virtude" e do Estado como "encarnação do mal".[86] O desvio de um enquadramento adequado no tocante à representação em Conselhos Gestores tem levado ao acesso privilegiado e à deficiência dos representantes da sociedade civil, acarretando sua desqualificação política e monopólio sobre as decisões.[87]

---

[84] BOBBIO; MATTEUCCI; PASQUINO, 1995, p. 1.210-1.211.
[85] Tradução livre. Texto original: "La divisón rígida entre Estado y sociedad civil, mundo de la política y de la vida social, es un recurso conceptual limitado para el análisis de los procesos políticos en sociedades complejas, con organizaciones estatales grandes, segmentadas y sofisticadas, pues hay que tener en cuenta que varios actores sociales influyentes no están localizados ni en el Estado ni en la sociedad civil: transitan entre espacios gubernamentales y societales ejerciendo diferentes papeles conforme a conveniências personales y circunstancias políticas" (CÔRTES, 2006, p. 24).
[86] DAGNINO, 2002, p. 281.
[87] DAGNINO, 2002, p. 284.

No Brasil, a partir dos anos de 1970, surgiu o que se denominou "sociedade civil autônoma e democrática". Avritzer destaca que tal medida é derivada de diversos fenômenos, tais como "o crescimento exponencial das associações civis, em especial das associações comunitárias",[88] de uma "reavaliação da ideia de direitos"[89] e da "defesa de formas públicas de apresentação de demandas e de negociação com o Estado".[90] Algo que permeou, impulsionou e institucionalizou inúmeros Conselhos em todo o país.

A respeito da categoria em que se localiza a sociedade civil, é de se asseverar:

> Nos anos 1980, no Brasil e em outros lugares, aplicava-se a categoria sociedade civil a uma gama de atores, incluindo igrejas, sindicatos e partidos políticos. Uma década depois, os atores da sociedade civil sancionados nos debates acadêmicos e na linguagem dos formuladores de políticas foram restringidos significativamente. Sobretudo na literatura e nos debates internacionais sobre a sociedade civil, houve certa fusão entre ONG e atores da sociedade civil. Embora poucos discordem da afirmação de que a sociedade civil não se equipara às ONGs, grande parte do debate sobre a sociedade civil, e também aquele que ocorre nos círculos internacionais da formulação de políticas, continua a fazer exatamente isso.[91]

O leque é amplo, o que, em tese, permitiria a penetração de figuras que muitas vezes não são "sumidades" e podem contribuir de maneira questionável com a política pública (pelo direcionamento por desejos privados).

A participação coletiva em um Conselho deliberativo poderá alterar substancialmente uma política pública, mesmo considerada uma composição realizada pela paridade de membros (ou por suas elites).

Todavia, deve ser registrada a existência de associações de elite, cujos "interesses encontram acolhida nas instituições políticas tradicionais", sendo relevante destacar o papel de expedientes institucionais que graças a seu desenho podem favorecer "potencialmente o protagonismo de grupos sociais tradicionalmente sub-representados

---

[88] BOSCHI, 1987; SANTOS, 1993; AVRITZER, 2000.
[89] DAGNINO, 1994.
[90] AVRITZER, 2009, p. 28.
[91] LAVALLE; HOUTZAGER; ACHARYA, 2004, p. 359.

ou desfavorecidos".[92] Daí a importância de um desenho institucional adequado, para atenuar tanto a sub-representação quanto a super-representação.

Evidências empíricas passaram a questionar a legitimidade da participação e da representação da sociedade civil, especialmente quanto à "heterogeneidade de objetivos, interesses e formas de organização; os vínculos estreitos com o sistema político; e a influência do contexto na atuação e formulação política destes sujeitos coletivos", não sendo possível imprimir "uma natureza necessariamente democrática deste campo".[93]

A sociedade civil "nunca será isenta de relações e conflitos de poder, de disputas por hegemonia e de representações sociais e políticas diversificadas e antagônicas".[94] Mas, ainda assim, é preferível a participação da sociedade civil e que poderá por meio de seu desenho institucional ser melhorada para atenuar a ação, por exemplo, de determinados grupos de interesse a subverter a missão precípua do mecanismo participativo.

Convém destacar – e agora fazendo uma conexão com a construção de uma ordem democrática – que toda e qualquer criação de instituição capaz de processar a pluralidade de interesses, "identidades e objetivos que mobilizam os atores sociais",[95] é marcada sobretudo pelo conflito, tornando o processo árduo.

Destarte, até que a sua estabilização ocorra, "nem sempre as instituições e os procedimentos democráticos assumem o mesmo significado para todos os atores políticos".[96]

Ponto igualmente debatido é a permanência de elites no poder.

Há de se considerar que a "teoria democrática liberal" apregoa ser a democracia tão somente meio para a manutenção e a estabilidade dos sistemas políticos representativos. Pois, "o que importa é a participação da elite minoritária, e a não-participação do homem comum, apático, com pouco senso de eficácia política, é vista como a principal salvaguarda contra a instabilidade".[97]

---

[92] LAVALLE; HOUTZAGER; ACHARYA, 2004, p. 356.
[93] LÜCHMANN, 2007, p. 148.
[94] SHERER-WARREN, 2009, p. 16.
[95] MOISÉS, 1995, p. 84.
[96] MOISÉS, 1995, p. 84.
[97] PATEMAN, 1992, p. 138-139.

Nesse aspecto, a noção de participação é, para teóricos da democracia representativa e liberal, tais como Sartori e Shumpeter, tida como método fundado na escolha de representantes por meio das eleições. Para o último, filiado à teoria elitista, o método democrático é "um sistema institucional, para a tomada de decisões políticas, no qual o indivíduo adquire o poder de decidir mediante uma luta competitiva pelos votos do eleitor".[98] Compreendendo a noção de que somente as elites têm racionalidade política necessária para a tomada de decisões.

Joseph Schumpeter, segundo Bobbio, acerta em cheio na questão da permanência das elites no poder quando alega "que a característica de um governo democrático não é a ausência de elites, mas a presença de muitas elites em concorrência entre si para a conquista do voto popular".[99] Nessa trilha, James Madison em *O Federalista*, nº 10, já salientava que a questão das facções nasce com a natureza humana, não sendo possível eliminá-las, nem mesmo a representação garante o fim do mal das facções.[100]

O aprimoramento de um processo de escolha em um espaço participativo refletiria diretamente na escolha das associações e trabalharia com a questão das facções. Assim, convém alertar que:

> [...] certo consenso acerca das relações positivas entre associativismo e democracia carrega um alto grau de generalização sobre os impactos democráticos das associações, sem maiores cuidados no que se refere à necessidade de se especificar, no interior desse campo complexo e plural, os diferentes tipos de associações e seus distintos, e muitas vezes contraditórios, efeitos democráticos. Alguns autores (PAXTON, 2002; STOLLE; ROCHON, 1998; BAGGETTA, 2009; ROBTEUTSCHER, 2005; FUNG, 2003; CHAMBERS; KOPSTEIN, 2001 e 2006; DAGNINO, OLVERA, PANFICHI, 2006) vêm procurando desagregar esse fenômeno, com destaque para o trabalho de Warren (2001), pois reconhecem que muitas associações não são boas para a democracia, como determinados grupos privados, grupos racistas, de ódio, e muitos grupos de interesses poderosos que fazem jus às suspeitas de facciosismo levantadas por Madison e Rousseau em suas preocupações com o ideal do bem comum [...].[101]

Obviamente, desejável e bom seria que os participantes de uma sociedade pluralista, tanto associações quanto organizações,

---

[98] SCHUMPETER, 1984, p. 328.
[99] BOBBIO, 2000, p. 39.
[100] LIMONGI, 2001, p. 252-254.
[101] LÜCHMANN, 2014, p. 160.

se orientassem em suas ações pelo interesse público formado da preocupação com assuntos públicos.[102] Todavia, não é o que ocorre. Grupos de interesse bastante organizados e aparelhados atuam muitas vezes de modo a desvirtuar esse ideal – daí exsurge a importância de engenharia institucional que prime pela essência requerida nas ações participativas delineada pela política pública e que tente ao máximo atenuar o desvio desse fim.

No Brasil, as questões do "clientelismo, corporativismo, insulamento burocrático e universalismo de procedimentos" "convivem em diferentes períodos históricos, sendo que a presença de uma delas não necessariamente exclui a outra".[103] É algo natural e marcado por progressos e retrocessos, posta a ampliação da esfera pública com a participação de inúmeros atores, inclusive a sociedade civil organizada:

> Organizações da sociedade civil têm promovido reformulações institucionais como meio para desafiar o legado de relações sociais hierárquicas, que gerou uma arena pública confinada e o controle patrimonial do Estado [...]. Os baixos níveis de organização cívica e participação, que marcaram a maior parte do século XX, impregnaram as sociedades civil e política no Brasil, contribuindo para o fortalecimento das políticas de clientelismo e patrimonialismo. O clientelismo, baseado na cultura do favor e nas trocas pessoais entre indivíduos de diferentes classes sociais e políticas, permanece como característica predominantemente na maior parte do país. As estratégias políticas desenvolvidas pelas OSC e pelos movimentos sociais, ao longo da fase final do autoritarismo militar (1977-1985), marcadas por novas práticas de envolvimento cívico, foram criadas para promover encontros-reuniões abertas, deliberações públicas e processos de implementação transparentes no intuito de superar esses legados políticos.[104]

Convém destacar, na linha do institucionalismo histórico, que a representação de interesses "é moldada por atores coletivos e instituições que carregam traços de suas próprias histórias".[105] Não existindo neutralidade, pois "diversos fatores institucionais influenciam o processo político que decide entre interesses conflitantes e pode, assim, privilegiar alguns interesses à custa de outros".[106] Assim, as

---
[102] REIS, 2004, p. 85.
[103] SCHOMMER, 2013, p. 190.
[104] WEFFORT, 1989, p. 327-350; AVRITZER; WAMPLER, 2004, p. 211-212.
[105] IMMERGUT, 2006, p. 172.
[106] IMMERGUT, 2006, p. 172.

instituições servem para "nos ajudar a entender por que os atores fazem as escolhas que fazem".[107]

Há de se salientar igualmente o perigo de cooptação dos mecanismos participativos, no caso de sua ampliação pode ocorrer (caso sejam cooptados) "por interesses e atores hegemônicos [...] [ser legitimada] a exclusão social e a repressão da diferença".[108]

Diante da pluralidade de atores em espaços participativos – leia-se também a existência de múltiplos interesses –, há que se destacar a relevância do papel estruturante do desenho jurídico-institucional. Este servirá para organizar, dar transparência e eficiência ao mecanismo participativo utilizado.

---

[107] IMMERGUT, 2006, p. 184.
[108] SANTOS; AVRITZER, 2003, p. 74; GUERRA, 2003; ROMANO; ANDRADE; ANTUNES, 2007, p. 9.

CAPÍTULO 2

A INSTITUCIONALIZAÇÃO JURÍDICA DA PARTICIPAÇÃO

> *O direito visto como componente de um arranjo institucional, ao partilhar responsabilidades, pode, por exemplo, colaborar para evitar sobreposições, lacunas ou rivalidades e disputas em políticas públicas. Nesse sentido, o direito pode ser visto como uma espécie de "mapa" de responsabilidade e tarefas nas políticas públicas.*[109]

2.1 Institucionalização e desenho jurídico-institucional

No campo jurídico, a questão da institucionalização foi explorada por Romano. As instituições são marcadas por características que passam por elementos como: existência objetiva e concreta, natureza social, individualidade própria, serem fechados e permanentes.[110] Este último caracterizado por sua identidade não poder ser modificado em seus elementos.

Bucci pontua a respeito da institucionalização:

> *Institucionalização* e *institucionalizar* não são sinônimos, mas termos correlatos. [...]

---

[109] COUTINHO, 2013, p. 196, grifo nosso.
[110] ROMANO, 2008, p. 83-87.

A *institucionalização* é a objetivação e a organização por meio da ordenação jurídica. É o que mantém a agregação, a força que impede a dispersão dos elementos e permite a caracterização destes como componentes de um arranjo funcional, a despeito de suas naturezas distintas. O adjetivo institucional refere-se ao conjunto de estruturas jurídicas, políticas e sociais que o tornam um objeto definido, distinto do ambiente que o cerca, a partir de certa ordenação e unidade funcional sedimentada, que produz a reiteração de determinados comportamentos.

Pode-se definir o termo *institucionalizar*, no sentido da ação governamental, como a iniciativa de estabelecer um determinado padrão de organização – permanente e impessoal, formalmente desvinculado da pessoa do governante ou gestor que desencadeia a ação –, que atua como fator de unidade de vários centros de competência em articulação, visando à composição de distintos interesses, meios e temporalidades, em função da ideia-diretriz [...].[111]

O primeiro desafio, ao tratar a questão da institucionalização na área jurídica, especialmente no campo das políticas públicas, está em sua permeabilidade, pois notórias são as dificuldades enfrentadas nas interações entre o direito e as políticas públicas, sejam elas "conceituais, semânticas, metodológicas, teóricas e práticas".[112] De modo a ser pulsante a necessidade de reordenação de ideias nesse segmento a fim de readequar o direito como "objetivo, arranjo institucional, vocalizador de demandas ou ferramenta de políticas públicas".[113]

As instituições têm papel primordial nessa esfera, pois, "para o institucionalismo, o comportamento ocorre no contexto de instituições e só nele pode ser compreendido", sendo as "instituições [...] mecanismos pelos quais decisões individuais são agregadas e combinadas em decisões coletivas".[114]

Desse modo, a produção de políticas públicas depende do intercâmbio entre atores sociais e o Estado em ambientes institucionais desenhados apropriadamente para tal, sendo os resultados alcançados ligados umbilicalmente ao seu respectivo desenho institucional.[115]

Se é certo o papel fundamental do direito nas políticas públicas, sob esse aspecto na institucionalização da política, primordial é um

---

[111] BUCCI, 2013, p. 235-236, grifo da autora.
[112] COUTINHO, 2013, p. 181.
[113] COUTINHO, 2013, p. 182.
[114] IMMERGUT *apud* BUCCI, 2015, p. 8.
[115] MARQUES, 2013, p. 38.

adequado desenho jurídico-institucional para torná-lo, sobretudo, concreto, permanente e independente.[116]

Há de se destacar que, entre os papéis conferidos ao direito no campo das políticas públicas, a presente obra se centra na importância de sua dimensão estruturante, instrumental e legitimadora.[117]

A esse respeito convém reproduzir quadro editado por Coutinho, aqui reduzido aos elementos apontados nesse sentido:

QUADRO 1
PAPÉIS DO DIREITO[118]

	Direito como arranjo institucional	Direito como caixa de ferramentas	Direito como vocalizador de demandas
Ideia-chave	Direito define tarefas, divide competências, articula, orquestra e coordena relações intersetoriais no setor público e entre este e o setor privado.	Como "caixa de ferramentas", Direito oferece distintos instrumentos e veículos para implementação dos fins da política.	Direito assegura participação, *accountability* e mobilização.
Perguntas-chave	Quem faz o quê? Com que competências? Como articular a política pública em questão com outras em curso?	Quais são os meios jurídicos adequados, considerando os objetivos?	Quem são os atores potencialmente interessados? Como assegurar-lhes voz e garantir o controle social da política pública?
Dimensão	Estruturante	Instrumental	Legitimadora

---

[116] Maria Paula Dallari Bucci, ao indicar elementos relacionados à "locução *jurídico-institucional* como qualificativo do quadro de referência" em políticas públicas, ressalta que no tocante aos "*papéis institucionais* [...] A partir da institucionalização, ou da formalização na regra jurídica, o funcionamento do programa passa a depender, não mais da vontade pessoal de quem tomou a decisão de instituí-lo e sim, do cumprimento dos deveres e obrigações previstos nas normas, para as finalidades objeto do programa" (BUCCI, 2015, p. 9, grifo da autora).

[117] COUTINHO, 2013, p. 198.

[118] COUTINHO, 2013, p. 198.

O Estado, ao institucionalizar as instâncias participativas, tais como os Conselhos, desenha, inclusive, o formato de escolha dos Conselheiros, devendo tal procedimento assegurar uma adequada representação.[119]

É imperioso que a seleção conte com etapas que garantam a sua efetividade, como o atendimento de processo pautado pela transparência; tornando possível aferir que o direito pode e deve trabalhar no aprimoramento das políticas públicas.[120]

A questão da institucionalização no campo dos Conselhos Nacionais passa pela vital necessidade de implantação de mecanismos formais de institucionalização para impulsionar o processo de descentralização política com nova dinâmica em face das relações entre o Estado e a sociedade civil. Além de abranger também a formação de instâncias colegiadas, cuja missão se dá tanto na formulação, no controle como na execução de políticas setoriais.[121]

A propensão para uma participação mais adequada não é quimera, mas se situa no campo de relação institucional que delimita a participação dos atores da sociedade, sendo eles:

> [...] constrangidos por sua própria capacidade de organização e desafiados pelo imperativo de manter ou ampliar essa capacidade, mas não só, esses atores são igualmente constrangidos e desafiados por suas relações com outros atores, dentro e fora da sociedade civil, e pelo terreno institucional com que se defrontam.[122]

O relacionamento entre o governo e as entidades da sociedade civil impõe a reflexão acerca de seus diversos modelos, a saber: repressão, competição, suplementação, contratação, cooperação, colaboração, complementariedade, *advocacy*. Sendo as horizontais caracterizadas pela participação efetiva das organizações nas políticas – ou verticais –, com alta possibilidade de caracterização de repressão por parte do governo na participação delas em políticas públicas.[123]

---

[119] "A representatividade nos espaços públicos de interlocução com o Estado constitui um desafio cujas proporções têm provocado um amplo debate [...] não apenas sobre as formas de assegurá-la como também sobre a avaliação do funcionamento desses espaços" (DAGNINO, 2002, p. 292).
[120] COUTINHO, 2013, p. 183.
[121] FARIA, 2010, p. 76.
[122] LAVALLE; HOUTZAGER; ACHARYA, 2004, p. 357.
[123] COSTON, 1998, p. 360-362; SEGATTO, 2013, p. 148-149.

Ainda que seja possível afirmar que a relação preexistente entre o Estado e as Organizações da Sociedade Civil é, no Brasil, mais pulsante no formato da suplementação – marcada pelo recebimento de financiamento estatal para prestação de serviços – e da complementariedade – em que há financiamento das OSCs para o aumento de sua capacidade institucional –,[124] verifica-se com o permeio de mecanismos participativos seu forte papel de controle social.

A respeito do valor existente na participação e no controle social promovido pela sociedade, Schwarz delimita:

> O controle social sobre as ações do Estado em matéria de direitos sociais e sobre o destino dos recursos públicos em matéria de políticas públicas sociais torna-se importante na realidade brasileira para que se criem resistências à redução das políticas públicas preconizada pelos grandes capitais e à privatização e à mercantilização destas.
>
> Esses espaços de participação e de controle social, institucionalizados, de forma predominante, no espaço do Poder Executivo, oferecem a possibilidade de que os cidadãos/administrados interfiram na formulação, aplicação e avaliação de políticas públicas sociais setoriais. Mas esses espaços, logicamente, não são neutros, tampouco homogêneos: neles existe o embate de propostas divergentes para dar o rumo da política pública social específica na direção dos interesses dos segmentos dos setores sociais neles melhor representados. Isso significa que o controle social é uma possibilidade nesses espaços, mas que a sua qualidade e a sua efetividade dependem, contudo, da correlação de forças existentes dentro dos mesmos, correlação que, por sua vez, é resultante da correlação de forças existentes no próprio conjunto da sociedade civil.[125]

A institucionalização pelo espectro do direito de tais ambientes será norteadora para a solidez e a estabilidade desses sistemas – afinal, é "elemento constitutivo, intrínseco".[126]

---

[124] SEGATTO, 2013, p. 152.
[125] SCHWARZ, 2013, p. 79.
[126] A referência aqui feita é extraída no espírito da afirmação de COUTINHO que, ao tratar sobre o direito nas políticas públicas, assevera: "Outro ponto de partida é a suposição de que se é possível desdobrar políticas públicas em um emaranhado de normas, processos e arranjos institucionais mediados pelo direito, também é possível observar o direito nas políticas públicas sem dissecá-lo, isto é, enxergando-o como um elemento constitutivo, intrínseco a tais políticas" (COUTINHO, 2013, p. 182).

Isso ocorre diante da profusão de canais de participação cidadã na administração pública[127], estando a análise institucionalista concentrada "em mostrar que preferências e decisões são produtos de instituições. As regras e os procedimentos institucionais distorcem, de diversas maneiras, as preferências e as decisões".[128] Assim, convém reproduzir quadro elaborado por Immergut, no qual destaca as semelhanças e as diferenças entre os tipos de "novos" institucionalistas:

QUADRO 2

TIPOS DE "NOVOS" INSTITUCIONALISTAS: SEMELHANÇAS E DIFERENÇAS[129]

(continua)

	Escolha racional	Teoria da organização	Institucionalismo histórico
Interesses	Fatores estratégicos levam atores racionais a escolher equilíbrio subótimo (*e.g.* o dilema do prisioneiro, a tragédia dos comuns)	Os atores não conhecem seus interesses: limites de tempo e informação levam-nos a depender de sequências e outras regras de processamento (racionalidade limitada)	As interpretações dos atores de seus interesses são moldadas por organizações coletivas e instituições que carregam traços da própria história
Processo político	Sem regras para ordenar, não consegue alcançar o interesse público; regras para a sequência de votação no Congresso, divisão em jurisdições, etc. afetam os resultados	Os processos inter e intra-organizacionais moldam os resultados, como o modelo da lata de lixo, o trabalho para alcançar a reorganização administrativa e a implementação de políticas	Processos políticos estruturados por Constituições e instituições políticas, estruturas de Estado, relações entre Estado e grupos de interesse, rede de políticas e contingências de *timing*

---

[127] A respeito da difusão: "Desde a Constituição de 1988 até os dias atuais, difundiram-se diversos mecanismos de participação cidadã na interlocução com o Estado, em diferentes áreas temáticas e esferas de governo, a exemplo de conselhos de políticas públicas, conferências, audiências públicas, orçamento participativo etc." (SCHOMMER, 2013, p. 186).

[128] IMMERGUT, 2006, p. 162.

[129] IMMERGUT, 2006, p. 174-175.

(conclusão)

	Escolha racional	Teoria da organização	Institucionalismo histórico
Normativo	*Elster*: os fins substancialmente racionais são inúteis sem meios formalmente racionais; *Buchanan* e *Tullock*: maximizar a eficiência por meio da regra de unanimidade e compra de votos; *Riker*: vontade popular insondável, a democracia é controlada por freios e contrapesos *(checks and balances)*	*Perrow*: implicações do poder burocrático e da racionalidade limitada	*Lowi*: democracia jurídica baseada no fortalecimento do Congresso, deliberação sobre regras e não com base em resultados específicos, necessidade de filosofia pública
Atores	Racionais	Cognitivamente limitado	Autorreflexivos (normas sociais, culturais e históricas, mas reinvenção da tradição)
Poder	Capacidade de agir unilateralmente	Depende da posição na hierarquia organizacional	Depende do reconhecimento pelo Estado, do acesso à tomada de decisões, da representação política e das construções mentais
Mecanismos institucionais	Estruturação das opções por meio de regras (dependência de normas controversas)	Estruturação das opções e dos cálculos de interesse por meio de procedimentos, rotinas, roteiros, quadros (implica normas)	Estruturação de opções, cálculos de interesse e formação de metas por regras, estruturas, normas e ideias

Para o neoinstitucionalismo – e deve-se ressaltar a existência de múltiplos neoinstitucionalismos –, a centralidade das instituições é sua marca, havendo três correntes: a da escolha racional, a sociológica e a histórica. Afina-se a presente obra à linha histórica, cujo registros estão ligados ao estudo do Estado e das políticas.[130]

---

[130] IMMERGUT, 2006, p. 155; MARQUES, 2013, p. 37.

A relevância de um adequado desenho jurídico-institucional na elaboração de uma política pública servirá – considerando elementos definidos por Bucci em quadro de referência – para análise e ajuste da estruturação da base normativa que envolve os agentes governamentais e não governamentais vinculados ao programa de ação e os mecanismos jurídicos de sua articulação, pois estes podem ser permanentemente aprimorados para prover o seu efetivo funcionamento.

Convém indicar os elementos pertencentes ao quadro de referência mencionado,[131] apresentando-os em síntese:

a) *nome oficial do programa de ação* – identidade, marca do programa;
b) *gestão governamental* – vinculação político-partidária, a ser eventualmente concebida com influências de outras ações;
c) *base normativa* – atos normativos que lhe dão operacionalidade;
d) *desenho jurídico-institucional* – relacionado ao elemento anterior e aos itens 'e', 'f' e 'g', expressa a ação de maneira descritiva;
e) *agentes governamentais* – guardam relação com as competências, as atribuições e a responsabilidade dos agentes governamentais envolvidos;
f) *agentes não governamentais* – agentes externos não governamentais que atuam na ação ou são a ela interessados;
g) *mecanismos jurídicos de articulação* – marcados pela pluralidade de organismos de articulação, sendo jurídicos, relacionados à gestão e à informação;
h) *escala e público-alvo* – elemento a ser obtido pela via comparativa a outras ações, é marcada pela descrição qualitativa e quantitativa dos beneficiários diretos e indiretos;
i) *dimensão econômico-financeira do programa* – sob a ótica orçamentária são os valores reservados para o custeio do programa;
j) *estratégia de implantação* – objetiva a descrição, consideradas as bases oficiais, quais as efetivas estratégias de implementação, contribuindo para a análise de seu planejamento;
k) *funcionamento efetivo do programa* – visão geral que permite a verificação do seu efetivo funcionamento, relacionado aos itens 'd' a 'j'; e, por fim,

---

[131] BUCCI, 2015, p. 9-11.

l) *aspectos críticos do desenho jurídico-institucional* – derivada da leitura do item anterior, é possível a realização de leitura crítica.

Em remate, deve-se destacar que os elementos institucionais, sem dúvida, são norteadores para "as dinâmicas políticas, emoldurando a política e influenciando os seus resultados".[132]

O papel do desenho jurídico-institucional como estruturante para a efetividade do mecanismo participativo está diretamente relacionado aos seus resultados alcançados, podendo ser, como visto, aperfeiçoado.

2.1.1 A relevância do desenho jurídico-institucional para a efetividade da participação: atos normativos que lhe prestam apoio

A relevância do desenho jurídico-institucional para a efetividade do modelo participativo adotado será o caminho para a confirmação ou não da hipótese de configurar procedimento opaco[133] e não transparente.

A leitura aqui almejada evidentemente não desconsiderará que mecanismos formais asseguratórios da participação da sociedade civil em políticas públicas não são suficientes para a garantia dessa participação. Mas devem existir autoridades comprometidas com a democracia participativa e a presença de uma sociedade civil organizada.[134]

E mais, tendo em vista o insucesso, até então presente, na questão de o processo democrático ficar ileso às distorções no processo participativo que provê, seja a super-representação, seja a sub-representação da sociedade civil.[135] Convém, então, como provável solução, ajustar os espaços participativos por meio do seu desenho jurídico-institucional.

---

[132] MARQUES, 2003, p. 52.

[133] Coutinho, ao sedimentar crítica no tocante ao papel dos juristas nas políticas públicas, assevera: "Empobrecida tem sido também a reflexão dos juristas a respeito da dimensão jurídica da legitimidade, do controle social e da participação nas políticas públicas no Brasil. Se o direito administrativo pode ser visto como mecanismo de disciplina, procedimentalização e de regulação da participação substantiva, bem como da mobilização de atores mais ou menos organizados na formulação, implementação e avaliação de políticas públicas, então faz sentido que isso seja mais tematizado por juristas, acadêmicos ou práticos. E se é igualmente verdadeiro que o direito, além disso, estrutura e regula formas de prestação de contas e transparência (*accountability*) dessas políticas [...] seria razoável supor que a falta de consciência desse papel profissional tende a aumentar o risco de que haja maior opacidade, menor participação e mobilização menos intensa de atores relevantes – sobretudo os grupos menos organizados – em políticas públicas" (COUTINHO, 2013, p. 184-185).

[134] COELHO, 2004, p. 256-257.

[135] PINTO, 2004, p. 111.

O desenho jurídico para a institucionalização poderá ser aprimorado e se materializará na edição de normas jurídicas e processos, tanto na edição de leis como na edição de atos normativos que lhe prestem apoio. Como exemplo há decretos, regimentos, portarias, instruções normativas, portarias, editais etc.

Os limites e o alcance do desenho dependem do objeto do instrumento participativo a ser utilizado, no presente caso como hipótese aplicada será examinado o Conselho Nacional de Educação, em especial, o processo de escolha dos membros nomeados para a Câmara de Educação Superior.

O tecido orgânico que dá esteio à participação de entidades e organizações da sociedade civil – inclusive em Conselhos Gestores – está nas normas que admitem, regem e limitam suas ações. É por meio das condicionantes da efetividade das instâncias participativas e que passam pelo desenho institucional, mas que não se esgotam nele, que se caracteriza a relevância do cubo da democracia de Fung.

A abordagem para a análise do aprimoramento pela via institucional é notada em lições extraídas do modelo proposto por Fung no artigo "Varieties of Participation in Complex Governance". Ao desenvolver uma estrutura para a compreensão da gama de possibilidades institucionais na participação pública, apresenta o cubo da democracia (*democracy cube*), sendo ele materializado em três dimensões:

1ª) quem participa – composta por oito critérios de seleção, desde a abertura total para a participação (mais inclusivo) até critérios políticos e técnicos (mais restritivo);
2ª) como os participantes se comunicam uns com os outros e tomam decisões em conjunto – composta por seis critérios, indo de pouca interação a intensa; e
3ª) como as discussões estão relacionadas com as políticas e as ações públicas – compostas por cinco critérios, indicam o grau de influência de poder e responsabilidade pela decisão, que variam da menor para a máxima autoridade.[136] Observemos o cubo da democracia de Fung:

---

[136] FUNG, 2006, p. 66-74.

FIGURA 1 – Cubo da democracia[137]

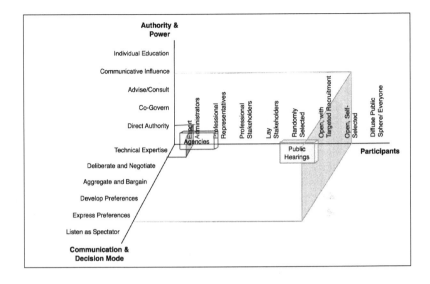

A arena para a tomada de decisões é forjada no seio institucional do Estado, e uma boa estrutura é vital para o alcance do objetivo almejado. Daí a importância das três dimensões descritas por Fung.

Entretanto, o foco da presente obra está em registros alinhados à consideração da participação do *demos*, todos, como somente os interessados. Assim, conecta-se, nesse segmento, tal afirmativa ao cubo da democracia de Fung no tocante aos participantes, por ele assim definidos:

---

[137] FUNG, 2006, p. 71.

FIGURA 2 – Método de Seleção de Participantes[138]

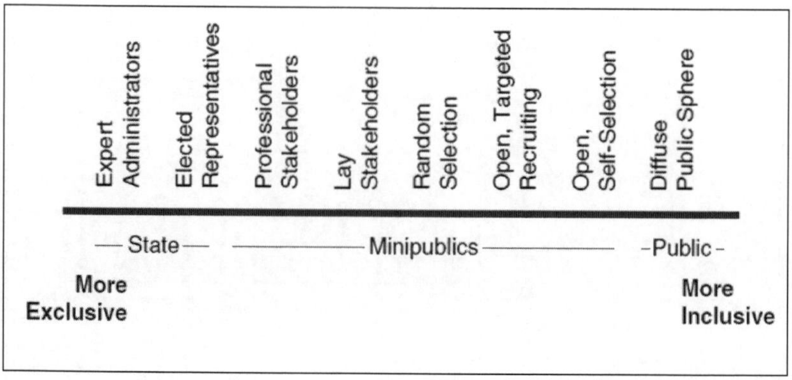

| Expert Administrators | Elected Representatives | Professional Stakeholders | Lay Stakeholders | Random Selection | Open, Targeted Recruiting | Open, Self-Selection | Diffuse Public Sphere |

—— State —— ———— Minipublics ———— —— Public ——

More Exclusive — **More Inclusive**

O cubo da democracia é modelo alternativo que prima pelo desenho institucional, costurado a partir de arranjos e mecanismos de participação. Fung questiona a "Escada de participação popular", pois ali há a unificação imprópria dos níveis de influência dos atores envolvidos, a política pública objeto da participação definirá qual o modelo adequado, influindo, portanto, no desenho a ser instituído. De maneira a ser ele a solução para atenuar os problemas, inclusive na democracia representativa na qual há elos de participação, como no caso da brasileira.

A dissonância entre o fim almejado pela política pública e a produção jurídica-normativa, leia-se desenho jurídico-institucional, poderá provocar a falta de efetividade e eficácia e minorar os efeitos almejados pelo direito participativo nos espaços, em tese, reservados à sociedade civil organizada.

A rigor, a pedra de toque na utilização de mecanismos participativos está na primazia por desenho que garanta o maior leque possível para uma participação efetiva, contribuindo, assim, para o sucesso do modelo adotado e para a edição de política pública em sintonia com a sua área de atuação.

---

[138] FUNG, 2006, p. 68.

2.2 O desenho jurídico-institucional e os seus efeitos sobre a participação de grupos de interesse

A função da participação é prover de maneira institucionalizada a participação de grupos de interesse. De certo, um processo democrático funcionando perfeitamente é ainda limitado por decisões privadas. Assim, nota-se que uma adequada institucionalização é passo importante para o aprimoramento da instituição, evidentemente não se abstraindo que em determinado momento de um processo decisório existirão decisões de natureza privada.[139]

Como bem destacou Ripley, os grupos de interesse atuam nas mais diversas fases de elaboração das políticas públicas. Concebíveis, no fluxo das ideias, dos problemas e da política, janelas de oportunidades para a participação dos grupos de interesse.[140]

A respeito da origem da preocupação com os grupos de interesse, convém destacar:

> No século XX a preocupação com os grupos de interesse como campo de estudos tem origem, em grande parte, nos Estados Unidos. Deita raízes numa tradição de textos sobre o sistema político norte-americano que sempre interpretou sua pletora de grupos como um testemunho tanto da energia de seu povo quanto da vitalidade de sua democracia. Nos Estados Unidos (TRUMAN, 1951; LATHAM, 1952) e um pouco mais tarde no Reino Unido (MACKENZIE, 1955; BEER, 1956; FINER, 1958) e Europa Ocidental (LAPALOMBARA, 1964), a adoção de uma abordagem centrada no grupo veio na esteira de Bentley (1908). Este havia proposto o estudo de grupos e suas interações com o governo como chave para a compreensão dos processos políticos mais amplos. Embora libertasse os estudiosos da preocupação exclusiva com constituições e instituições políticas, a moda dos estudos de grupo foi criticada por alguns por negligenciar ou compreender erroneamente os motivos dos indivíduos (OLSON, 1965), e por subordinar o papel de instituições políticas mais tradicionais (CRICK, 1959). Outros (BACHARACH; BARATZ, 1962; LUKES, 1974) discordaram dos que, como Dahl (1961), interpretaram a existência em competição aberta para influenciar planos de ação oficiais como indício da difusão do poder [...]. Contestaram essa análise pluralista afirmando que o poder se concentra nas mãos de relativamente poucos grupos, os quais se envolvem com o governo devido a seu papel econômico estratégico (MILLS, 1956; LINDBLOM, 1977). O revigoramento do debate intelectual sobre o conceito de *poder* é um resultado direto do estudo de grupos de interesse.

---

[139] PRZEWORSKI, 2011, p. 2.
[140] KINGDON, 1995.

A literatura sobre grupos de interesse, especialmente em relação à elaboração de políticas públicas (KIMBER; RICHARDSON, 1974; WILSON, 1981; MARSH, 1983), levou a um conhecimento mais completo tanto da dinâmica quanto da substância das ações governamentais. Além disso, seu estudo colocou em destaque a necessidade de instituições mediadoras entre o cidadão e o governo, proporcionando aos indivíduos tanto a oportunidade quanto o motivo para uma representação e uma *participação* política através de outros meios que não os partidos políticos. Por esses motivos, e devido à questão de eles promoverem ou prejudicarem um governo democrático, os grupos de interesse tornaram-se um elemento integrante na análise dos sistemas políticos.[141]

Assim, não se pode olvidar que a participação de grupos de interesse no curso dos processos decisórios não pode ser tida sempre como perniciosa, muito pelo contrário, é importante, inclusive, para a própria democracia. A participação dos mais variados grupos pode contribuir e afetar a política pública objeto do debate.[142]

O caráter pernicioso está na tomada dos espaços dedicados à participação por grupos de interesse que passam a, inclusive, financiar o jogo político, como bem destacam Streck e Morais:

> [...] pode-se perceber que [...] desde a ideia dos protagonistas do jogo democrático, que, na origem, deveriam ser os indivíduos, temos a entrada em cena, cada vez mais fortemente, de grupos de interesse que nos substituem e passam a patrocinar o jogo político.[143]

Embora o patrocínio do jogo político possa ocorrer, convém salientar a real impossibilidade de haver bloqueio total da inserção de interesses em qualquer tomada de decisão. Afinal, paixões e experiências próprias também compõem o ser humano, e tais percepções não podem ser blindadas. Assim, o que se pode aplicar é eventualmente um modelo de "coalização de causas", o denominado *Advocacy Coalition – ACF*, desenvolvido por Jenkins-Smith e Paul Sabatier nos idos de 1980:[144]

> Nesse sentido, a política pública é o resultado da disputa constante entre coalizões que procuram impor preferências e princípios de ação ancorados em seus sistemas de crenças.[145]

---

[141] OUTHWAITE; BOTTOMORE, 1996, p. 395.
[142] COHEN; ROGERS, 1992, p. 393.
[143] STRECK; MORAIS, 2014, p. 116.
[144] SABATIER, 1999.
[145] LUKIC; TOMAZINI, 2013, p. 10.

Conforme salientam Lukic e Tomazini, com fundamento em Sabatier, nesse modelo, o *policy broker* serviria para "manter o conflito político em limites aceitáveis e buscar uma solução mais ou menos razoável ao problema".[146]

Nesse aspecto destaquem-se os impulsos vinculados à natureza humana, nos quais a comunidade civil persegue o que Tocqueville chamou de "interesse próprio entendido corretamente". Isto é, interesse próprio definido no contexto das necessidades públicas mais amplas, interesse próprio que é "iluminado" em vez de "míope", interesse próprio que está vivo para os interesses dos outros".[147]

O lobby,[148] aqui adotado o conceito de "defesa de interesses junto a membros do poder público que tomam decisões", com grande presença nas políticas públicas brasileiras,[149] pode ser realizado nas três esferas governamentais, de maneira lícita ou ilícita:

> Quando o lobby é feito de forma lícita, isto é, respeitando-se o ordenamento jurídico nacional e as regras das instâncias decisórias, ele pode trazer contribuições positivas para os decisores, os interesses representados, a opinião pública e o sistema político. [...]
> Se é verdade que o lobby lícito pode trazer diversas contribuições positivas, também é verdade que os lobbies podem ocasionar problemas. [...] chamamos a atenção para três problemas em especial: crimes contra a administração pública, resultantes de lobby ilícito; desequilíbrio de poder e concessão de privilégios injustificáveis a interesses determinados.[150]

Problemas de toda ordem podem parecer relacionados apenas ao lobby ilícito, porém mesmo os lícitos podem se mostrar perversos,

---

[146] LUKIC; TOMAZINI; 2013, p. 11.
[147] TOCQUEVILLE, 1993, p. 88 citado por DIAMOND, 2015, p. 347.
[148] "Em tradução literal, a palavra *lobby* significa "ante-sala, átrio, vestíbulo, entrada". Do ponto de vista histórico, no sentido da postulação de interesses, a palavra refere-se – na Inglaterra, onde o seu uso se generalizou – ao *lobby* da Câmara dos Comuns. Nele postavam-se os que tinham algo a pleitear dos membros do Parlamento a fim de abordá-los em sua passagem para participar das sessões do plenário. Nos Estados Unidos, a palavra foi adotada com o mesmo sentido, mas a referência era vestíbulo do hotel onde se hospedavam os presidentes eleitos antes de tomar posse e passar a morar na Casa Branca. Ali ficavam os postulantes à espera da oportunidade de apresentar seus pleitos aos futuros ministros, assessores e outros altos funcionários da nova administração. Por ali passavam também membros da Câmara dos Representantes, ou do Senado, em visita ao futuro presidente, os quais podiam, por sua vez, ser portadores ou apoiadores do pretendido pelos solicitantes" (FARHAT, 2007, p. 50).
[149] MANCUSO; GOZETTO, 2013, p. 21
[150] MANCUSO; GOZETTO, 2013, p. 31.

especialmente quando são bem organizados e com capacidade de reunir recursos de maneira incomparável.[151]

Portanto, alternativa importante para atenuar eventuais desigualdades políticas promovidas por grupos de interesse em espaços participativos – como é o caso da Câmara de Educação Superior – passaria pelo esforço máximo e contínuo de uma adequação do desenho jurídico-institucional. A título exemplificativo, há a forma de processo de escolha de seus Conselheiros na parcela ocupada por entidades e segmentos da sociedade civil organizada.[152]

Ressalta-se que a constatação do fracasso é certa na hipótese de pretender transformar a sociedade civil de maneira indiscriminada em "agentes fundamentais na transformação do Estado e da sociedade".[153]

A presença de grupos de interesse em espaços participativos é comum, afinal, é inerente à natureza humana a defesa de interesses. O desenho jurídico-institucional serve de materialização à democracia, mais propriamente na roupagem da disciplina jurídica da participação social, ao que deve ser conferido total zelo.

2.3 Participação social no direito positivo brasileiro

No caso brasileiro, considerada como direito político, a soberania popular é exercida por meio do sufrágio universal e pelo voto direto e secreto, com valor igual para todos, conforme preceitua a Constituição Federal de 1988, em seu artigo 14. Ou seja, há a democracia representativa – cláusula essa pétrea (artigo 60, §4º da mesma CF) – com traços participativos.

---

[151] MANCUSO; GONÇALVES; MENCARINI, 2010; MANCUSO; MOREIRA, 2013; MANCUSO; GOZETTO, 2013.

[152] É evidente que não há como obstar definitivamente a participação de grupos de interesse que defendam questões próprias às de interesse geral. Avritzer e Wampler, abordando o primeiro estágio de proliferação brasileira de novas associações voluntárias a partir da década de 70, destacam: "As práticas internas das OSCs, movimentos sociais e associações voluntárias foram frequentemente modificados como um meio de democratizar decisões de ação coletiva e de permitir que novos temas e questões fossem debatidos. [...] Não se assume aqui ingenuamente que todas as decisões no âmbito dessas associações eram produzidas de acordo com os critérios de consenso, que as hierarquias organizacionais desapareceram ou que essas organizações tenham superado os problemas das formas clientelísticas de representação. Pelo contrário, os atores da sociedade civil identificaram a abrangência do clientelismo como um problema que eles teriam de confrontar em primeiro lugar, no interior de suas próprias organizações, antes de confrontar os políticos tradicionais" (AVRITZER; WAMPLER, 2004, p. 217).

[153] DAGNINO, 2002, p. 296.

Na própria Constituição Federal de 1988, em seu artigo 1º, parágrafo único, há a seguinte expressão: "todo o poder emana do povo, que o exerce por meio de representantes eleitos *ou diretamente*", explicitando a ideia de participação.[154]

Esforços na abertura de canais participativos foram notados durante a formulação desta Carta, destaque à "Carta dos Brasileiros ao Presidente da República e ao Congresso Nacional", de Goffredo Telles Junior, pelo Plenário Pró-Participação Popular na Constituinte, que enfatizou:

> *Sustentamos que uma Nação em desenvolvimento é uma Nação em que o povo pode manifestar e fazer sentir a sua vontade.* É uma Nação com organização popular, com comunidades estruturadas, com sindicatos autônomos, com centros de estudo e debate, com partidos autênticos, com veículos de livre informação. É *uma Nação em que se acham abertos os amplos e francos canais de comunicação entre a sociedade civil e os responsáveis pelos destinos do País.*
>
> *Sustentamos que um Estado será tanto mais evoluído quanto mais a ordem reinante consagre e garanta os anseios profundos da população.*[155]

Entre os avanços conferidos pela CF/1988, Dallari asseverou:

> A previsão expressa da democracia direta, ao lado da forma representativa. Isso constitui um avanço importante, pois inúmeras vezes foi recusada a participação direta ou semidireta do povo, sob a alegação de que a Constituição definia o Brasil como democracia representativa e por isso o povo só poderia participar através de representantes.[156]

---

[154] Como ensina Britto, "[...] democracia brasileira já não é exclusivamente representativa, diz o parágrafo único do art. 1º, resgatando o componente que faltava no célebre conceito lincolniano de que ela é o regime que realiza o governo do povo, *pelo* povo e para o povo (o regime exclusivamente representativo se traduz no governo do povo, mas sem o povo). Agora, como que se dá uma satisfação parcial a Jean-Jacques Rousseau, para que "a soberania não pode ser representada" (BRITTO, 1993, p. 87, grifo do autor).

[155] MICHILES, Carlos *et al.*, 1989, p. 28, grifo nosso.

[156] A adoção do modelo semidireto também é tratada por Maria Vitória Benevides que, ao discutir "a participação política, através de canais institucionais, no sentido mais abrangente: a eleição, a votação (referendo e plebiscito) e a apresentação de projetos de lei ou de políticas públicas (iniciativa popular)", abriga "a complementariedade entre representação e participação direta", adotando "em decorrência, a expressão democracia semidireta" (BENEVIDES, 1994, p. 16). Ver: DALLARI, 1989, p. 384.

Do mesmo modo, a participação do povo nas ações do Estado já estava estabelecida na Declaração Universal dos Direitos Humanos[157], em seu artigo XXI, §1º: "toda pessoa tem o direito de tomar parte no governo de seu país, *diretamente* ou por intermédio de representantes livremente escolhidos" (grifo nosso).

Assim, o Estado brasileiro comporta, sem sombra de dúvida, em sua democracia, a participação. Pois, como destacou Silva:

> [...] os constituintes optaram por um modelo de democracia representativa que tem como sujeitos principais os partidos políticos, que vão ser quase exclusivos do jogo político, com temperos de princípios e institutos de participação direta dos cidadãos no processo decisório governamental.[158]

Na seara normativa brasileira, a participação popular como meio eficaz de aproximar o cidadão do Estado é tema estabelecido na Constituição Federal de 1988, sendo certo que no bojo desse diploma inseriram-se mecanismos para a efetiva participação social na função administrativa, tais como: o direito de petição (artigo 5º, inciso XXXIV, alínea 'a'), o direito de certidão (artigo 5º, inciso XXXIV, alínea 'b'), a possibilidade de realização de audiências públicas (artigo 58, §2º, inciso II) e o *Habeas data* (artigo 5º, inciso LXXII).[159]

---

[157] Adotada e proclamada pela Resolução nº 217 A (III) da Assembleia Geral das Nações Unidas em 10 de dezembro de 1948. Assinada pelo Brasil na mesma data.

[158] Em sentido contrário, em texto de apresentação realizada no Seminário *Democratizar a Democracia*, em 26 de janeiro de 2003, durante o III Fórum Social Mundial, DULCI na mesa 3: "A incidência da sociedade civil, partidos e dos movimentos sociais nas políticas públicas", assim se manifestou: "A disputa política se trava, sobretudo, na sociedade. Em algumas entrevistas, perguntaram-me se estamos contrapondo democracia direta à democracia representativa. De modo algum. Seria um absurdo. Não é este o debate, o debate é sobre a natureza e o sentido das democracias contemporâneas. [...] E nós sabemos que quando o povo se afasta da política, ela é facilmente monopolizada pelas elites. Nosso objetivo é socializar a política, socializar o poder público, sem que o Estado abra mão de suas responsabilidades. A Constituição brasileira usa um conceito de *democracia participativa* que considero um conceito rico, um avanço, do ponto de vista da formulação. A democracia participativa, para falar de uma maneira simplória, seria a democracia representativa qualificada. Não temos isso no Brasil ainda; passaremos a ter se tivermos uma reforma política digna deste nome, mas uma democracia representativa qualificada, sobretudo, por um novo sistema de participação popular, que considere a autonomia da sociedade nas decisões e no controle do exercício do poder" (DULCI, 2003, p. 47). Ver: SILVA, 2014, p. 147-148).

[159] Para além desses instrumentos, convém destacar: "o mandado de segurança (individual ou coletivo, artigo 5º, LXIX e LXX); o mandado de injunção (artigo 5º, LXXI); a ação popular (artigo 5º, LXXIII); e a ação direta de inconstitucionalidade (artigo 103). Isso sem contar que a utilização do direito de petição (artigo 5º, XXXIV, "a") e a regra genérica de inexclusão da apreciação, pelo Judiciário, de qualquer lesão ou ameaça de direito

No campo educacional, a CF/1988 estabelece que a educação será promovida e incentivada com a colaboração da sociedade (art. 205); contando com uma gestão democrática, na forma da lei (art. 206, inciso VI).

Por fim, a intitulada reforma administrativa, EC nº 19/1998, inseriu na CF/1988 no art. 37, §3º, norma geral sobre a participação do usuário na administração pública direta ou indireta. De tal modo a não ser mais possível afirmar que a relação vigente entre o Estado brasileiro e a sociedade civil, aplicada no campo participativo, seja episódio pontual e efêmero.[160] É, outrossim, constitucionalizado.

O início institucionalizado da participação das entidades da sociedade civil decorreu especialmente do advento da Constituição Federal de 1988, que concebeu a ideia da descentralização e da participação em políticas públicas. A partir dali multiplicaram-se diversos conselhos de políticas públicas, inclusive em níveis subnacionais, passando, a exemplo das OSCs, a exercer um papel de *advocacy* e controle social.[161]

Isso relacionado à pressão exercida por grupos organizados, porquanto se incorporou na CF/1988 a participação de representantes da sociedade organizada em decisões que até então cabiam exclusivamente ao poder público.[162]

No direito positivo brasileiro, o Decreto Federal nº 8.243/2014, que instituía a Política Nacional de Participação Social – PNPS e o

---

(artigo 5º, XXXV), garantem a possibilidade de interposição de ações cautelares, ordinárias e penais" (RANIERI, 2000, p. 78).
Ademais, a experiência da gestão pública participativa está pulverizada na CF/88: "Ao menos 30 artigos do texto constitucional expressaram preceitos que incentivaram experiências de gestão pública participativa. No que se refere à arquitetura da participação, a CF traçou princípios e diretrizes, tais como a cidadania como fundamento do Estado democrático (Artigos 1º, 5º, 8º, 15 e 17), os deveres sociais em questões coletivas (Artigos 205, 216, 225, 227 e 230) e o exercício da soberania popular (Artigos 14 27, 29, 58 e 61), mas também tratou da participação social como forma de gestão pública (Artigos 10, 18, 37, 74, 173, 187 e 231).
Na institucionalização de mecanismos de participação nas políticas públicas, impulsionada pela CF de 1988, destaca-se como elemento da arquitetura da participação a descentralização administrativa com gestão participativa, em particular na seguridade social (Artigo 194), na saúde (Artigo 198), na assistência social (artigo 203) e na educação (Artigo 206). Foi a descentralização administrativa que possibilitou a criação dos conselhos gestores de políticas públicas (GOHN, 2000; RAICHELIS, 2000; VOLPI, 2000). E quando a Constituição faz menção a colegiados, mesmo quando não diretamente a conselhos gestores de política, a presença cidadã é requerida como elemento constitutivo do espaço (Artigos 89, 103, 130, 224)" (TEIXEIRA; SOUZA; LIMA, 2012, p. 10).
[160] CARLOS, OLIVEIRA; ROMÃO, 2014, p. 15.
[161] MENDONÇA; ALVES; NOGUEIRA, 2013, p. 27.
[162] ALMEIDA; CUNHA, 2011, p. 36.

Sistema Nacional de Participação Social – SNPS, revogado pelo presidente Jair Bolsonaro por meio do bastante criticado Decreto Federal nº 9.759/2019, assim conceituava a sociedade civil:

> Art. 2º *Para os fins deste Decreto, considera-se*:
> I - *sociedade civil* - o cidadão, os coletivos, os movimentos sociais institucionalizados ou não institucionalizados, suas redes e suas organizações; (grifo nosso)

Já o denominado Marco Regulatório das Organizações da Sociedade Civil – MROSC, aprovado por meio da Lei Federal nº 13.019/2014, precipuamente institui normas gerais para as parcerias entre a Administração Pública e organizações da sociedade civil – em regime de mútua cooperação, para a consecução de finalidades de interesse público e recíproco, conforme artigo 1º. O MROSC definiu o que se deve considerar organização da sociedade civil, a saber:

> Art. 2º Para os fins desta Lei, considera-se:
> I - *organização da sociedade civil*: (Redação dada pela Lei Federal nº 13.204, de 2015)
> a) entidade privada sem fins lucrativos que não distribua entre os seus sócios ou associados, conselheiros, diretores, empregados, doadores ou terceiros eventuais resultados, sobras, excedentes operacionais, brutos ou líquidos, dividendos, isenções de qualquer natureza, participações ou parcelas do seu patrimônio, auferidos mediante o exercício de suas atividades, e que os aplique integralmente na consecução do respectivo objeto social, de forma imediata ou por meio da constituição de fundo patrimonial ou fundo de reserva; (Incluído pela Lei Federal nº 13.204, de 2015)
> b) as sociedades cooperativas previstas na Lei nº 9.867, de 10 de novembro de 1999; as integradas por pessoas em situação de risco ou vulnerabilidade pessoal ou social; as alcançadas por programas e ações de combate à pobreza e de geração de trabalho e renda; as voltadas para fomento, educação e capacitação de trabalhadores rurais ou capacitação de agentes de assistência técnica e extensão rural; e as capacitadas para execução de atividades ou de projetos de interesse público e de cunho social. (Incluído pela Lei Federal nº 13.204, de 2015)
> c) as organizações religiosas que se dediquem a atividades ou a projetos de interesse público e de cunho social distintas das destinadas a fins exclusivamente religiosos; (Incluído pela Lei Federal nº 13.204, de 2015) (grifo nosso)

A rigor, a sociedade civil organizada exsurge como estrutura ligada ao processo democrático cujos membros servem em regra ao interesse geral – sem indicação do Estado, formados pela própria organização da sociedade. Revelando-se intermediários entre os cidadãos e os poderes públicos.

Entre exemplos pertencentes à categoria enumera-se: grupos por gênero, religiosos e culturais, cooperativas, clubes sociais e esportivos, associações profissionais etc.[163] – ou seja, é ela plural.[164]

2.3.1 Da revogação promovida pelo Decreto Federal nº 9.759/2019 ao Decreto Federal nº 8.243/2014: esse último promovia novo status aos conselhos de políticas públicas?

Chamado ao entrar em vigor de "Decreto bolivariano provocador do enfraquecimento do Poder Legislativo",[165] de "golpe na forma de Decreto criando o Estado Novíssimo",[166] "golpe contra a democracia",[167] "criador de uma justiça paralela"[168] e de "ser inconstitucional, devendo ter sido editado por meio de Lei"[169] por alguns, o Decreto Federal nº 8.243/2014 também foi defendido de outro lado por outros.

Isso pois tal decreto tratava-se de "experiência de mais de duas décadas em todo o território nacional, por meio dos 30 mil conselhos de gestão pública existentes (saúde, assistência social, educação e outros), grande parte deles deliberativa, cujas resoluções nacionais já são acompanhadas pela Secretaria-Geral da República. O que faz de algumas opiniões disseminadas uma irresponsabilidade política e jurídica".[170]

---

[163] A respeito do deslocamento de representação identificado em Conselhos Gestores "no caso do CCDM: as representantes da sociedade civil no Conselho foram indicadas pela sua vinculação não com os movimentos de mulheres mas com os partidos políticos"; "No caso das ONGS, esse deslocamento não é só sustentando pelas próprias organizações mas reforçado pelos governos e pelas agências internacionais, que buscam parceiros confiáveis e temem a politização de interlocução com os movimentos sociais e com as organizações de trabalhadores, e alimentado pela mídia, com frequência por motivos semelhantes. O resultado tem sido uma crescente identificação entre 'sociedade civil' e ONGS, onde o significado da expressão 'sociedade civil' se restringe cada vez mais a designar apenas essas organizações, quando não em mero sinônimo de 'Terceiro Setor'" (DAGNINO, 2002, p. 291).
[164] LAVALLE, 2014, p. 11.
[165] MARTINS, 2014, p. A3.
[166] MAGNOLI, 2014, p. A6.
[167] MESQUITA, 2014, p. A5.
[168] FERREIRA, 2014, p. A2.
[169] MARTINS, 2014, p. A3.
[170] RUCCI, 2014, p. A5.

O decreto não performava ameaça à democracia por não colocar "[...] em discussão o caráter representativo da democracia, mas estabelece um mecanismo um pouco mais formalizado por meio do qual o governo poderá ouvir melhor as demandas e propostas da sociedade civil".[171] Ademais, por organizar formas de participação já existentes cuja aplicação será adstrita tão somente ao Poder Executivo Federal.[172]

O tom utilizado no debate midiático sobre o Decreto indicou viés político, a exemplo do Editorial do jornal *O Estado de S. Paulo*:[173] "Na política, frequentemente o que importa, mais do que a ação, é a reação. [...] a reação do Congresso ao Decreto 8.243, da presidente Dilma Rousseff, trouxe esperanças de que ainda existem instituições no Brasil não enfeitiçadas pelo lulismo".

Embora fosse o Decreto fruto do processo iniciado no ano de 2011, segundo o governo, majoritariamente considerava-se resposta aos movimentos iniciados em junho de 2013.

Na trilha dos argumentos favoráveis ao Decreto, destaque-se artigo de Avritzer, que enfrenta a questão e propõe reflexão acerca do ato normativo calcado na participação popular *versus* o sistema brasileiro político representativo:

> [...] Este modelo, que está longe de ser bolivariano, está presente, na verdade, nas principais democracias do mundo. Os Estados Unidos tem o modelo de participação da sociedade civil no meio ambiente por meio dos chamados "Habitat Conservation Plannings". A França tem o modelo de participação da sociedade civil nas políticas urbanas através de contratos de gestão nos chamados "Quartier Difficile". A Espanha tem a participação da sociedade civil no meio ambiente através de "juris cidadãos". A Inglaterra instituiu mini-públicos com participação da sociedade civil para determinar prioridades políticas na área de saúde.
>
> Todas as principais democracias do mundo procuram soluções para o problema da baixa capacidade do parlamento de aprovar políticas demandadas pela cidadania. A solução principal é o envolvimento da sociedade civil na determinação de políticas públicas. A justificativa é simples. Ninguém quer acabar com a representação, apenas corrigir as suas distorções temporais em uma sociedade na qual o nível de informação da cidadania aumentou fortemente com a internet e as redes sociais e na qual os cidadãos se posicionam em relação a políticas específicas. Ao introduzir uma participação menos partidária e com

---

[171] BRESSER-PEREIRA, 2014, p. A5.
[172] CARVALHO, 2014, p. A3.
[173] *O Estado de S. Paulo*, 06 jun. 2014, p. A3.

menor defesa de interesses privados na política tenta-se reconstituir mais fortemente este laço. Assim, o que o Decreto nº 8.243 faz não é mudar o sistema de governo no Brasil por decreto e nem instituir uma república bolivariana. O que ele faz é aprofundar a democracia da mesma maneira que as principais democracias do mundo o fazem, ao conectar mais fortemente sociedade civil e Estado.[174]

Assim, a questão da representação política na Política Nacional de Participação Social – PNPS instituída por meio do Decreto Federal nº 8.243/2014 em verdade não inovava em matéria de participação popular, mas reforçava a importância de sua institucionalização.

O Decreto Federal nº 8.243, de 23 de maio de 2014, composto por 22 artigos, além de instituir a PNPS, tinha por objetivo fortalecer e articular os mecanismos e as instâncias democráticas de diálogo e a atuação conjunta entre a administração pública federal e a sociedade civil, conforme estabelecia o seu artigo 1º. Também fundava o SNPS, coordenado pela Secretaria-Geral da Presidência da República, integrado pelas seguintes instâncias de participação social: conselho de políticas públicas, comissão de políticas públicas, conferência nacional e ouvidoria pública federal. Isso sem prejuízo da integração de outras formas de diálogo entre a administração pública federal e a sociedade civil (artigo 7º).

Em linhas gerais, o Decreto propunha, em âmbito federal, a sistematização das instâncias e dos mecanismos de participação popular. O artigo 6º do decreto trazia elenco das instâncias participativas:

> Art. 6º São instâncias e mecanismos de participação social, sem prejuízo da criação e do reconhecimento de outras formas de diálogo entre administração pública federal e sociedade civil:
> I - conselho de políticas públicas;
> II - comissão de políticas públicas;
> III - conferência nacional;
> IV - ouvidoria pública federal;
> V - mesa de diálogo;
> VI - fórum interconselhos;
> VII - audiência pública;
> VIII - consulta pública; e
> IX - ambiente virtual de participação social.

---

[174] AVRITZER, 2014.

Os mecanismos básicos de cada um dos institutos indicados pelo artigo 6º reproduzido estavam arrolados na seguinte ordem pelo Decreto: conselho de políticas públicas (artigo 10); comissão de políticas públicas (artigo 11); conferência nacional (artigo 12); ouvidoria pública federal (artigo 13); mesa de diálogo (artigo 14); fórum interconselhos (artigo 15); audiência pública (artigo 16); consulta pública (artigo 17); e ambiente virtual de participação social (artigo 18).

Verificava-se, então, a inexistência de interferência do Poder Executivo Federal em outros Poderes ou mesmo em outros entes da Federação de modo a caracterizar flagrante inconstitucionalidade. No máximo, o Decreto apregoava o incentivo à participação social (artigo 4º, IX) por meio de pactos para o seu fortalecimento a serem promovidos pela Secretaria-Geral da Presidência da República (artigo 8º, V) junto aos demais entes federados, algo evidentemente facultativo.

A rigor, o Decreto nada alterava em matéria de participação, pois a CF/1988, como visto, prevê como legítima a participação popular:

> Art. 1º A República Federativa do Brasil, formada pela união indissolúvel dos Estados e Municípios e do Distrito Federal, constitui-se em Estado Democrático de Direito e tem como fundamentos:
> [...]
> Parágrafo único. Todo o poder emana do povo, que o exerce por meio de representantes eleitos ou *diretamente*, nos termos desta Constituição. (grifo nosso)

Tem-se a previsão de instrumentos de participação popular pulverizados em inúmeros atos normativos. A exemplo do que ocorre com a consulta pública, esta, fundada no artigo 37, §3º, da CF/1988, aparece expressivamente no ano de 1999 por advento da Lei Federal que regula o processo administrativo no âmbito da Administração Pública Federal. Consignada ali a sua forma e o seu processamento.[175] De lá para cá, é instituto que permeia inúmeros atos normativos.[176]

A rigor, o espírito do Decreto Federal nº 8.243/2014 era o de contribuir para a efetivação da participação social como método de governo, concatenando os canais de participação já existentes no direito, objetivando a aproximação do Governo Federal junto à sociedade civil.[177]

---

[175] Vale observar o artigo 31 da Lei Federal nº 9.784/1999.

[176] Vale observar os artigos 19, inciso III, 42, 89, 187 e 195 da Lei Federal nº 9.472/97; o artigo 50 do Decreto Federal nº 4.176/2002.

[177] Algo inclusive apregoado por Cartilha expedida pelo Governo para difundir tanto os conceitos quanto as diretrizes de participação social estabelecido pela PNPS. A Cartilha

Contudo, guiado pelas críticas com viés político contrários ao Decreto Federal nº 8.243/2014, originados precipuamente pela ala governista do presidente Jair Bolsonaro, utilizadas inclusive expressamente na exposição de motivos editada pelo então ministro-chefe da Casa Civil, Onyx Dornelles Lorenzoni, em ofício datado de 11 de abril de 2019, de nº 19/CC/PR,[178] em "comemoração" aos 100 dias de governo, foi publicado o Decreto Federal nº 9.759/2019 revogando expressamente o Decreto Federal nº 8.243/2014.

De lá para cá avolumaram-se ações judiciais no Supremo Tribunal Federal contra o Decreto Federal nº 9.759/2019 (ADI nº 6121)[179], sendo deferida parcialmente liminar para suspender trecho do decreto referente à extinção dos colegiados previstos em leis e que, até a conclusão desta obra, com último andamento no dia 7 de março de 2022, estavam conclusos ao Relator com a interposição de Agravo Regimental.

A disputa acerca da manutenção ou não de espaços participativos só denota a força contida nos instrumentos de participação que podem ser cooptados por grupos de interesse, sendo o desenho institucional traçado determinante para o sucesso ou o fracasso do modelo eleito.

---

está disponível no site: http://www.museus.gov.br/wp-content/uploads/2014/10/Cartilha PNPS1.pdf

[178] Disponível em: http://www.planalto.gov.br/ccivil_03/_Ato2019-2022/2019/Exm/Exm-Dec-9759-19.pdf. Acesso em: 30 maio 2022.

[179] ADI disponível em: https://portal.stf.jus.br/processos/detalhe.asp?incidente=5678906, acesso em: 29 maio 2022.

CAPÍTULO 3

ANÁLISE APLICADA DE INSTITUCIONALIZAÇÃO DA PARTICIPAÇÃO: O CASO DO CONSELHO NACIONAL DE EDUCAÇÃO

O discurso da participação [...] lança exigências e busca articular a 'democratização do processo com a eficácia dos resultados' – onde a primeira aparece como condição de realização da segunda [...]. Esperava-se que, por meio da participação cidadã nos espaços institucionais, seria possível reverter o padrão de planejamento e execução de políticas públicas no Brasil [...] tornando-as mais transparentes, mais responsáveis, mais suscetíveis ao controle da sociedade [...]. Mas, até onde essas e outras promessas/expectativas foram cumpridas?[180]

Quer dizer, já não foi possível existir sem assumir o direito e o dever de optar, de decidir, de lutar, de fazer política. E tudo isso nos traz de novo à imperiosidade da prática formadora, de natureza eminentemente ética. E tudo isso nos traz de novo à radicalidade da esperança. Sei que as coisas podem até piorar, mas sei também que é possível intervir para melhorá-las.[181]

---

[180] TATAGIBA, 2002, p. 47-48, grifo nosso.
[181] FREIRE, 2006, p. 52, grifo nosso.

O Conselho objeto de análise existe, pelo menos, nos âmbitos federal e estadual, de "modo ininterrupto, desde os anos 60".[182] O denominado Conselho Nacional de Educação é composto por pessoas consideradas notáveis na área.[183] Note recapitulação histórica que leva ao hoje denominado Conselho Nacional de Educação:

> [...] localizaremos no final do século XIX as primeiras experiências. Em Minas Gerais, a Caixa Escolar até 1879 era vinculada às paróquias, assim como os Círculos Libertários (ABRANCHES, 1998). A partir dos anos 20 do século passado, encontramos as caixas escolares no Estado de São Paulo cumprindo o papel de agregar pais e comunidade escolar e mestres (APMs), estabelecidas em 1963, os órgãos de cooperação escolar, conselho escolar, grêmios estudantis, centro cívico, congregação, conselho de classe, conselho de escola, conselho de série, conselho do ciclo básico, conselho deliberativo das associações de pais e mestres, centros comunitários polivalentes, etc. foram outras formas colegiadas para tratar dos problemas do cotidiano nas escolas da rede pública. Assim, observa-se que a forma conselho não é novidade [...] na área da Educação.
>
> Sabemos que o Conselho Federal de Educação (CFE) tem sua origem ligada à primeira Lei de Diretrizes e Bases (LDB) que oficialmente tivemos no país; ele funcionou de 1961 a 1994. Em 1994 ele foi extinto pelo ex-presidente Itamar Franco e em seu lugar foi criado o Conselho Nacional de Educação, que funcionou por pouco tempo. Com a nova LDB (Lei nº 9.394), promulgada em dezembro de 1996, foi recriado o Conselho Nacional de Educação (CNE).[184]

O Conselho Nacional de Educação atua junto ao Ministério da Educação e edita:

> [...] diretrizes curriculares nacionais, para todos os níveis de ensino. O CNE aprova o parecer relatado por um dos conselheiros que contêm a fundamentação e uma proposta de resolução, indo à homologação pelo Ministro da Educação. Se homologado o parecer e a proposta de resolução, finalmente é concretizada a norma que a todos obriga. Essa é a norma usual e conhecida nos sistemas educacionais, ressaltando-se que a própria LDB fixa como princípio de ministração do ensino o pluralismo de ideias e de concepções pedagógicas (inc. III do art. 3º), tendo por limite os currículos e os conteúdos mínimos fixados nas

---

[182] AZANHA, 1995, p. 184.
[183] CUNHA; PINHEIRO, 2009, p. 143.
[184] GOHN; 2003, p. 35-36 e 2008b, p. 100.

diretrizes (inc. IV do art. 9º). No que diz respeito ao ensino superior cabe à União baixar normas gerais sobre os cursos (inc. VIII do art. 9º), bem como deliberar sobre as diretrizes curriculares dos cursos superiores (alínea "c", do §2º, do art. 9º, da Lei nº 4.024/1961 [...]).[185]

Os conselhos de educação podem ter funções normativas, deliberativas ou consultivas, existindo críticas nesse sentido, pois essa "tríplice natureza é fonte permanente de colisões, abertas ou latentes, com os poderes Legislativo, Executivo e Judiciário, além de dificultar aos próprios conselheiros a formação de uma ideia clara a respeito dos limites de suas ações".[186] Com frequência, há nos Conselhos Gestores o exercício meramente consultivo ou tão somente legitimador das "decisões tomadas nos gabinetes".[187]

Ainda sobre eventual ambiguidade nas atribuições conferidas aos Conselho Nacional de Educação, convém destacar:

> Pareceu-nos, numa outra ocasião, que a eliminação dessa ambiguidade institucional fosse requisito necessário para a própria consolidação dos Conselhos de Educação. Hoje, não temos maior entusiasmo por essa ideia, por reconhecer que, na verdade, a ambiguidade de algumas instituições sociais lhes é essencial e não meramente acidental. É essa ambiguidade que lhes assegura sobrevivência ao permitir mudanças adaptativas em face da emergência histórica de novas condições. Assim, o eventual êxito na obtenção de uma delimitação muito nítida das funções dos Conselhos de Educação poderia até mesmo transformá-los em instituições petrificadas e incapazes de adaptações necessárias.[188]

O Conselho Nacional de Educação, como logo se verá, no que diz respeito à sua composição, oscilou bastante, traço esse marcante que lhe confere operacionalidade. Tal variação igualmente ocorreu no tocante às suas funções e atribuições.

---

[185] MARTINES JUNIOR, 2009, p. 118.
[186] AZANHA, 1995, p. 184.
[187] Nesse mesmo sentido: "Quanto aos conselhos gestores de políticas, é certo que geraram grande expectativa no sentido de serem canais mediadores da democracia participativa. Mas, imediatamente após a sua implementação nos três níveis do Estado brasileiro, verificou-se, em muitos casos, a sua marca de instrumentalização por governos, especialmente locais, que têm utilizado tal instância para legitimar suas políticas" (PEDRINI; ADAMS; RABASSA DA SILVA, 2007, p. 228). Ver: DAGNINO, 2002, p. 282-283.
[188] AZANHA, 1995, p. 184-185.

Para saber de maneira minuciosa sobre a evolução do hoje denominado CNE, especialmente sobre as suas atribuições e funções ao longo do tempo, vale observar o *Quadro histórico-institucional* disponibilizado no Apêndice I.

Afirma-se a importância desse estudo por ser "o campo da educação um dos mais férteis em experiências de participação, descentralização, controle social, é justamente nele que se podem encontrar as melhores possibilidades de percepção dos limites e das potencialidades de uma democracia substantiva".[189]

A CF/1988 ressaltou a natureza pública e o caráter nacional da educação, sendo conveniente ressaltar que o "Estado [...] não atua sozinho. A concretização do direito, bem como a sua proteção, não dispensa a participação popular, participação reafirmada diversas vezes, até mesmo pela possibilidade de utilização dos chamados direitos instrumentais para a garantia dos direitos sociais"[190] – inclusive abordada no tópico 2.3.

Tradicionalmente, o conceito dos Conselhos Gestores Setoriais traz consigo a ideia de espaços públicos e estatais institucionalizados, marcados pela participação popular cuja eleição dos conselheiros, marcadamente paritários (sociedade civil e membros do governo), acontece por meio de fóruns e originariamente são concebidos com forma de descentralização de funções e poderes, em todas as esferas e níveis governamentais.

3.1 Conselhos Nacionais como forma de participação

Há quem afirme que os conselhos são tão antigos quanto as primeiras formas de organização social, de modo a remontar às tribos primitivas, nas quais os integrantes mais antigos se reuniam para resolver questões não estabelecidas em sua tradição normativa.

Nessa trilha apareceram os "conselhos de notáveis" na sociedade greco-romana e na Idade Média; a Comuna de Paris, de 1871, e na revolução espanhola de 1936. Sempre cumprindo "papel emergencial e auxiliar na coesão social, e eram acionados sempre que esta apresentava risco de ruptura".[191]

---

[189] CLOVIS DE AZEVEDO, 2008, p. 18.
[190] RANIERI, 2000, p. 78.
[191] REZENDE PINTO, 2008, p. 153-154.

Gohn destaca que na literatura se afirma que os conselhos são tão antigos quanto a própria democracia participativa,[192] cuja história remonta suas origens aos clãs visigodos. Ressalta que entre os conselhos famosos constam, como dito, a Comuna de Paris, além dos conselhos dos sovietes russos:

> [...] conselhos operários de Turim – estudados por Gramsci –, alguns conselhos na Alemanha nos anos 1920, conselhos na antiga Iugoslávia nos anos 1950, conselhos atuais na democracia americana etc. Observa-se que, na modernidade, os conselhos irrompem em épocas de crises políticas e institucionais, conflitando com as organizações de caráter mais tradicionais.[193]

É importante destacar que, enquanto os conselhos socialistas basicamente atuaram no setor de produção, os conselhos americanos funcionam como instrumento de pressão da sociedade civil atuando com lobbies[194] – o tópico 2.2 abordou tal atividade.

No Brasil do século XX constam três tipos de conselhos: os criados pelo próprio Poder Executivo, os populares e os institucionalizados. A título exemplificativo houve para os primeiros os conselhos comunitários criados no final dos anos de 1970; para os segundos, os conselhos populares no final dos anos de 1970 e parte dos anos de 1980; e para os últimos, os previstos por leis originárias do Poder Legislativo, editadas após pressão popular.[195]

O impulso conferido à criação institucional do Conselho Nacional de Educação foi realizado na década de 1930, durante o governo de Getúlio Vargas, e a participação social em Conselhos Nacionais foi estabelecida formalmente sob a vigência da CF/1988.

A Constituição Federal de 1988, em seu artigo 1º, parágrafo único, contém a seguinte expressão: "todo o poder emana do povo, que o exerce por meio de representantes eleitos *ou diretamente*", explicitando

---

[192] A participação é um "conceito ambíguo nas ciências sociais, pode ter um significado forte ou fraco [...] o princípio da participação é tão antigo quanto a própria democracia, mas se tornou imensamente mais difícil em consequência da escala de abrangência do governo moderno, bem como pela necessidade de decisões precisas e rápidas – cuja omissão é motivo de protesto por parte dos que exigem maior participação" (OUTHWAITE; BOTTOMORE, 1996, p. 558). Para saber mais sobre a *democracia de conselho*, no tocante à sua história, sugere-se a leitura de OUTHWAITE; BOTTOMORE, 1996, p. 130-131.
[193] GOHN, 2011, p. 69.
[194] GOHN, 2011, p. 73.
[195] GOHN, 2011, p. 73-74.

a ideia de participação. A Declaração Universal dos Direitos Humanos,[196] em seu artigo XXI, §1º afirma que "toda pessoa tem o direito de tomar parte no governo de seu país, *diretamente* ou por intermédio de representantes livremente escolhidos" (grifos nossos).

O controle social é exercido no Brasil em todos os níveis – seja o federal, estadual ou municipal – por meio de plebiscitos, consultas públicas a segmentos populacionais, orçamento participativo, etc.[197] Em contexto no qual se pode incluir, como visto, os Conselhos.

A emergência da aparição dos Conselhos foi materializada por inovações jurídico-institucionais, marcada pela reconfiguração da relação então existente entre o Estado e a sociedade, passando de uma identidade essencialmente territorial para setorial – algo bastante destacado pela literatura.[198] Convém observar que, desde a chegada da CF, foram criados mais 28 mil conselhos setoriais,[199] excedendo o número de conselheiros o total de vereadores no país.[200]

De forma que a assertiva de que uma "nova institucionalidade envolvendo distintos sujeitos sociopolíticos e culturais nos âmbitos estatal e societal"[201] foi definida pela CF/1988. De maneira a institucionalizar os Conselhos Nacionais, inserindo-os na esfera pública por força de lei após a sua vigência.[202]

A denominada gestão democrática no ensino não foi objetivada em Constituições anteriores, somente a de 1988 trouxe a expressão à tona enquanto leis esparsas não a preconizavam.[203] Rememora-se que a CF/1988 estabelece que a educação será promovida e incentivada com a colaboração da sociedade (art. 205), contando com uma gestão democrática, na forma da lei (art. 206, inciso VI).

A Lei de Diretrizes e Bases da Educação – LDB, Lei Federal nº 9.394/1996, na mesma tônica constitucional dispõe que o ensino será ministrado inclusive pelo princípio da "gestão democrática" (art. 3º, inciso VIII), cabe à União "a coordenação da política nacional de educação,

---

[196] Adotada e proclamada pela Resolução nº 217 A (III) da Assembleia Geral das Nações Unidas em 10 de dezembro de 1948. Assinada pelo Brasil na mesma data.
[197] VALLE, 2008, p. 66.
[198] CARNEIRO, 2006, v. 2, p. 149-150.
[199] CORDEIRO, CORNWALL; DELGADO, 2007, p. 199.
[200] Segundo o Tribunal Superior Eleitoral – TSE, nas Eleições Municipais 2016 foram eleitos 57.856 mil vereadores. Ver: AVRITZER, 2007, p. 7.
[201] GOHN, 2008b, p. 97.
[202] GOHN, 2011, p. 88.
[203] VALLE, 2008, p. 63.

articulando os diferentes níveis e sistemas e exercendo função normativa, redistributiva e supletiva em relação às demais instâncias educacionais" (art. 8º, §1º).

O Plano Nacional de Educação – PNE determina diretrizes, metas e estratégias para a política educacional dos próximos dez anos, por meio da Lei Federal nº 13.005/2014 e estabelece dentre suas metas a "promoção do princípio da gestão democrática da educação pública" (art. 2º, inciso VI).

Mesmo com a defesa da abertura de canais participativos nos debates que regeram a formulação da CF/1988, comumente a representação, mesmo nos espaços dos Conselhos, pode ser vista como de exercício natural por políticos profissionais, partidos políticos ou por aqueles atores que estão envolvidos diretamente pela disputa do poder. Afastando-se a ideia do exercício puro de mandato por agentes ligados a organizações da sociedade civil,[204] preocupados com a gestão pública, comprometidos com fins de interesse geral.

Os Conselhos são concebidos como instância de discussão e deliberação, geralmente ligadas ao Poder Executivo, cuja participação é coletiva, teoricamente não individual; compostos por paridade numérica entre atores do Estado e aqueles ligados à sociedade civil, cuja criação, elenco de atribuições e forma de composição são definidos em lei própria. Sua função precípua está na formulação, na implementação e na fiscalização das políticas públicas na área em que atuem.[205]

A estrutura pode ser microterritorial, entenda-se, em municípios, alcançar estados e chegar ao nível federal. O formato setorial dos conselhos, em tese, permitiria "a superação de desigualdades regionais e uma compreensão mais global da política".[206]

Em linhas bastante gerais, é possível arrolar características marcantes dos conselhos de políticas públicas nacionais, são eles: espaços públicos e estatais; com participação popular, por meio de representação institucional; cuja presença marcante é de representantes da sociedade

---

[204] LIMA, 2014, p. 299-300.
[205] Carneiro assim os definem: "[...] são canais de participação política, de controle público sobre a ação governamental, de deliberação legalmente institucionalizada e de publicização das ações do governo. Dessa forma, constituem espaços de argumentação sobre (e de redefinição de) valores, normas e procedimentos, de formação de consensos, de transformação de preferências e de construção de identidades sociais [possuindo] dimensão jurídica e têm poder de tornar efetivos as questões, os valores e os dilemas vivenciados no espaço da sociedade civil" (CARNEIRO, 2006, v. 2, p. 151).
[206] CARNEIRO, 2006, v. 2, p. 150.

civil eleitos em fórum próprio e pela sociedade; com composição paritária de membros do governo e da sociedade.[207] [208] E, por fim, criados por lei ou outro instrumento jurídico, são espaços institucionais – funcionando, em tese, como instrumento de concretização do controle social.[209]

Os Conselhos, embora idealizados como "canais de participação política, de controle público sobre a ação governamental" constituindo-se "espaços de argumentação sobre (e de redefinição de) valores, normas e procedimentos, de formação de consensos, de transformação de preferências e de construção de identidades sociais", têm poder de agenda e de intervenção nas ações e nas metas estatais.[210]

É de se destacar que essa forma associativa pode nascer, segundo lições de Weber, por "acordo livre" ou por "imposição e submissão", de modo que o "poder governamental numa associação pode pretender para si o poder legítimo para a imposição de ordens novas".[211]

A centralidade, nos Conselhos Nacionais, da participação da sociedade civil como forma de participação social foi, como visto, preconizada pelo Decreto Federal nº 8.243/2014, revogado pelo Decreto Federal nº 9.759/2019. Assim, uma vez institucionalizados no Estado brasileiro, os Conselhos inseriram a sociedade civil em espaços públicos denominados como não-estatais, e nesses espaços se situaram:

> [...] os conselhos, fóruns, redes e articulações entre a sociedade civil e representantes do poder público para a gestão de parcelas da coisa pública que dizem respeito ao atendimento das demandas sociais. Essas demandas passam a ser tratadas como parte da "Questão Social" do país.[212]

A rigor, as sociedades civis "são organizadas por acordos privados e voluntários entre indivíduos e grupos fora do controle *direto* do

---

[207] Também denominados como conselhos de caráter híbrido (BELLO DE SOUZA, 2008, p. 25; ALMEIDA; TATAGIBA, 2012, p. 69) ou "princípio de equivalência entre Estado e sociedade nos conselhos" (TATAGIBA, 2002, p. 59).
[208] ABERS; KECK, 2008, p. 100.
[209] "São compreendidos [...] como instâncias de definição, decisão e controle das principais diretrizes e metas governamentais nas diferentes áreas sociais, que, embora não quebrem com o monopólio estatal de produção e execução das políticas públicas, podem (e devem) obrigar o Estado a seguir as diretrizes elaboradas em cogestão com a sociedade civil" (BORBA; LÜCHMANN, 2010, p. 230). Ver: MORONI, 2009, p. 114-115.
[210] CARNEIRO, 2006, v. 2, p. 151.
[211] WEBER, 1994, v. 1, p. 31.
[212] GOHN, 2008a, p. 77.

Estado"[213] – conforme abordado no tópico 1.3; no caso dos Conselhos, há a atuação da sociedade civil em espaços estatais por força legal. Em tese a defesa de ocupação desses espaços voltados às entidades da sociedade civil organizada passaria por todos os perfis de organizações existentes, tais como:

> [...] as organizações que compõem a estrutura sindical do país – federações, sindicatos e confederações –; as centrais sindicais; as entidades de defesa dos direitos humanos e de direitos específicos de parte de nossa população; entidades representativas de minorias étnicas; ONG's do movimento negro; organizações com ênfase nas temáticas ambientais, de gênero, de orientação e opção sexual; culturais etc. [incluindo-se] idosos, adultos, jovens e adolescentes; residentes das grandes metrópoles, cidadãos do campo; das cidades de porte médio e dos pequenos municípios; brasileiros de todas as regiões; todos tendo a oportunidade de interferir nas políticas públicas em execução e na construção de novas propostas.[214]

Enquanto a qualidade da participação no segmento voltado à sociedade civil organizada possa ser frequentemente debatida – nos campos municipal e estadual –, onde se defende a necessidade de condições, "instrumentos e conhecimento que permitam a discussão e o debate mais informado", tais espaços devem ser marcados pela "igualdade e paridade na participação".[215] Nos espaços dos conselhos nacionais o argumento de falta de um debate informado e a questão de igualdade e paridade na participação, pode por vezes – a depender das normas que lhe conferem operacionalidade – cair por terra considerando a força e a permeabilidade das decisões ali tomadas.

Interesses variados podem levar as entidades a disputar um assento, seja para a obtenção de mais recursos, a vontade de participar ativamente na política, angariar conquistas na área, sejam gerais ou particulares, algo que transforma "o campo da sociedade civil, naturalmente heterogêneo, em um campo altamente fragmentado".[216] Daí a necessidade de reconhecer a sua heterogeneidade.

A regulamentação dos Conselhos lhes imprime organicidade, todavia, não é propriamente a sua materialização que efetivará

---

[213] HELD, 1987, p. 254, grifo do autor.
[214] LAMBERTUCCI, 2009, p. 75.
[215] CARNEIRO, 2006, v. 2, p. 157.
[216] TATAGIBA, 2002, p. 58.

adequadamente os fins almejados. Tal construção depende de medidas invariavelmente marcadas por ações de tentativas e erros. Vigora o império da lei.[217]

Além disso, no tocante à sua competência, estrutura e poder decisório, a lei instituidora terá o condão de lhe dar estas formas. Convém destacar que esta noção positiva não assegura – caso não seja bem trabalhada – a possibilidade de alcançar os resultados almejados e não outros. Em outras palavras:

> [...] nenhum conjunto de leis poderia prever toda a variedade ancestral, nenhum conjunto de leis poderia prever toda a variedade de conflitos humanos que venha requerer a sua mediação; além disso, quando se trata de aplicá-la, a lei pode sofrer a inconstância e a variabilidade de seus intérpretes, e com isso aumentar as chances do resultado negativo.[218]

A mera existência de dispositivo legal que imponha o preenchimento por atores ligados a entidades ou associações pertencentes à sociedade civil organizada na composição de um Conselho não será o bastante. Deverá ser assegurado um processo de escolha transparente e impessoal.

A estrutura normativa dos Conselhos contemplará minimamente:
I) objetivos e formato institucional;
II) a natureza/competência, se normativa, consultiva ou deliberativa;
III) a composição e quem os indica[219] e a questão da remuneração, pois a rigor não são os Conselheiros remunerados – salvo os Conselheiros Tutelares[220] –, pois considerado exercício de atividade pública relevante, sem exclusividade;[221]

---

[217] "O problema da efetividade e implementação de direitos pela aplicação de normas jurídicas está ainda relacionado ao cumprimento das normas pelos tribunais e pela comunidade jurídica" (RANIERI, 2000, p. 78).
[218] ARAÚJO, 2009, p. 60.
[219] Tal ponto é bem estudado nos Conselhos Municipais (LUCE; FARENZENA, 2008, p. 91-92).
[220] Por força da entrada em vigor da Lei Federal nº 12.696/2012, que alterou o Estatuto da Criança e do Adolescente – ECA (Lei Federal nº 8.069/1990), ao acrescentar o artigo 134, estabeleceu a obrigatoriedade de a Lei Municipal ou Distrital estabelecer a remuneração dos Conselheiros Tutelares.
[221] "[...] Para os representantes do Estado, a participação em conselhos e fóruns integra suas atribuições profissionais remuneradas e o custo da participação é em geral muito menor do que para os representantes de entidades da sociedade civil, para as quais é difícil compatibilizar as demandas mais imediatas com as discussões de maior alcance exigidas nesses fóruns de decisão" (CARNEIRO, 2006, v. 2, p. 158).

IV) a questão do Ministério, Secretaria ou Diretoria responsável por patrocinar os equipamentos e espaços necessários para consecução de suas atividades e a despesa orçamentária a ela inerente.

Nos Conselhos, a rigor, as sessões são públicas e cada Conselheiro tem direito a um voto. Estatuto próprio poderá estabelecer as responsabilidades do órgão, a forma procedimental de deliberação e o seu funcionamento.

A questão da forma de escolha da Presidência é importante, pois gera impacto pelo direcionamento das pautas a serem enfrentadas, tal procedimento é termômetro da autonomia do conselho. O estudo do perfil dos conselhos municipais de educação no idos de 2007 verificou, nesse aspecto, que:

> Em, aproximadamente, 2/3 dos conselhos cadastrados em 2007 (64%), o Presidente é eleito pelos pares. Em 12%, o cargo é exercido pelo Secretário de Educação, e em 6% é escolhido pelo Executivo. Não informaram a forma de escolha, ou escolhem por outra forma que não as referidas, 16% dos conselhos.[222]

Como visto, a participação social na composição dos Conselhos é instrumentalizada por normas que lhe conferem tal possibilidade. Questão extremamente delicada. Pois submetida está à defesa da pluralidade, o que possibilita a utilização destes espaços inclusive para "a defesa de grupos antidemocráticos, que fazem de sua participação nos conselhos condição para a manutenção de privilégios e de velhas práticas de negociação com o Estado".[223]

Todavia, para que haja participação em um Conselho, afora o conteúdo estruturante estatal que lhe dê suporte, dentre os mecanismos que bloqueiam uma efetiva partilha de poder há a dificuldade de uma participação igualitária. Isto por pesar a exigência de qualificação, tanto técnica quanto política, aos membros pertencentes à sociedade civil organizada.[224]

Importante enfrentar a questão da representação, pois, mesmo no regime representativo, a denominada *representação política* – é uma esperança de representação, um *anseio*, um *ideal*", mas se, mesmo em "tal

---
[222] BORDIGNON; PEREIRA, 2008, p. 76-78.
[223] TATAGIBA, 2002, p. 61.
[224] DAGNINO, 2002, p. 283.

sistema de referência, tal imperativo ético tem maior ou menor eficácia conforme a qualidade moral dos legisladores e de seus respectivos partidos".[225] O mesmo pode ocorrer no segmento de ocupação nos Conselhos Nacionais.

Nesse aspecto, um dos problemas cruciais para as democracias modernas é a introdução dos anseios das entidades representativas da sociedade nas decisões governamentais, sob pena de a democracia perder o seu sentido,[226] é de se salientar que tal risco acomete institutos defendidos pela democracia participativa, tal como os Conselhos Gestores.

Portanto, não há "uma representação *a priori* mais correta ou mais verdadeira do que outra".[227] Há diferenças compatíveis com o tipo de representação exercida, devendo ser estudadas de modo segmentado.

A representatividade nos segmentos participativos vem como questão pulsante em análises empíricas.[228] O exercício de pressão promovido por grupos de interesse e sua relação com a tomada de decisão que muitas vezes se difere dos interesses públicos da coletividade se demonstra mesmo aos eleitos pelo sistema representativo.[229]

Convém destacar que "em nenhum sistema democrático os políticos são legalmente obrigados a manter suas plataformas".[230] Não se afasta tal direção no campo dos Conselhos.

Evidentemente não se pode afirmar que a simples atuação da sociedade civil no campo participativo teria o condão de sozinha realizar o aprofundamento da democracia, ou mesmo fazer crer que a "simples existência de leis e instâncias de participação social constitui garantia de democratização das relações entre governos e sociedade, entre sociedade política e sociedade civil, entre público e particular".[231]

Dessa forma, o impacto democratizante da participação da sociedade civil nos Conselhos é ainda considerado fraco – especialmente no âmbito municipal.[232]

Atenuar tal desvirtuamento é problema que está umbilicalmente ligado à escolha dos Conselheiros. De tal modo que por mais que se

---

[225] TELLES JÚNIOR, 2013, p. 313-314, grifo do autor.
[226] TELLES JÚNIOR, 2013, p. 332.
[227] LIMA, 2014, p. 305-306.
[228] TATAGIBA, 2002; SANTOS, 2003; CARNEIRO, 2006, v. 2; LIMA, 2014.
[229] MANIN; PRZEWORSKI; STROKES, 2006, p. 106.
[230] MANIN, 1997; MANIN; PRZEWORSKI; STROKES, 2006, p. 117.
[231] BELLO DE SOUZA, 2008, p. 26.
[232] JACOBI, 2008, 115.

considere que a escolha dos representantes não-governamentais em determinados conselhos ocorra de maneira autônoma, frequente é o debate no tocante à sua qualidade, confrontando a aparência democrática *versus* a qualidade da participação.[233] Importa para a presente obra a observação da representação adequada nos Conselhos na cota destinada às entidades da sociedade civil organizada, daí a dimensão jurídica que lhe é inerente.

Em tese, o estilo dos Conselhos se meras estruturas governamentais ou se "espaços públicos onde se constituem atores coletivos e sujeitos políticos autônomos", dependerá do "resultado da disputa que se trava nos diferentes contextos que os abrigam".[234]

Destarte, é comum a afirmação de que a democracia participativa advoga que sua legitimidade – "essa entendida como um consentimento, ativo ou passivo, daqueles que obedecem" – vem de processos de "discussão que, orientados pelos princípios da inclusão, do pluralismo e da autonomia",[235] o que traz nova dinâmica ao poder tradicional.

Bastante comum a atuação de grupos aparelhados para tanto, daí a frequente cooptação e a frustração da tão evocada efetiva participação.[236]

A impressão da sociedade sobre a incapacidade da democracia em prover a melhoria da qualidade de vida decorre igualmente dos altos índices de corrupção, da fragilidade dos partidos políticos e da baixa eficácia de políticas públicas includentes. De modo a serem os conselhos, inclusive os da área da educação, tidos como inoperantes, desqualificados e até mesmo corruptos.[237]

Bem por isso, a proposta de exame da relação existente entre a participação e o desenho jurídico-institucional torna-se importante, pois este último pode levar ao sucesso ou ao fracasso da participação.

---

[233] CARNEIRO, 2006, v. 2, p. 155.
[234] DAGNINO, 2002, p. 294.
[235] PEREIRA; LIMA; MARTINS, 2013, p. 11.
[236] Guardadas as devidas proporções, é o que ocorre na democracia representativa como pontua Dallari, ao tratar da denominada "classe política": "A escolha dos representantes é viciada desde o início, pois o povo é obrigado a escolher entre os que foram selecionados pelas direções partidárias, o que raramente se faz colocando em primeiro lugar o interesse público. A par disso os sistemas eleitorais favorecem o crescimento de uma série de fatores de corrupção, como a interferência do poder econômico, a utilização dos recursos da Administração Pública para obtenção de proveito eleitoral e grande quantidade de artifícios fraudulentos, reduzindo ao mínimo a autenticidade dos resultados eleitorais" (DALLARI 1989, p. 379).
[237] POMPEU, 2008, p. 31, 48.

O enfrentamento ocorre através de formas participativas de democracia, provendo tanto a ampliação das capacidades do Estado quanto eventual correção da insuficiência da democracia representativa.[238]

As searas jurídica e institucional estão umbilicalmente ligadas, expressando-se pela via formal, mais propriamente na edição de atos normativos, como visto no subitem 2.1.1.

A paridade de participação governamental e da sociedade civil nos Conselhos Gestores, como fenômeno democratizante – também sinalizado pela ruptura com o arcabouço jurídico e institucional centralizador[239] –, é decorrente das forças presentes na elaboração da CF/1988. Não é possível sempre reproduzir a "correlação de forças favorável [...] nos contextos localizados e nos momentos em que se dá a instalação dos Conselhos nos vários municípios e estados e inclusive no nível federal".[240]

As exigências de conhecimento especializado acabam por, "paradoxalmente, favorecer a inclusão (nos conselhos) de indivíduos mais bem capacitados, com mais recursos e que nem sempre constituem a expressão viva, ou mais "direta", das forças sociais mais atuantes ou a expressão de sua pluralidade".[241]

Para Dahl, a democracia se sustentaria em um equilíbrio de forças, fruto do cálculo de atores políticos inseridos em uma relação estratégica.[242] Há a disputa pelo poder, as regras e os controles são traçados pela via normativa, de modo que é importante o desenho jurídico-institucional especialmente na escolha dos conselheiros.[243] Afinal, são espaços de decisão e controle no campo educacional.

Atenuar problemas discutidos de maneira recorrente como a participação excessiva do Estado na definição das políticas nos conselhos

---

[238] MENICUCCI; CARNEIRO, 2013, p. 178.
[239] PEREIRA; LIMA; MARTINS, 2013, p. 29.
[240] DAGNINO, 2002, p. 294.
[241] CARNEIRO, 2006, v. 2, p. 158.
[242] LIMONGI, 2005, p. 21.
[243] Nesse mesmo sentido: "É válido destacar que a grande heterogeneidade dos grupos da sociedade civil, somados à falta de critérios objetivos de seleção e à baixa representatividade, pode resultar na inserção de grupos particularistas que, por meio da participação nos conselhos, mantém privilégios nas negociações com o Estado. Dessa forma, a participação dos diversos setores sociais não provém, necessariamente, do aumento da consciência política da sociedade. Por vezes, a participação nessas arenas decisórias revela interesses políticos e financeiros diversos que podem provocar distorções na vocalização das demandas sociais" (PEREIRA; LIMA; MARTINS, 2013, p. 23).

de modo a "agir de forma verticalizada, setorizada e especializada"[244] muitas vezes decorre da lógica interna dos próprios Conselhos. A postura passiva dos representantes da sociedade civil nos conselhos e o direcionamento decisório por interesses privados ficariam a cargo de regras mais transparentes, públicas, plurais e inclusivas,[245] além de controladas por suas ações e uma agenda propositiva – o que não significa apenas a existência de legislações que determinam tal protagonismo social.[246]

O caráter muitas vezes perpétuo das atividades dos conselheiros focado em sua especialização e, quando inexistente, "tem sido não só utilizada na desqualificação política [...] como até cultivada, reforçada pelos seus contendores como forma de exercer o controle sobre as decisões".[247]

Como oportuna solução – considerando a ineficácia da mera garantia de paridade entre atores estatais e não-estatais no Conselho –, há a defesa de construção no cotidiano das práticas e das articulações no interior dos conselhos o equilíbrio da representação. Pois "a diversidade interna dos referidos campos abre a possibilidade múltiplas clivagens e articulações no desenrolar dos processos deliberativos".[248] Possível, também, a inserção de mecanismo de questionamento a qualquer momento e por qualquer pessoa da atuação dos conselheiros.[249]

Mesmo sob esse aspecto, não se pode definir com extrema clareza as potencialidades dos Conselhos e a efetividade de seu papel.[250]

---

[244] CARNEIRO, 2006, v. 2, p. 162.

[245] "As regras e os controles com os quais os Conselhos são vinculados, com foco no processo de escolha de seus membros relacionados à sociedade civil organizada, revelam invariavelmente problemas de muitas ordens, como é o caso da falta de transparência, sendo muitas vezes lembrados pela "não universalização das garantias de acesso às indicações na escolha dos representantes da sociedade civil"; devendo, para seu ajustamento, optar pela via institucional, sendo mais públicas, plurais e inclusivas" (PEREIRA; LIMA; MARTINS, 2013, p. 21).

[246] AVRITZER, 2007, p. 8-9.

[247] DAGNINO, 2002, p. 284.

[248] TATAGIBA, 2002, p. 58.

[249] LIMA, 2014, p. 341.

[250] "Entre as potencialidades dos conselhos e a sua efetividade na formulação e controle dessas políticas, há uma longa distância a ser percorrida. A análise empírica demonstra que ainda é necessário superar muitas barreiras para que os conselhos efetivem seu papel, corroborando as tensões entre a dimensão formal e legal e a atuação efetiva dos conselhos. De fato, não se pode desconsiderar que os mecanismos de acompanhamento, por parte dos conselhos, da execução das políticas são ainda frágeis e a capacidade de intervir no rumo das políticas nos municípios ainda é bastante limitada, depende de condições sociais, políticas e institucionais ainda não totalmente exploradas e identificadas" (CARNEIRO, 2006, v. 2, p. 164).

De modo a não permitir generalizações conclusivas, visto o longo processo que acompanha a maturação de uma nova instituição.[251]

A sensação de frustração para alguns na expectativa criada em torno dos Conselhos Nacionais decorre, sobretudo, da abundância na criação de tais espaços, nem sempre tendo as mesmas características.[252] Portanto, não é possível dissociar o desenho jurídico-institucional no aprimoramento das instâncias participativas.

3.2 Do Conselho Superior do Ensino ao Conselho Nacional de Educação: a evolução da composição

No sítio do Ministério da Educação, é disponibilizado resumo histórico do denominado Conselho Nacional de Educação, salientado que a "primeira tentativa de criação de um Conselho na estrutura da administração pública, na área de educação, aconteceu na Bahia, em 1842, com funções similares aos "boards" ingleses e, em 1846, a Comissão de Instrução Pública da Câmara dos Deputados propôs a criação do Conselho Geral de Instrução Pública".[253] O Conselho Superior foi concebido em 1911.

Embora seja possível constatar entre as reformas educacionais brasileiras, antes de 1911, a Reforma Leôncio de Carvalho, Decreto Imperial nº 7.247/1879, que instituiu o Conselho Diretor de Instrução primária e secundária, composto por membros do império e especialistas da área (art. 14). A Reforma Benjamim Constant, Decreto Federal nº 981/1890, manteve o Conselho Director da Instrução, com alteração na composição (art. 54). E, por fim, a Reforma Epitácio Pessoa, por meio do Decreto Federal nº 3.890/1901, aprovou o Código dos Institutos Oficiais de Ensino Superior e Secundário.

Convém perfazer histórico institucional do hoje chamado Conselho Nacional de Educação.

Por força da criação da Lei Orgânica do Ensino Superior e do Fundamental na República,[254] por meio do Decreto Federal nº 8.659/1911, chamada de Reforma Rivadávia Corrêa, foi oficialmente criado o Conselho Superior do Ensino.

---

[251] CARNEIRO, 2006, v. 2, p. 155.
[252] CUNHA, PINHEIRO, 2009, p. 153-154.
[253] Disponível em: http://portal.mec.gov.br/escola-de-gestores-da-educacao-basica/323-secretarias-112877938/orgaos-vinculados-82187207/14306-cne-historico. Acesso em: 31 maio 2022.
[254] Então chamada de Estados Unidos do Brazil.

O Conselho, com sede na Capital da República – na época, no Rio de Janeiro –, tinha a seguinte composição: os diretores das Faculdades de Medicina do Rio de Janeiro e da Bahia, das Faculdades de Direito de São Paulo e Pernambuco, da Escola Politécnica do Rio de Janeiro, o diretor do Colégio Pedro II e um docente de cada instituição. A Presidência era preenchida por livre nomeação do Presidente da República (art. 12, parágrafo único).

Os mandatos tanto dos Conselheiros quanto do Presidente do Conselho Superior do Ensino eram bienais, remunerados por ordenado preestabelecido e gratificação, destacados em Tabela anexa ao Decreto Federal nº 8.659/1911; concedido transporte aos residentes fora da sede, e, para todos, subsídio por participação nas sessões (art. 131, parágrafo único).

A qualificação necessária do Presidente era ser "pessoa de alto e reconhecido valor moral e scientifico, familiarizada com os problemas do ensino", artigo 15. A destituição do cargo se dava por força de sua incompatibilidade com o exercício das funções a ser representada ao Presidente da República pelos membros do CSE (art. 13, alínea 'g'). Em caso de impedimento, o membro mais antigo assumiria a Presidência (art. 19).

O docente indicado de cada instituição para compor o CSE, fora os Diretores, na trilha já destacada pelo artigo 12 do Decreto, era eleito por suas respectivas Congregações (art. 60, alínea 'g') – formadas pelos professores ordinários, extraordinários efetivos e representantes dos extraordinários e livres docentes, eleito anualmente.

Todavia, defronte aos problemas relacionados à autonomia conferida aos institutos de ensino superior por serem "corporações autônomas, tanto do ponto de vista didactico, como do administrativo", artigo 2º do Decreto Federal nº 8.659/1911, foi realizada nova reforma. Cunhada de Carlos Maximiliano, por meio do Decreto Federal nº 11.530/1915, circunscreveu a autonomia didática e administrativa almejada pelo Governo Federal.

Quanto à sua composição, inicialmente, parece ter permanecido a mesma sistemática versada no Decreto Federal nº 8.659/1911, tal foi: um presidente, livremente nomeado pelo Presidente da República, dentre os cidadãos de indiscutível saber e familiarizados com todas as questões do ensino. Além dos "directores dos institutos officiaes subordinados ao Ministerio de Justiça e Negocios Interiores, e de um professor de cada um dos referidos institutos, eleito biennalmente pela Congregação respectiva, em sessão especial convocada com a declaração desse fim", conforme o seu artigo 29.

Todavia, os Diretores das instituições passaram a ser escolhidos pelo Presidente da República,[255] antes a eleição ocorria por indicação da Congregação.[256]

Indo além, pois nessa matéria alterações legislativas se avolumaram, em 1925 o Decreto Federal nº 16.782-A criou o Departamento Nacional do Ensino, subordinado ao Ministério da Justiça e Negócios Interiores, sua função precípua foi a de cuidar dos assuntos relativos ao ensino, bem como impulsionar o estudo e a aplicação dos meios tendentes à difusão e ao progresso das ciências, letras e artes no país, na trilha do artigo 1º.

A norma ainda extinguiu o Conselho Superior do Ensino e criou o Conselho Nacional do Ensino (art. 12, parágrafo único), conferindo-lhe novo contorno.

Três sessões lhe compunham: "o Conselho do Ensino Secundario e Superior, o Conselho do Ensino Artistico e o Conselho do Ensino Primario e Profissional", conforme o artigo 13 do Decreto Federal nº 16.782-A/1925.

Para o ensino superior, a composição foi assim definida pelo mencionado Decreto:

> Art. 14. O Conselho do Ensino Secundario e Superior Compôr-se-á:
>
> a) dos directores das Faculdades da Universidade do Rio de Janeiro, dos directores das Faculdades de Medicina, de Pharmacia e de Odentologia da Bahia, de Direito, de S. Paulo e dos Recife, do Collegio Pedro II, e de outros estabelecimentos de ensino secundario e superior que venham a ser subordinados ao Departamento Nacional do Ensino.
>
> b) de um professor cathedratico ou de um professor privativo de cada um dos referidos institutos, eleitos por um biennio pelas respectivas congregações;
>
> c) de um livre docente de cada um dos referidos institutos, designados, por um biennio, pelo Ministro da Justiça e Negocios Interiores.[257]

Estabelecimentos de ensino que não figuravam no rol definido da composição podiam ser representados por um delegado a cada sessão do Conselho, a ser escolhido entre os membros (art. 17). Sendo possível aos diretores de estabelecimentos de ensino particular tomarem parte

---

[255] Art. 113 do Decreto Federal nº 11.530/1915.
[256] Art. 21 do Decreto Federal nº 8.659/1911.
[257] Decreto Federal nº 16.782-A/1925.

como membros consultivos, mas sem poder de voto nos trabalhos das sessões, dependendo, para tanto, da anuência da sessão do Conselho ou convite (art. 18).

No ano de 1931, por meio dos Decretos nº 19.850 e n° 19.851 – este último chamado de Estatuto das Universidades Brasileiras –, foi consolidada a Reforma Francisco Campos, na qual se buscou perfazer verdadeira Reforma no ensino superior da República.[258]

Na citada Reforma foi instituído o Conselho Nacional de Educação.

A respeito da composição, o artigo 3º do citado Decreto pontua ser ele constituído de conselheiros, nomeados pelo Presidente da República e escolhidos entre nomes eminentes do magistério efetivo ou entre personalidade de reconhecida capacidade e experiência em assuntos pedagógicos, com fulcro nos seguintes parâmetros:

> Art. 3º [...]
>
> §1º Os membros do Conselho Nacional de Educação serão escolhidos de acordo com os seguintes itens:
>
> I - Um representante de cada universidade federal ou equiparada.
>
> II - Um representante de cada um dos institutos federais de ensino do direito, da medicina e de engenharia, não encorporados a universidades.
>
> III - Um representante do ensino superior estadual equiparado e um do particular tambem equiparado.
>
> IV - Um representante do ensino secundário federal; um do ensino secundário estadual equiparado e um do particular tambem equiparado.
>
> V - Três membros escolhidos livremente entre personalidades de alto saber e reconhecida capacidade em assuntos de educação e de ensino.[259]

Como membro nato do Conselho, havia o diretor do Departamento Nacional do Ensino (art. 3º, §2º); a presidência era do Ministro, devendo ser substituído, no caso de ausência, pelo diretor do Departamento Nacional do Ensino (art. 6º). Para todos os conselheiros, o mandato era de quatro anos, possibilitada a recondução (art. 3º, §3º).

No que diz respeito à remuneração dos Conselheiros, essa passou a inexistir, sendo possibilitado o recebimento de gratificação e diárias a serem fixadas pelo Ministro, além do direito a indenização pelas despesas realizadas em viagens (art. 7º).

---

[258] Conforme se extrai da exposição de motivos da Reforma Francisco Campos/1931, p. 5.830.
[259] Decreto Federal nº 19.850/1931.

A exposição de motivos da Reforma Francisco Campos, ao tratar sobre o Conselho Nacional de Educação, destaca que, em detrimento de um aparelho e centro de direção e orientação quase exclusivamente administrativo e burocrático, vem a necessidade de "vistas largas" na orientação do ensino. Pois "sómente num grupo de elite, escolhida dentre o que temos de melhor com materia de cultura e de educação, poderá exercer essas altas e nobres funcções de orientação e do conselho".[260]

Por força da Lei Federal nº 174/1936, houve a revogação expressa do Decreto nº 19.850/1931 (art. 16). A extinção do Conselho Nacional de Educação foi determinada pelo Decreto Federal nº 99.999/1991.

A instalação do novo Conselho Nacional de Educação – algo relacionado à promulgação da Constituição Federal de 1934, que em seu artigo 152 destacou a competência do Conselho Nacional de Educação na elaboração do Plano Nacional de Educação e de sugestor do Governo para "a melhor solução dos problemas educativos bem como a distribuição adequada dos fundos especiais".

No tocante à composição do CNE, assim a definiu:

> Art. 3º O Conselho Nacional de Educação será constituido de 16 membros, sendo 12 representantes do ensino em seus differentes graus e ramos, *e quatro como representantes da cultura livre e popular* todos nomeados pelo Presidente da Republica, com approvação do Senado Federal, e escolhidos na fórma prevista na presente lei, dentre pessoas de reconhecida competencia para essas funcções e, de preferncia, experimentadas na administração do ensino e conhecedoras das necessidades nacionaes.
>
> §1º Os representantes do ensino dividir-se-hão em dous grupos, sendo nove do ensino official, mantido pela União ou pelos Governos dos Estados e do Districto Federal, e tres ensino particular, escolhidos dentre os directores e professores de estabelecimentos particulares reconhecidos officialmente. Os representantes do ensino official corresponderão ás seguintes categorias:
>
> 1) Ensino primario e normal, comprehendendo a educação physica.
>
> 2) Ensino secundario.
>
> 3) Ensino agricola e veterinario.
>
> 4) Ensino technico-industrial e commercial,
>
> 5) Ensino polytechnico.
>
> 6) Ensino de sciencias medias.

---

[260] Exposição de motivos da Reforma Francisco Campos/1931, p. 5.830.

7) Ensino de sciencias sociaes.

8) Ensino artistico.

9) Ensino de philosophia, sciencias e letras.

§2º Dentre os representantes das cinco ultimas categorias mencionadas no §1º, dous, no minimo, deverão ser professores de Universidade e dous, no minimo, deverão ser professores de estabelecimentos isolados.

§3º Os representantes do ensino particular corresponderão aos tres graus, primario, secundario e superior de ensino, sem qualquer outra distincção.

§4º *Os representantes da cultura livre e popular serão em numero de quatro, assim discriminados:*

a) um representante das associações de educação;

b) um representante da imprensa;

c) dous de livre escolha do Presidente da Republica.[261]

Em caráter embrionário da participação social tão celebrada, notam-se traços participativos desde 1931 com a existência de três membros escolhidos livremente entre personalidades de alto saber e reconhecida capacidade em assuntos de educação e de ensino (Decreto Federal nº 19.850/1931, art. 3º, §1º). Com sua revogação, pela Lei Federal nº 174/1936, passaram a existir quatro vagas destinadas aos representantes da cultura livre e popular, sendo um representante das associações de ensino, outro da imprensa. E, por fim, dois de livre escolha do Chefe do Poder Executivo (art. 3º, §4º). Vale observar que não houve revogação expressa da Lei nº 174/1936.

Por força da entrada em vigor da Lei Federal nº 4.024/1961, foram fixadas as Diretrizes e Bases da Educação Nacional, sendo mais uma vez renomeado o Conselho, passando a se chamar Conselho Federal de Educação.

Chama atenção o longo tempo de tramitação no Congresso Nacional do então projeto de lei que culminou na Lei Federal nº 4.024/1961. Encaminhado em 1948 pelo Ministro da Educação, passados treze anos foi aprovado após muita polêmica e movimentação política:

> Sem exagero, pode-se dizer que esse movimento – conhecido como a luta pela escola pública – foi um dos mais importantes na história da educação na República. Educadores, intelectuais, políticos e estudantes tomaram posições radicais na defesa dos interesses privatistas e

---

[261] Lei Federal nº 174/1936, grifo nosso.

confessionais. Quando, afinal, o último dos projetos transformou-se na Lei nº 4.024, Anísio Teixeira comentou: "Meia vitória, mas vitória".[262]

Na ocasião, passou o Conselho a ser composto por 24 membros nomeados pelo Presidente da República, para um mandato de seis anos. O critério para a escolha era o notável saber e experiência na área da educação. Além disso, caberia ao Chefe do Poder Executivo considerar na escolha as diversas regiões do País, nos mais diversos graus de ensino e o magistério particular, na linha do disposto no artigo 8º, §1º da citada Lei.

Pautando-se na função de relevante interesse nacional, aos Conselheiros eram disponibilizados transporte, quando convocados, e as diárias ou jetons pela presença nas reuniões a serem fixadas pelo Ministro da Educação (art. 8º, §5º).

O mandato era assim organizado:

> Art. 8º [...]
> §1º Na escolha dos membros do Conselho, o Presidente da República levará em consideração a necessidade de nêles serem devidamente representadas as diversas regiões do País, os diversos graus do ensino e o magistério oficial e particular.
> §2º De dois em dois anos, cessará o mandato de um têrço dos membros do Conselho, permitida a recondução por uma só vez. Ao ser constituído o Conselho, um têrço de seus membros terá mandato, apenas, de dois anos, e um têrço de quatro anos.
> §3º Em caso de vaga, a nomeação do substituto será para completar o prazo de mandato do substituído.[263]

Sua estrutura passou a ser composta por câmaras responsáveis pela deliberação de assuntos relacionais ao ensino primário, médio e superior (art. 8º, §4º).

Crítica voltada à LDB então existente foi a de que houve excessiva concentração de competências. Revelando-se como:

> [...] perigosa em uma ordenação pública que se quer transparente. Principalmente quando essas competências são exercidas para decidir caso a caso, a partir de papelórios preparados por despachantes especializados, sem ligação com as situações concretas. Permitiu-se, assim, que um assunto de relevância nacional fosse envolvido em insuportável clima de suspeição.[264]

---

[262] AZANHA, 1995, p. 215-216.
[263] Lei Federal nº 4.024/1961.
[264] AZANHA, 1995, p. 218.

A Lei Federal nº 5.540/1968, conhecida como Reforma Universitária, fixou normas de organização e funcionamento do ensino superior e sua articulação com a escola média e deu força ao papel do Conselho Federal de Educação.

Na trilha da multiplicação e oscilação das atribuições e composição do Conselho Federal de Educação iniciou-se a edição de Medidas Provisórias sobre a matéria.

O então Ministro de Estado da Educação e Desporto, Senhor Murílo de Avellar Hingel, na exposição de motivos agregados à Medida Provisória nº 661/1994, salientou a importância de revisão das Leis nº 4.024/1961 e nº 5.540/1968. Especialmente para transformar o então existente Conselho Federal de Educação em Conselho Nacional de Educação, conforme artigo 3º da citada MP.

A ideia precípua foi reorientar o Conselho que com o passar do tempo, segundo expõe o Ministro da Educação, perdeu os objetivos que nortearam a sua criação em 1961, adquirindo verdadeira função cartorial, de modo a ser conveniente inclusive a reforma de indicação de seus membros.

Há na citada exposição de motivos dado interessante. Até 29 de julho de 1994, dos 2.895 processos em andamento no Conselho Federal de Educação, 2.020 tratavam-se de autorização para funcionamento de cursos superiores. Ainda destaca o Ministro que a expansão do ensino superior foi até então realizada de maneira inadequada, especialmente nas instituições privadas, a qualidade deu lugar à quantidade.

Daí a proposição ter como mote a readequação do Ministério da Educação e do Desporto como Poder Público, para fins de ser o coordenador e supervisor da política educacional do país.

A nova estrutura proposta para o chamado Conselho Nacional de Educação foi a de contar com 25 membros nomeados pelo Presidente da República para o mandato de quatro anos. Vedada a recondução, cujo critério para o candidato era ser brasileiro, com reputação ilibada e de notável saber e experiência em matéria de educação. Conforme nova redação que seria conferida ao artigo 8º da Lei Federal nº 4.024/1961, estabelecida pela MP nº 661/1994:

> I - 12 (doze) conselheiros escolhidos pelo Presidente da República, mediante indicação do Ministro de Estado da Educação e do Desporto, levando em consideração a necessidade de neles serem devidamente representados as diversas regiões do País, os diversos níveis e modalidades do ensino e o magistério oficial e particular.

II - 12 (doze) conselheiros indicados ao Ministro de Estado e do Desporto, em listas tríplices, para cada vaga, por segmentos sociais organizados, vinculados à área educacional, obedecidos os seguintes critérios:

a) 2 (dois) conselheiros indicados por entidade nacional que congregue os dirigentes das instituições de ensino superior, sendo um das instituições públicas e outro das instituições privadas;

b) 2 (dois) conselheiros indicados por entidade nacional que congregue os professores do ensino superior, sendo um da rede pública e outro da rede privada;

c) 2 (dois) conselheiros indicados por entidade nacional que congregue os professores da educação básica;

d) 2 (dois) conselheiros indicados por entidade nacional que congregue as instituições de educação profissional não-universitária.

e) 1 (um) conselheiro indicado por entidade nacional que congregue cientistas e pesquisadores das diferentes áreas de conhecimento;

f) 1 (um) conselheiro indicado por entidade nacional que congregue o setor técnico-administrativo da educação;

g) 1 (um) conselheiro indicado por entidade nacional que congregue os estudantes de ensino superior;

h) 1 (um) conselheiro indicado por entidade nacional que congregue as instituições de educação especial;

III - O Secretário-Executivo do Ministério da Educação e do Desporto é membro nato do Conselho Nacional de Educação.[265]

A proposta contemplava a reestruturação no mandato dos Conselheiros, de modo a igualmente redefinir, com a criação de critérios, aqueles que poderiam ser nomeados pelo Presidente da República. A indicação nascia por escolha fundada em lista tríplice preparada pelo colegiado, na trilha do artigo 1º da MP nº 661/1994:

> Em outubro de 1994, os jornais noticiaram a edição da Medida Provisória nº 661 (já reeditada algumas vezes), que dissolveu o Conselho Federal de Educação (CFE) e criou em seu lugar um novo órgão com a denominação de Conselho Nacional de Educação (CNE), com atribuições, em parte, semelhantes. Para leitores habituais de jornais e até mesmo para aqueles especialmente interessados em questões educacionais, a mudança poderá parecer mera retórica sem consequências significativas para a educação brasileira. No entanto, não é esse o caso. Essa providência legal é seguramente a mais importante para a educação brasileira desde

---

[265] Medida Provisória nº 661/1994.

as leis nº 4.024/61, nº 5.540/68 e nº 5.692/71, que tratam das diretrizes e bases da educação nacional. Em face dessa relevância é preciso não formar um juízo superficial sobre o assunto.[266]

A questão das diretrizes de um Conselho de Educação foi objeto, desde a edição da MP nº 661/1994, até outubro de 1995, de 14 Medidas Provisórias, das quais a pedra de toque foi promover alterações na Lei Federal nº 4.024/1961 e na Lei Federal nº 5.540/1968, já tratadas.

Tendo em vista o foco aqui traçado, que é cuidar da questão da forma de escolha dos Conselheiros do CNE para a Câmara de Educação Superior, a análise das MPs perseguirá tal objeto.

Com a iminência de perda de eficácia, em face da falta de apreciação pelo Congresso Nacional no prazo estabelecido pela CF/1988, em seu artigo 62, foi apresentada a MP nº 711/1994, na qual se mantinha a redação conferida à MP nº 661/1994.

Mais uma vez, pela iminência de perda de eficácia, foi tal medida reeditada pela de nº 765/1994, mantendo-se novamente a redação original.

A inovação veio com a MP nº 830/1995, por meio da qual o então Ministro de Estado da Educação e do Desporto, Paulo Renato Souza, na exposição de motivos, diz que essa não se trata de reedição daquela, mas sim de uma nova medida, visto que:

> [...] se encontra em tramitação no Congresso Nacional projeto de lei que estabelece novas diretrizes e bases para a educação nacional nos termos do artigo 22, XXIV, da Constituição, não parece conveniente desde já avançar detalhes de organização e funcionamento do sistema nacional de educação que, forçosamente, deverão decorrer de concepção de nova legislação.
>
> Assim, a minuta que ora submeto a apreciação de Vossa Excelência trata apenas de uma primeira reformulação do Conselho Federal de Educação, para torná-lo mais adequado às linhas gerais da política de administração já definidas por Vossa Excelência. Em curto prazo, submeterei a Vossa Excelência proposta concreta relativamente aos detalhes de composição, competências e atribuições do novo Conselho Nacional de Educação, as quais, na anexa minuta, estão apenas definidas de forma genérica e abrangente (Exposição de motivos da Medida Provisória nº 830/1995, p. 1.002).

---

[266] AZANHA, 1995, p. 215.

E é o que se verifica na redação dada à MP nº 830/1995, que se limitou a alterar a Lei Federal nº 4.024/1961.

No tocante à constituição do chamado CNE, sua composição foi reduzida a 24 (vinte e quatro) membros. Ampliado o mandato de quatro, para seis anos. E esta retroagiu nos parâmetros de escolha ao fixar a livre escolha pelo Presidente da República dentre brasileiros de reputação ilibada que representem diferentes segmentos da sociedade civil, as diversas regiões do País e os diferentes graus e modalidades do ensino público e privado – conforme se extrai da redação dada pela MP ao artigo 8º da Lei Federal nº 4.024/1961.

Outra vez, devido à perda de eficácia, por falta de apreciação do Congresso Nacional, foi editada a MP nº 891/1995, mantendo a redação da proposta anterior. Tendo em vista, conforme salienta o Ministro de Estado da Educação e do Desporto, Paulo Renato Souza, "a experiência altamente positiva que se verificou durante o período de vigência da Medida Provisória nº 830, no trato da matéria que a mesma dispõe".[267]

Noutro giro, pela perda de eficácia da MP nº 891/1995, mudança radical foi provocada pela edição da MP nº 938/1995. Assentou a Ministra de Estado da Educação e do Desporto Interina, Gilda Figueiredo Portugal Gouvêa, na exposição de motivos, que, embora haja "enorme relevância para o ensino, [tais questões] deveriam ser tratadas no processo legislativo regular mormente estando [...] em tramitação projeto de Lei de Diretrizes e Bases da Educação Nacional".[268] Foi de se verificar que:

> Ao longo do tempo, o Conselho, concebido como uma instituição normativa e consultiva para os assuntos da educação nacional, transformou-se num organismo cartorial e credencialista. Além disso, em função das amplas atribuições da União na área do ensino superior, da enorme expansão desse setor e do detalhismo da legislação referente a essa área do ensino, especialmente no que diz respeito às instituições privadas, o Conselho, acabou sendo afogado pela multiplicação de processos burocráticos que o afastaram de seus objetivos iniciais.[269]

Ademais disso, notou a ocorrência da extensão excessiva das funções do Conselho, o qual passou a ser responsável pela "formulação das políticas educacionais, em clara competição com o próprio Ministro da Educação, a quem deveria assessorar".[270]

---

[267] Exposição de motivos da Medida Provisória nº 830/1995, p. 1.387.
[268] Exposição de motivos da MP nº 938/1995, p. 1.837.
[269] Exposição de motivos da Medida Provisória nº 938/1995, p. 1.836.
[270] Exposição de motivos da Medida Provisória nº 938/1995, p. 1.837.

A utilização sequencial de MPs reflete o momento vivido, no qual a adoção do regular processo legislativo poderia ser pior por força das ações encabeçadas pela bancada do ensino superior, o que poderia trazer prejuízo à matéria e mesmo aumentar a captura do espaço institucional.

No espírito de reformulação do processo de escolha dos Conselheiros que na oportunidade se daria para cada um dos Conselhos Setoriais criados – um da Educação Básica, o outro para a Educação Superior –, buscou-se prezar por processo mais democrático. Todavia alertou-se, com base na experiência passada, para o corporativismo preexistente na sua composição, propondo nova alternativa, a saber:

> No que diz respeito a escolha dos membros do Conselho; na forma anterior a indicação dos conselheiros era de iniciativa do Presidente da República. Os setores envolvidos com a educação vêm reivindicando com insistência a introdução de processos democráticos na constituição do Conselho, tornando-o mais adequado ao desejo da sociedade de ampliar seu espaço de atuação. O problema desta reivindicação é que ela se encaminhou no sentido de criar um sistema de representação corporativa. Queria-se um Conselho formado por representantes dos diferentes reitores, professores, alunos, funcionários. Um Conselho desse tipo fica necessariamente voltado para a discussão de demandas particulares de cada segmento que os conselheiros representam. O que se quer é um organismo capaz de refletir sobre a adequação da educação as necessidades da população em geral. [...]
>
> A fórmula que acabou sendo proposta nas Medidas Provisórias anteriores consiste numa decisão salomônica, metade dos conselheiros seria escolhida pelo Presidente da República e a outra metade seria constituída por representantes das diferentes corporações. Numa solução deste tipo preservar-se-iam todas as inconveniências de um ou de outro sistema.
>
> Esta nova proposta, apresenta outra solução, nem o Presidente tem a liberdade de escolha, nem os conselheiros são representantes de segmentos e corporações. O mecanismo de escolha envolve um outro processo. Os diferentes segmentos da sociedade civil não são solicitados a indicar seus representantes, mas a apresentar nomes de pessoas que sejam reconhecidamente competentes e tenham legitimidade para se manifestar sobre os problemas de Educação. As indicações compõem uma lista única da qual o Presidente escolherá os membros do Conselho.
>
> Será portanto um Conselho escolhido com ampla participação da sociedade, mas não corporativo.[271]

---

[271] Exposição de motivos da Medida Provisória nº 938/1995, p. 1.837-1.838.

Observa-se na reproduzida exposição de motivos o cerne do debate desta obra: as reivindicações dos setores relacionados à área da educação visando tornar mais democrática a forma de escolha dos Conselheiros e seus dilemas, posta a cooptação desse espaço.

A alternativa proposta foi a de haver a indicação pelos segmentos da sociedade civil de pessoas reconhecidamente competentes na área de atuação com legitimidade para se manifestarem sobre a educação.

A participação social e o desenho jurídico-institucional caminham lado a lado. O sucesso para o mecanismo participativo depende diretamente da disciplina jurídica que lhe confere operacionalidade.

Diante da iminente perda de sua eficácia, foi editada a MP nº 967/1995. No tocante à forma de escolha e composição dos membros dos Conselhos Setoriais de Educação Básica e de Educação Superior, se manteve igual: "dois membros natos e dez conselheiros escolhidos e nomeados pelo Presidente da República", conforme art. 8º da redação dada pela MP à Lei Federal nº 4.024/1961. A Presidência do Conselho era exercida pelo Ministro de Educação e do Desporto.

Do mesmo modo persistiu o processo de escolha para o Conselho Setorial de Educação Superior, disposto no mesmo artigo, que previu consulta necessária às entidades nacionais que congreguem os Reitores das Universidades, os docentes, os estudantes e segmentos representativos da comunidade científica. A indicação deveria ser de brasileiros de reputação ilibada e que tenham prestado relevantes serviços à educação e à cultura.

Já o Presidente da República, no processo de escolha, consideraria a representação de todas as regiões do País e as diversas modalidades de ensino, inclusive a militar, final este acrescido pela MP nº 967/1995.

Nota-se que os Conselhos Setoriais então criados passaram a ser denominados Câmaras, uma de Educação Básica, a outra de Educação Superior. Não sendo modificado o número de membros. O Presidente do Conselho passou a ser escolhido por seus pares (art. 7º, §3º), bem como de cada Câmara (art. 8º, §9º).

Diante da falta de apreciação pelo Congresso Nacional da MP nº 992/1995, foi editada a MP nº 1.018/1995, com redação idêntica à anterior, posteriormente revogada e reeditada pela MP nº 1.041/1995, cuja perda superveniente de eficácia provocou a edição sequencial, contando com a mesma redação, das MPs nº 1.067/1995, nº 1.126/1995 e nº 1.159/1995.

A conversão da MP nº 1.159/1995 na Lei Federal nº 9.131/1995 demonstra série de alterações promovidas pelo Congresso Nacional.

No que diz respeito à composição do Conselho Nacional de Educação, a condição de membro nato, na Câmara de Educação Superior, antes atribuída aos Secretários de Educação Superior e ao Presidente da Fundação Coordenação de Aperfeiçoamento de Pessoal de Nível Superior, passou a ser apenas o primeiro.

A composição permaneceu com doze membros, contando com apenas um deles nato. Os demais permaneceram na forma anteriormente delineada, acrescida, em ambas as Câmaras, a participação de entidades particulares de ensino, conforme a redação dada ao artigo 8º, §3º, da Lei Federal nº 4.024/1961.

A Presidência do Conselho compete a um de seus membros, eleito por seus pares, vedada a escolha do membro nato.[272]

A Lei Federal nº 4.024/1961, com as alterações realizadas por advento da Lei Federal nº 9.131/1995, é a vigente.

A escolha pelo Presidente da República para a nomeação dos demais Conselheiros, pelo menos a metade, obrigatoriamente acontece dentre os indicados em lista elaborada especialmente para cada Câmara, mediante consulta a entidades da sociedade civil relacionadas às áreas de atuação dos respectivos colegiados.

No caso da Câmara de Educação Superior a consulta envolverá, necessariamente, indicações formuladas por entidades nacionais, públicas e particulares, que congreguem os reitores das universidades, diretores de instituições isoladas, os docentes, os estudantes e segmentos representativos da comunidade científica.[273]

A indicação é feita por entidades e segmentos da sociedade civil e deve recair sobre brasileiros de reputação ilibada, que tenham prestado serviços relevantes à educação, à ciência e à cultura. A escolha dos nomes que comporão a Câmara é realizada pelo Presidente da República e deve levar em conta a representação de todas as regiões do País e as diversas modalidades de ensino, de acordo com a especificidade de cada colegiado.[274]

Esquematicamente, convém apresentar a forma atual de nomeação dos conselheiros da Câmara de Educação Superior:

---

[272] Art. 7º, §3º, da Lei Federal nº 4.024/1961.
[273] Art. 8º, §§1º, 2º e 3º, da Lei Federal nº 4.024/1961.
[274] Art. 8º, §§4º e 5º, da Lei Federal nº 4.024/1961.

FIGURA 3 – Sistema de nomeação atual dos conselheiros da CES

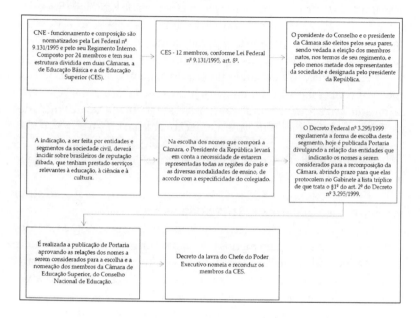

Ainda houve, no tocante ao mandato, o acréscimo para o caso de renovação – a ser realizada a cada dois anos, isso inclusive originalmente. Estipulado que no momento da constituição do Conselho metade de seus membros serão nomeados com mandato de dois anos.

Importa igualmente destacar que a Lei Federal nº 9.131/1995, no artigo 7º, estabeleceu a convalidação dos atos praticados com fulcro na MP nº 1.126/1995. Os processos em andamento no Conselho Federal de Educação quando de sua extinção, foram decididos a partir da instalação do Conselho Nacional de Educação, desde que houvesse requisição dos interessados.

A organização da Educação Nacional foi fixada por meio da Lei Federal nº 9.394/1996, amplamente conhecida como LDB, que, na estrutura educacional destaca que o Conselho Nacional de Educação, detém funções normativas, de supervisão e atividade permanente, conforme reza o artigo 9º, §1º.

Ao Conselho foi atribuída alta competência de resolver as questões suscitadas na transição entre o regime anterior e o instituído pela LDB. Podendo, inclusive, delegar tal atribuição aos órgãos normativos dos sistemas de ensino, na linha estabelecida pelo artigo 90 da Lei Federal nº 9.394/1996, concebido inclusive como *mecanismo quase-judicial*[275], com limitações de muitas espécies – tal qual a normativa e deliberativa:

> Em relação às competências normativas do CNE, pouco espaço há para o seu desenvolvimento efetivo e independente, ante a exigência de homologação de todas as suas deliberações e pronunciamentos pelo ministro de Estado da Educação (artigo 2º, da Lei nº 9.131/1995), embora a própria lei, em seu artigo 9º, *caput*, assegure decisões privativas e autônomas às suas Câmaras.
> Alteram-se pelo artigo 2º, substancialmente, as posições e o papel de ambos os órgãos em comparação à legislação anterior: na redação original do artigo 6º, da Lei nº 4.024/1961, cabia ao MEC velar pelo cumprimento das decisões do Conselho Federal de Educação, e apenas homologar matérias administrativas concernentes ao sistema de ensino federal, na forma do §1º, do artigo 9º da mesma lei, exceção feita à homologação dos currículos mínimos.
> De tudo resulta a relativização das atribuições normativas e deliberativas do CNE, e bem assim a relativização da participação da sociedade no aperfeiçoamento da educação superior, em direção materialmente diversa da que exige o Estado Democrático de Direito, no que tange à aproximação do Estado e da sociedade.
> O que ocorre, em verdade, é a subordinação do CNE ao MEC, especialmente em matéria de avaliação e controle na educação superior, podendo-se deduzir que o Conselho nada mais é senão um órgão de assessoramento do Ministério.[276]

Em síntese, o histórico institucional do hoje chamado Conselho Nacional de Educação se deu na seguinte ordem:[277]

a) *Conselho Superior do Ensino*. Decreto nº 8.659/1911. Competências deliberativa, consultiva e fiscal (arts. 5º e 11);

b) *Conselho Superior do Ensino*. Decreto nº 11.530/1915. Competências consultiva e fiscal (art. 28);

c) *Conselho Nacional do Ensino*. Decreto nº 16.782-A/1925. Competências consultiva e fiscal (arts. 22-23);

---

[275] "A par das ações judiciais acima apontadas, vale mencionar ainda a existência de *mecanismos quase-judiciais* previstos na legislação brasileira. Dentre eles, destacam-se: [...] b. no âmbito específico da educação, o Conselho Nacional de Educação (e órgãos análogos instituídos no âmbito dos sistemas estaduais e municipais de ensino), com atribuições normativas, deliberativas e de assessoramento ao Ministro de Estado da Educação, de forma a assegurar a participação da sociedade no aperfeiçoamento da educação nacional" (PANNUNZIO, 2009, 72, grifo do autor).

[276] RANIERI, 2000, p. 162.

[277] No Apêndice I é possível ter acesso ao quadro histórico-institucional do hoje chamado CNE.

d) *Conselho Nacional de Educação.* Decretos n⁰ˢ 19.850/1931 e 19.851/1931. Competência consultiva (art. 1º do Decreto nº 19.850/1931 e arts. 7º, 9º, parágrafo único, 11, §1º, 12, parágrafo único, 13, parágrafo único e 111, parágrafo único do Decreto nº 19.851/1931);
e) *Conselho Nacional de Educação.* Lei nº 174/1936, extingue o Decreto nº 19.850/1931 e organiza o novo Conselho Nacional de Educação, cuja competência é de colaboração junto ao Poder Executivo em projetos de lei e em sua aplicação, além de ser consultivo (art. 1º);
f) *Conselho Federal de Educação.* Lei nº 4.024/1961. Competências consultiva e relativamente decisória (arts. 7º e 101);
g) *Conselho Nacional de Educação.* MPs n⁰ˢ 661, 711 e 765, de 1994. Competência consultiva (redação dada ao art. 9º da Lei nº 4.024/1961);
h) *Conselho Nacional de Educação.* MPs n⁰ˢ 830 e 891, de 1995. Competência consultiva (redação dada ao art. 7º, parágrafo único e art. 9º da Lei nº 4.024/1961);
i) *Conselho Nacional de Educação.* MPs n⁰ˢ 938 e 967, de 1995. Competências consultiva, normativa e de assessoramento ao Ministro de Estado da Educação e do Desporto (redação dada ao art. 9º da Lei nº 4.024/1961);
j) *Conselho Nacional de Educação.* MPs n⁰ˢ 992, 1.018, 1.041, 1.067, 1.126 e 1.159, de 1995. Competências normativa, deliberativa e de assessoramento ao Ministro de Estado da Educação e do Desporto, sendo assegurada a participação da sociedade no aperfeiçoamento da educação nacional (redação dada ao art. 7º da Lei nº 4.024/1961);
k) *Conselho Nacional de Educação.* Conversão da MP nº 1.159/1995, na Lei nº 9.131/1995. Competências normativa, deliberativa e de assessoramento ao Ministro de Estado da Educação e do Desporto, sendo mantida a participação da sociedade no aperfeiçoamento da educação nacional (redação dada ao art. 7º da Lei nº 4.024/1961).

Hoje vigora, no que diz respeito às atribuições e à forma de composição do Conselho Nacional de Educação, a forma predisposta e delineada pela Lei Federal nº 9.131/1995.

Para facilitar a compreensão da trajetória institucional do então CSE, hoje CNE, no Apêndice II é possível acessar sua *linha do tempo*. No Apêndice I há o *Quadro histórico-institucional completo* composto pelos seguintes itens: ato normativo; nome da instituição; função; atribuições; composição; e forma de escolha dos Conselheiros.

3.3 A questão da representação das entidades da sociedade civil na composição da Câmara de Educação Superior do CNE

A representação e a participação hoje podem ser consideradas mecanismos entrelaçados,[278] inclusive por força constitucional, artigo 1º, parágrafo único da CF/88, não vencendo a tese de que a participação substituiria a representação, mas sim que a reconfigura.[279]

Evidentemente a representatividade em espaços públicos vem se constituindo grande desafio, sob os aspectos assecuratório e funcional.[280] Em outras palavras, a representatividade em mecanismos participativos – especialmente quando há a participação da sociedade civil – se mostra desafiadora, tanto no sentido de ser assegurada plenamente a participação desses atores, quanto a funcionalidade que se espera do mecanismo.

A representação sempre vem acompanhada – seja em espaços participativos ou não – da discussão sobre o problema das facções, não é possível, então, eliminá-las.[281] A permanente preocupação está na super-representação ou sub-representação da sociedade civil ou de grupos de interesse em espaços tidos como participativos, como nos Conselhos Nacionais.

Atenuar ou buscar o fim almejado com tal participação está no ajuste a essas portas de entrada. Algo que passa pelo desenho jurídico-institucional – com arrimo nos atos normativos que prestam apoio e dão validade às ações empregadas.

Os conselhos são concebidos como espaços públicos, estatais e institucionais, legalmente estabelecidos, com participação popular, por meio de representação institucional e com presença marcante de representantes da sociedade civil eleitos em fórum próprio e pela sociedade. Em geral a composição apresenta-se de maneira paritária de membros do governo e da sociedade.

No caso do CNE, com a criação de duas Câmaras – Educação

---

[278] UGARTE, 2004, p. 95.
[279] LÜCHMANN, 2007, p. 167.
[280] DAGNINO, 2002, p. 292.
[281] LIMONGI, 2001, p. 252-254.

Básica e de Educação Superior –, no que diz respeito à CES, com doze membros, sua composição é de um membro nato (Secretário de Educação Superior), cabendo ao Presidente da República a nomeação dos demais conselheiros. Pelo menos a metade advém de indicações formuladas por entidades nacionais, públicas e particulares, que congreguem os reitores das universidades, diretores de instituições isoladas, os docentes, os estudantes e segmentos representativos da comunidade científica.[282]

As indicações realizadas por entidades e segmentos da sociedade civil devem recair sobre brasileiros de reputação ilibada, que tenham prestado serviços relevantes à educação, à ciência e à cultura; a escolha dos nomes pelo Presidente da República considera a representação de todas as regiões do País.

Assim, o conceito de sociedade civil como "o cidadão, os coletivos, os movimentos sociais institucionalizados ou não institucionalizados, suas redes e suas organizações",[283] na composição da CES do CNE na parte voltada à sociedade civil organizada não se encaixa em tal formato; este, um Conselho de elites especializadas na área. Todavia, mesmo assim, convém a adoção de pressupostos para não acarretar burla na ocupação das cadeiras por agentes comprometidos com pautas reservadas à determinados grupos de interesse e desvinculadas ao interesse educacional.

Ainda que atendidos tais pressupostos, é necessária a criação de um sistema que qualifique o conselheiro a reger suas ações por um Código de Ética e Posturas, possibilitando o acompanhamento de suas "ações [...] e de se revogar e destituir qualquer membro que não cumpra com suas funções durante seus mandatos, sejam eles pertencentes à sociedade civil ou ao poder estatal".[284] Afinal, a atividade dos conselheiros é "passível de fiscalização e avaliação".[285]

Assim, a organização mínima nas práticas cotidianas se mostra imprescindível,[286] bem como a ampla publicidade de suas ações, acrescentada por mecanismos que garantam a transparência.[287]

---

[282] Art. 8º, §§1º, 2º e 3º, da Lei Federal nº 4.024/1961.
[283] Art. 2º, inciso I, do Decreto Federal nº 8.243/2014, revogado pelo Decreto Federal nº 9.759/2019.
[284] GOHN, 2008b, p. 112.
[285] GOHN, 2008b, p. 112.
[286] LIMA, 2014, p. 335.
[287] CELSO TEIXEIRA, 2000, p. 94; GOHN, 2008b, p. 112.

Na prática, a Lei Federal nº 4.024/1961 estabelece tais critérios e existe tão somente o Decreto Federal nº 3.295/1999, que sinaliza com dados mínimos o processo de escolha dos membros. O procedimento é todo coordenado pelo Ministério da Educação, conforme o artigo 2º. O que se promove é a publicação de chamamento e posterior divulgação dos nomes indicados pelo Ministério da Educação.

3.4 O processo de escolha dos Conselheiros da Câmara de Educação Superior e a participação de grupos de interesse pós-1996

A CES é constituída por doze conselheiros, recaindo a escolha e a nomeação de pelo menos metade, obrigatoriamente, dentre os indicados em listas elaboradas, mediante consulta a entidades da sociedade civil relacionadas às áreas de atuação do colegiado. As indicações devem ser formuladas por entidades nacionais, públicas e particulares, que congreguem os reitores de universidades, diretores de instituições isoladas, os docentes, os estudantes e segmentos representativos da comunidade científica.

A indicação realizada por entidades e segmentos da sociedade civil deve incidir sobre brasileiros de reputação ilibada, que tenham prestado serviços relevantes à educação, à ciência e à cultura, conforme preceitua o artigo 8º da Lei Federal nº 4.024/1961, alterado pela Lei Federal nº 9.131/1995.

A função de Presidência do Conselho é atribuída a um de seus membros, eleito por seus pares, vedada a escolha do membro nato.[288]

Como igualmente visto, na escolha dos nomes que comporão a Câmara, o Presidente da República deve levar em conta a representação de todas as regiões do País.[289]

Diante das importantes atribuições conferidas à Câmara de Educação Superior, que, inclusive, até o ano de 2004 analisava e emitia pareceres sobre os resultados dos processos de avaliação da educação superior,[290] algo revogado pela Lei Federal nº 10.861/2004, é que se reforça a proposta de análise da forma de sua composição e a presença de grupos de interesse.

---

[288] Art. 7º, §3º, da Lei Federal nº 4.024/1961.
[289] Art. 8º, §5º, da Lei Federal nº 4.024/1961.
[290] Alínea 'a', §2º, do art. 9º da Lei Federal nº 4.024/1961.

A forma de escolha e composição do hoje chamado Conselho Nacional de Educação oscilou, e muito.

Em apertada síntese, teve inicialmente uma constituição pura de membros natos, incrementada pela indicação de docentes, cabia ao Presidente da República a escolha de seu Presidente, ou seja, havia uma interferência total do Chefe do Poder Executivo Federal na indicação de todos os componentes. Passou posteriormente a ter a indicação dos integrantes pelo Ministro de Estado da Educação e do Desporto, com a nomeação realizada pelo mesmo Chefe, acrescido de membros natos ligados ao Governo. A Presidência era ocupada pelo Ministro de Estado da Educação e do Desporto.

Em franca evolução, possibilitou-se a participação de entidades da sociedade civil relacionadas às áreas de atuação dos respectivos colegiados na feitura de lista a ser considerada na indicação dos membros pelo Presidente da República. A Presidência do Conselho era ocupada por membro eleito por seus pares, bem como de cada uma de suas duas Câmaras, preexistindo a figura de membros natos ligados ao Governo.

Por fim, foi reduzida a presença de membros natos, mantida a forma de ocupação dos dirigentes máximos, tanto da instituição quanto das Câmaras, a serem escolhidos por seus pares.

Inicialmente, o diploma que regeu o processo de escolha dos membros da CEB e da CES, que compõem o CNE, foi o Decreto Federal nº 1.716/1995, que regulamentava o disposto no artigo 8º da Lei Federal nº 4.024/1961. A escolha de, pelo menos, metade dos conselheiros que integrariam cada uma das Câmaras seria feita mediante consulta a entidades da sociedade civil, coordenada pelo Ministro da Educação e do Desporto. As entidades consultadas elaboravam lista tríplice a ser encaminhada ao Ministro, acompanhada do currículo dos indicados.

As indicações recairiam sobre brasileiros de reputação ilibada, que tivessem prestado serviços relevantes à educação, à ciência e à cultura. Podendo ser indicados nomes que não estivessem associados ou fossem titulares de instituições associadas às entidades consultadas (art. 2º).

Importa destacar que ao Ministério da Educação e do Desporto caberia a divulgação da relação das entidades que seriam consultadas para cada uma das Câmaras, bem como os prazos para o processo de elaboração das listas (art. 5º). Uma vez realizadas as indicações, o Ministro da Educação e do Desporto preparava lista única, a ser novamente submetida às entidades previamente consultadas para escolherem três nomes dela constantes (art. 3º). A escolha e a nomeação dos conselheiros das Câmaras ficavam a cargo do Presidente da República (art. 4º).

O Decreto Federal nº 1.716/1995 foi revogado pelo Decreto Federal nº 3.295/1999, o diploma em vigor que rege a forma de escolha dos membros. Tal norma limita-se a afirmar que a escolha de, pelo menos, a metade dos conselheiros que integrarão cada uma das Câmaras será feita mediante consulta a entidades da sociedade civil, coordenada pelo Ministério da Educação. Cabe às entidades consultadas a elaboração de lista tríplice a ser encaminhada ao Ministério da Educação, junto ao *curriculum vitae* dos indicados (art. 2º, §1º), mantendo-se a possibilidade de a indicação recair em nomes que não sejam de associados ou de titulares de instituições associadas às entidades consultadas (art. 2º, §3º).

Ao Ministério da Educação cabe a divulgação da relação das entidades consultadas para cada uma das Câmaras, bem como do prazo para o processo de elaboração das listas a que se refere o Decreto (art. 4º), igualmente responsável pela preparação de lista única para cada uma das Câmaras, submetendo-a ao Presidente da República que escolherá e nomeará os Conselheiros (art. 3º).

Na prática, o Ministério da Educação publica Portarias conferindo prazo para que as entidades interessadas na participação do processo de escolha dos Conselheiros se habilitem, ao passo em que dá publicidade aos credenciados para tanto. Uma vez publicada Portaria arrolando as entidades habilitadas, inicia-se o curso para a edição de lista única pelo Ministro da Educação.

Na alteração da indicação dos nomes que comporão as Câmaras do Conselho Nacional de Educação, promovida pelo novo diploma, verifica-se a supressão da possibilidade de nova submissão às entidades consultadas da lista para a indicação de três nomes, então prevista no artigo 3º do Decreto Federal nº 1.716/1995.

Nota-se opacidade na tramitação de tal procedimento, não havendo rito próprio e transparência necessária ao processo. Afinal, patente é a importância deste Conselho na estrutura educacional brasileira, que preza em sua composição pela participação da sociedade civil no aperfeiçoamento da educação nacional.[291]

---

[291] "A forma democrática de vida, disse Anísio Teixeira, "[...] funda-se no pressuposto de que ninguém é tão desprovido de inteligência que não tenha contribuição a fazer às instituições e à sociedade a que pertence [...]" (Teixeira, 1968). Tal crença, prossegue, equivale a uma hipótese político-social que, para se confirmar, exige da sociedade que ofereça, a todos os indivíduos, acesso aos meios de desenvolver suas capacidades, a fim de habilitá-los à maior participação possível nos atos e instituições em que transcorra sua vida, participação que é essencial à sua dignidade de ser humano (Teixeira, 1969, p. 14)" (RANIERI, 2009, p. 41).

Em levantamento realizado junto ao Ministério da Educação apurou-se que o rito estabelecido para a composição da lista a ser considerada pelo Presidente da República na escolha e nomeação dos Conselheiros indicados por entidades é, sobretudo, nebuloso. Há falta de transparência na escolha das entidades tidas como aptas a realizar a indicação, sendo tão somente publicada Portaria com a indicação das habilitadas e, após as referidas indicações, outra lista é publicada com os nomes de maneira compilada.

A título ilustrativo, para que se compreenda o processo de escolha dos membros da CES na vigência do Decreto Federal nº 1.716/1995 foi adotada prática temporária por parte do Ministério da Educação: a de editar, após o processo de indicação dos nomes por parte das entidades habilitadas, portarias com a menção por entidade e os nomes por elas indicados.

A título exemplificativo, a Portaria nº 2.160/1997, do Ministério da Educação e do Desporto, deu publicidade das entidades aptas a elaborarem as listas tríplices a serem consideradas na recomposição das Câmaras que integram o Conselho Nacional de Educação[292].

No início do ano de 1998, a relação das entidades com os nomes por elas indicados, com vistas à recomposição das Câmaras que integram o Conselho Nacional de Educação foi publicada por meio da Portaria nº 3, de 7 de janeiro. Eis que se nota, no caso das indicações para a Câmara de Educação Superior, repetição de nomes indicados pelas entidades habilitadas para tanto.[293]

---

[292] Para a Câmara de Educação Superior, foram consideradas as seguintes: 01-Academia Brasileira de Ciências; 02-Academia Brasileira de Educação; 03-ABRUC; 04- ABRUEM; 05-ANPED; 06-ANUP; 07-ANDIFES; 08-CUT; 09-CGT; 10-CNA; 11-CNC; 12-CNI; 13-CNT; 14-CRUB; 15-CONSED; 16-Força Sindical; 17-ANDES; 18-SBPC; 19-UNE (Portaria nº 2.160/1997).

[293] Academia Brasileira de Ciências: Jorge Almeida Guimarães; Nelson Maculan Filho; Walter Colli. Academia Brasileira de Educação: Arnaldo Niskier; Carlos Alberto Serpa de Oliveira; Yugo Okida. ABRUC: Antônio Carlos Caruso Ronca; Clélia Brandão Alvarenga Craveiro; Walter Frantz. ABRUEM: Antônio Elísio Pazeto; Carlos Alberto Serpa de Oliveira; Jonathas de Barros Nunes. ANPED: Luiz Antônio Cunha; Myriam Krasilchik; Silke Weber. ANUP: Arnaldo Niskier; Carlos Alberto Serpa de Oliveira; Yugo Okida. ANDIFES: Jáder Nunes de Oliveira; Odilon Antônio Marcuzzo do Canto; Roberto Cláudio Frota Bezerra. CUT: Antônio Carlos Caruso Ronca. CGT: Arthur Roquete de Macedo; Carlos Alberto Serpa de Oliveira; Yugo Okida. CNA: Aino Victor Ávila Jacques; Aparecido Domingos Herrerias Lopes; Yugo Okida. CNC: Arnaldo Niskier; Carlos Alberto Serpa de Oliveira; Yugo Okida. CNI: Alexandre Figueira Rodrigues; Arnaldo Niskier; Yugo Okida. CNT: Aristides França Neto; Lucimar Silva Lopes Coutinho; Yugo Okida. CONSED: Antônio Ibañez Ruiz; João de Jesus Paes Loureiro; Silke Weber. CRUB: Antônio Carlos Caruso Ronca; Carlos Alberto Serpa de Oliveira; Yugo Okida. Força Sindical: Arnaldo Niskier; Carlos Alberto Serpa de Oliveira; Yugo Okida. Sociedade Brasileira para o Progresso da Ciência: Glaura Miranda; Silke Weber; Vanessa Guimarães. UNE: Arthur Roquete de Macedo; Horácio de Macedo; Wrana Maria Panizzi (Portaria nº 3/1998).

A Portaria nº 136/1998 compilou as informações do processo de seleção em curso e arrematou as indicações realizadas para a Câmara de Educação Superior, trazendo mais uma vez a relação das entidades selecionadas para a indicação e as suas referidas escolhas.[294]

A título ilustrativo, apresenta-se ranking por número de indicações das entidades considerando a Portaria nº 136/1998:

TABELA 1

RANKING POR QUANTIDADE DE INDICAÇÕES CONSIDERANDO A PORTARIA Nº 136/1998.

	Nome do indicado	Nº de indicações	Entidades
1º	Yugo Okida	9	ABE; ANUP; CGT; CNA; CNC; CNI; CNT; CRUB; Força Sindical
2º	Carlos Alberto Serpa de Oliveira	7	ABE; ABRUEM; ANUP; CGT; CNC; CRUB; Força Sindical
3º	Arnaldo Niskier	4	ABE; ANUP; CNC; Força Sindical
4º	Silke Weber	3	ANPED; CONSED; SBPC
4º	Antônio Carlos Caruso Ronca		ABRUC; CUT; CRUB
5º	Arthur Roquete de Macedo	2	CGT; UNE
6º	Antônio Elísio Pazeto	1	ABRUEM
6º	Clélia Brandão Alvarenga Craveiro		ABRUC
6º	Luiz Antônio Cunha		ANPED
6º	Odilon Antônio Marcuzzo do Canto		ANDIFES
6º	Roberto Cláudio Frota Bezerra		ANDIFES

---

[294] INDICAÇÕES PARA A CÂMARA DE EDUCAÇÃO SUPERIOR: Walter Colli; Arnaldo Niskier; Carlos Alberto Serpa de Oliveira; Yugo Okida; Antônio Carlos Caruso Ronca; Clélia Brandão Alvarenga Craveiro; Antônio Elísio Pazeto; Luiz Antônio Cunha; Silke Weber; Odilon Antônio Marcuzzo do Canto; Roberto Cláudio Frota Bezerra; Arthur Roquete de Macedo; Carlos Alberto Serpa de Oliveira; Yugo Okida. CNA: Aino Victor Ávila Jacques; Aparecido Domingos Herrerias Lopes; Yugo Okida. CNC: Arnaldo Niskier; Carlos Alberto Serpa de Oliveira; Yugo Okida. CNI: Alexandre Figueira Rodrigues; Arnaldo Niskier; Yugo Okida. CNT: Aristides França Neto; Lucimar Silva Lopes Coutinho; Yugo Okida. CONSED: Antônio Ibanêz Ruiz; João de Jesus Paes Lourenço; Silke Weber. CRUB: Antônio Carlos Caruso Ronca; Carlos Alberto Serpa de Oliveira; Yugo Okida. FORÇA SINDICAL: Arnaldo Niskier; Carlos Alberto Serpa de Oliveira; Yugo Okida. SOCIEDADE BRASILEIRA PARA O PROGRESSO DA CIÊNCIA: Glaura Miranda; Silke Weber; Vanessa Guimarães. UNE: Arthur Roquete de Macedo; Horácio de Macedo; Wrana Maria Panizzi (Portaria nº 136/1998).

A lista final revela a manutenção dos nomes que haviam sido proporcionalmente mais indicados, a exemplo de Yugo Okida, Carlos Alberto Serpa de Oliveira e Silke Weber.

Tal conteúdo demonstra que a arregimentação de forças contribui para eventual sucesso durante o processo de escolha.

A nomeação ou recondução dos Conselheiros da Câmara de Educação Superior foi vaticinada por meio do Decreto sem número de 10 de março de 1998 e ressaltou a força dos nomes que haviam se repetido no processo de escolha dos Conselheiros, conforme a nomeação. À época foi nomeado Arthur Roquete de Macedo e reconduzidos para a CES: Carlos Alberto Serpa de Oliveira e Yugo Okida.[295]

Com o advento do Decreto Federal nº 3.295/1999 a praxe adotada passou a ser menos transparente.

Durante a vigência do Decreto Federal nº 1.716/1995 foi adotada pelo Ministério da Educação a praxe de editar, após o processo de indicação dos nomes por parte das entidades habilitadas, portarias com a menção por entidade e os nomes por elas indicados. Com a revogação desta norma pelo Decreto Federal nº 3.295/1999 houve supressão desta etapa que prezava pela publicação do rol de entidades e suas respectivas indicações.

Exemplificadamente, no ano de 2014 foi editada a Portaria nº 323/2014, que divulgou "a relação das entidades que indicarão os nomes a serem considerados para a recomposição da Câmara de Educação Básica e da Câmara de Educação Superior que integram o Conselho Nacional de Educação" (art. 1º). Devem as mesmas "protocolizar no Gabinete do Ministro da Educação, até o dia 25 de abril de 2014, a lista tríplice de que trata o §1º do art. 2º do Decreto nº 3.295 de 15 de dezembro de 1999" (art. 2º).[296]

---

[295] O PRESIDENTE DA REPÚBLICA, no uso da atribuição que lhe confere o art. 84, inciso VI, da Constituição, e tendo em vista o disposto no art. 8º, §§1º e 6º, da Lei nº 4.024, de 20 de dezembro de 1961, com a redação dada pela Lei nº 9.131, de 24 de novembro de 1995, resolve:
RECONDUZIR os seguintes membros às Câmaras do Conselho Nacional de Educação, com mandato de quatro anos: [...] II - CÂMARA DE EDUCAÇÃO SUPERIOR: a) Carlos Alberto Serpa de Oliveira; b) Silke Weber; c) Yugo Okida. [...] NOMEAR os seguintes membros para compor as Câmaras do Conselho Nacional de Educação, com mandato de quatro anos: [...] II - CÂMARA DE EDUCAÇÃO SUPERIOR: a) Arthur Roquete de Macedo; b) Roberto Cláudio Frota Bezerra.
FERNANDO HENRIQUE CARDOSO
Paulo Renato Souza

[296] 1-Academia Brasileira de Ciências; 2-Academia Brasileira de Educação; 3-ABL; 4-Academia Nacional de Medicina; 5-ABAVE; 6-ABED; 7-ABEA; 8-Associação Brasileira

Em meados de maio foi publicada a Portaria nº 460/2014, que aprovou, nos termos da Portaria nº 323/2014: "as relações dos nomes a serem considerados para a escolha e a nomeação dos membros da Câmara de Educação Básica e da Câmara de Educação Superior, do Conselho Nacional de Educação". No caso da CES, foram listados no Apêndice II.[297]

O formato adotado revela a impossibilidade de verificação de indicação realizada por entidade, dificultando a verificação de eventuais ligações institucionais entre as entidades habilitadas e suas respectivas nomeações. Do processo mencionado, o Decreto sem número de 10 de setembro de 2014, no tocante ao CES, nomeou os seguintes membros:

> A PRESIDENTA DA REPÚBLICA, no uso da atribuição que lhe confere o art. 84, *caput*, inciso XXV, da Constituição, e tendo em vista o disposto no art. 8º, §§1º e 6º, da Lei nº 4.024, de 20 de dezembro de 1961, resolve
> RECONDUZIR
> os seguintes membros para compor as Câmaras do Conselho Nacional de Educação, com mandato de quatro anos: [...]
> II - Câmara de Educação Superior:
> ARTHUR ROQUETE DE MACEDO; e
> GILBERTO GONÇALVES GARCIA; e
> DESIGNAR
> os seguintes membros para compor as Câmaras do Conselho Nacional de Educação, com mandato de quatro anos: [...]

---

de Ensino de Biologia; 9-ABEDi; 10-ABENGE; 11-ABRUC; 12-AGB; 13-ANPEC; 14 ANDIFES; 15-Associação Nacional de História; 16-ANPAE; 17-ANPED; 18-ANPOF; 19-ANPOCS; 20-ANPG; 21-ANGRAD; 22-ANFOPE; 23-CNTE; 24-CONSED; 25-CONIF; 26-Fórum das Entidades Representativas do Ensino Superior Particular; 27-Fórum Nacional dos Conselhos Estaduais de Educação; 28-SBF; 29-SBM; 30-SBP; 31-SBQ; 32-SBPC; 33-UBES; 34-UNDIME; 35-UNE; 36-União Nacional dos Conselhos Municipais de Educação (Portaria nº 323/2014).

[297] Abilio Baeta Neves; Adalberto Fazzio; Alvaro Toubes Prata; André Guilherme Lemos Jorge; Angela de Castro Gomes; Antonio Cabral Neto; Antonio Carlos Caruso Ronca; Antônio de Araújo Freitas Junior
Arthur Roquete de Macedo; Aurina Oliveira Santana Leite; Carlos Alberto Serpa de Oliveira; Carlos Roberto Jamil Cury; Cicinato Mendes da Silva; Clarilza Prado de Sousa; Dalila de Andrade Oliveira; Dora Fix Ventura; Éfrem de Aguiar Maranhão; Evaldo Vilela; Francisco César de Sá Barreto; Gilberto Gonçalves Garcia; Ilmar Rohloff de Mattos; Iria Brzezinski; Jailson Bittencourt de Andrade; João Cláudio Todorov; Joaquim José Soares Neto; Luiz Bevilacqua; Luiz Edmundo Vargas de Aguiar; Maria Ângela Guimarães Feitosa; Maria Cecília Amêndoa Mota; Márcia Angela da Silva Aguiar; Mário Cézar Barreto Moraes; Mario Luiz de Azevedo Neto; Mário Luiz Neves de Azevedo; Marcelo Knobel; Maurício Fernandes Pereira; Nival Nunes de Almeida; Paulo Afonso Burmann; Paulo César Pereira; Paulo Monteiro Vieira Braga Barone; Raulino Tramontin; Robert Verhine; Roberto Cláudio Frota Bezerra; Ronaldo Mota; Sérgio Pedini; Valdemar Sguissardi; Yugo Okida (Portaria nº 460/2014).

II - Câmara de Educação Superior:
PAULO MONTEIRO VIEIRA BRAGA BARONE;
JOAQUIM JOSÉ SOARES NETO;
MÁRCIA ÂNGELA DA SILVA AGUIAR; e
YUGO OKIDA.

DILMA ROUSSEFF
José Henrique Paim Fernandes

A história da instituição demonstra a frequente ocupação por grupos de interesse na composição do Conselho Nacional de Educação, privilegiando segmentos próprios, tendo sido extinto outrora por denúncias de corrupção.

Nunes, Barroso e Fernandes, ao abordarem a transformação do Conselho Federal de Educação em Conselho Nacional de Educação, apontam tal ocorrência:

> Em outubro de 1994, o Conselho Federal de Educação foi transformado em Conselho Nacional de Educação. O motivo aparente foi uma denúncia de corrupção que teria sido feita ao Ministro Murílio Híngel. Os conselheiros, em reunião, decidiram por unanimidade pedir que fosse aberta sindicância para apurar tais denúncias. O ministro decidiu não responder ao pedido dos Conselheiros, e extinguiu o CFE sem apuração detalhada do caso.[298]

No curso da vida do Conselho Nacional de Educação foi detectada a criação de verdadeiro "sistema de representação corporativa" em detrimento de um sistema que deveria prezar pela "adequação da educação às necessidades da população em geral". Como destacado pela então Ministra de Estado da Educação e do Desporto Interina, Gilda Figueiredo Portugal Gouvêa, em 1995.[299]

Azanha aborda o rápido crescimento do ensino superior a partir de 1970 –, pois revelou-se como um lucrativo empreendimento comercial. Destaca, também, a excessiva concentração de competências conferidas ao Conselho é perigosa. Acentuando dado relevante:

---

[298] NUNES; BARROSO; FERNANDES, 2011, p. 4.
[299] Exposição de motivos da Medida Provisória nº 938/1995, p. 1.837.

O Conselho Federal de Educação, no centro das decisões sobre a criação de novos cursos e universidades, foi transformado em "balcão de negócios". A expressão é forte e talvez apócrifa. Além disso, não seria justa na sua abrangência. No Conselho dissolvido havia muitos homens probos, com reputação moral e profissional indiscutível. Mas a dura realidade é que, há anos, assiste-se à deterioração de uma instituição que deveria ser insuspeita na defesa dos altos interesses da educação brasileira. Essa deterioração deve-se, em grande parte, à insistência dessa instituição em reter como suas atribuições que há muito poderiam ter sido descentralizadas. Nem se alegue que a descentralização esbarra em impedimentos legais. Simples procedimentos administrativos poderiam ter ensejado que a autorização de novos cursos e universidades refletisse uma articulada colaboração entre Conselhos Federais e Estaduais de Educação.[300]

Os escândalos envolvendo o Conselho estão relacionados à concentração de competências que passou a deter no curso da história, além de normatizar e aplicar as suas próprias normas – especialmente no segmento de credenciamento e recredenciamento de instituições de ensino superior. E "de todo esse episódio a lição principal que ele contém: o poder de editar normas nacionais e a competência para sua aplicação caso a caso não convivem bem".[301]

No bojo da evolução de um Conselho Nacional da área de Educação verificaram-se profundas transformações na forma de composição e de escolha de seus membros. Resta hoje assegurada a participação de várias entidades ligadas aos setores público e privado relacionadas à educação básica e ao ensino superior no país. Todavia, mesmo com tal previsão, não há como afiançar que a direção do processo de escolha, e ela própria, bem como a conduta decisória dos nomeados, aconteça estritamente sob a égide do interesse público. Haja vista a opacidade no curso do processo de seleção de seus Conselheiros.

---

[300] AZANHA, 1995, p. 217-218.
[301] AZANHA, 1995, p. 219.

CAPÍTULO 4

A FORMA DE ESCOLHA DOS CONSELHEIROS DA CÂMARA DE EDUCAÇÃO SUPERIOR DO CNE: UMA LEITURA CRÍTICA

> *Deitou-se remendo de pano novo em vestido velho, vinho novo em odres velhos, sem que o vestido se rompesse nem o odre rebentasse. O fermento contido, a rasgadura evitada gerou uma civilização marcada pela veleidade, a fada que presidiu ao nascimento de certa personagem de Machado de Assis, claridade opaca, luz coada por um vidro fosco, figura vaga e transparente, trajada de névoas, toucada de reflexos, sem contornos, sombra que ambula entre as sombras, ser e não ser, ir e não ir, a indefinição das formas e da vontade criadora. Cobrindo-a, sobre o esqueleto de ar, a túnica rígida do passado inexaurível, pesado, sufocante.*[302]

A presente obra realizou estudo de caso que demonstra a forma de escolha dos conselheiros da CES, marcada por procedimento pouco transparente. Como exemplo a permanência longa de membros que não possuem qualificação exigida pela norma que rege o processo de escolha e considerada, inclusive, uma "ação entre amigos". A demonstração está nos quadros e na leitura crítica a seguir.

---

[302] FAORO, 2001, p. 837-838, grifo nosso.

Vale rememorar que a forma de escolha e a representação no CNE com foco no CES deveria, a rigor, ser fiel na indicação de brasileiros de reputação ilibada, que prestaram serviços relevantes à educação, à ciência e à cultura. A escolha final cabe ao Presidente da República, com representação de todas as regiões do país.

4.1 Questões de método para a realização do estudo de caso

O método utilizado na elaboração da presente obra observou o seu tema: a *participação*; seu objeto: *desenho jurídico-institucional*; e especialmente o seu campo de verificação – *Conselho Nacional de Educação*. Em especial, *a forma de escolha dos conselheiros nomeados para a Câmara de Educação Superior*.

Assim, observou-se o início do efetivo funcionamento da Câmara de Educação Superior do CNE, a partir de 1996. A criação da Câmara foi promovida por alterações da Lei Federal nº 9.131/1995 na antiga LDB, Lei Federal nº 4.024/1961.

O marco temporal final foi o ano de 2015, o mais próximo a ser avaliado considerando o período de elaboração da presente obra.

A edição de quadro histórico-institucional do hoje denominado Conselho Nacional de Educação, Apêndice I, considerou rigorosamente a legislação relacionada ao Conselho. De modo a, tanto quanto possível, precisar a sua evolução.

Os elementos que compõem o quadro são, respectivamente: a) ato normativo de criação; b) nome da instituição; c) função; d) atribuições; e) composição; f) forma de escolha dos Conselheiros.

O Apêndice II é a síntese do desenvolvimento do CNE, denominada Linha do Tempo, extraída essencialmente do Apêndice I.

A utilização da Revista Documenta como repositório da composição do Conselho, Anexo I, levou em conta o período da redemocratização brasileira em janeiro de 1988, cuja edição é de nº 325, até a sua última versão impressa em dezembro de 2005, de nº 530.

A Revista Documenta, publicação mensal do Conselho Nacional de Educação impressa de 1962 a 2005, trazia em seu bojo, na contracapa, a composição do Conselho, além de divulgar pareceres, indicações, resoluções e portarias, bem como a Legislação Federal sobre a área.

O Anexo I serve como fonte de refinamento para a análise em rede realizada na qual se pretendeu verificar conexões institucionais passadas entre os Conselheiros junto ao Conselho antes mesmo da criação da CES.

Vale destacar que houve dificuldade na compilação do material aqui apresentado. Mesmo o site do Ministério da Educação não dispõe de informações relacionadas à sua institucionalização, seja a divulgação das normas relacionadas ao Conselho, seja a composição histórica de seus membros.

A obtenção da composição da Câmara de Educação Superior do CNE no período de 1996 a 2015 e informações sobre o processo de escolha dos membros nomeados somente foi possível por força do protocolo de pedidos de acesso à informação pública junto ao Governo Federal.[303]

No dia 13 de outubro de 2015 servidora do MEC informou que inexistem documentos relacionados aos atos convocatórios e editais que explicitem o processo de escolha dos membros nomeados para a Câmara de Educação Superior.

---

[303] "Pedido de acesso à informação pública. Ministério da Educação, número: 23480013637201509, data da resposta: 05 de outubro de 2015 – atualizada a tabela pelo MEC em 21/9/2015. Conteúdo do pedido: Venho por meio deste [...] solicitar a composição, ou seja, os nomes dos membros que compuseram o hoje chamado Conselho Nacional de Educação, de 1988 até 2015. [...] gostaria que tal informação fosse disponibilizada com a indicação do ato publicado no Diário Oficial que deu publicidade às referidas nomeações. Resposta fornecida pelo MEC: [...] encaminhamos a planilha com a relação dos conselheiros que compuseram o Conselho Federal de Educação (CFE), nos termos da Lei nº 4.024/1961. Em 1996, foi instalado o Conselho Nacional de Educação (CNE), sob a égide das alterações trazidas pela Lei nº 9.131/1995. [...] encaminhamos, também, a lista dos conselheiros que compuseram e dos que compõem o CNE, a partir de 1996.
Obs.: A reprodução da tabela considerou tão somente informações concernentes ao nome do Conselheiro, o estágio de seu mandato, sua condição, cidade, região, data da posse, início e fim do mandato".
"Pedido de acesso à informação pública. Ministério da Educação, número: 23480013956201514, data da resposta: 13 de outubro de 2015.
Conteúdo do pedido: Após inúmeras tentativas de acesso à legislação do Ministério da Educação sem sucesso (página indisponível). Venho por meio deste [...] requerer os atos normativos que regeram a forma de escolha dos Conselheiros do CNE de 1988 até o presente ano, tanto dos atos convocatórios, a exemplo das Portarias que divulgaram as entidades a serem consultadas para a composição da lista tríplice, a publicação do resultado de tal escolha (com a nomeação do Presidente da República), bem como os atos que regeram o referido processo de escolha.
Resposta fornecida pelo MEC: [...] esclarecemos que o Conselho Nacional de Educação foi instalado a partir de 1996, sob a égide das alterações trazidas pela Lei nº 9.131/1995, à Lei nº 4.024/1961. Somado a isso, tem-se o Decreto nº 1.716/1995, revogado pelo Decreto nº 3.295/1999, que dispõe sobre os procedimentos para escolha e nomeação de membros das Câmaras que compõem o Conselho Nacional de Educação. *Em se tratando dos conselheiros que compuseram e que compõem o CNE desde 1996, encaminhamos, em anexo, as portarias e decretos relativos ao período. Quanto aos conselheiros nomeados à época do Conselho Federal de Educação (período anterior à Lei nº 9.131, de 1995), não dispomos dos documentos solicitados*" (grifo nosso).

No dia 2 maio de 2017 foram reiteradas as informações pelo Ministério da Educação por meio de novo protocolo de pedido de acesso à informação pública de nº 23480008700201749.

Assim, a composição obtida através do pedido de acesso à informação pública está reproduzida no Apêndice III e se refere ao período de 1996 a 2015; isto tornou possível a realização de análise da vinculação institucional dos membros nomeados.

O Apêndice IV apresenta a vinculação institucional dos Conselheiros nomeados para a CES do CNE, informação esta extraída do Apêndice III e cruzada com informações obtidas junto ao *Curriculum LATTES* da plataforma digital do CNPq ou, quando inexistente, em pesquisa realizada na internet. A preexistência de um *Curriculum LATTES* funciona como condição *sine qua non* na figura de um acadêmico, capturando essencialmente sua trajetória neste segmento.

O *Curriculum LATTES* é hoje um padrão nacional de registro das atividades de estudantes e pesquisadores brasileiros, informado exclusivamente pelo autor.

A elaboração da coluna "ligação com instituição de ensino", no Apêndice IV, considerou a então vinculação institucional do Conselheiro no momento da nomeação. Afinal, a escolha recai em "brasileiros de reputação ilibada, que tenham prestado serviços relevantes à educação, à ciência e à cultura", artigo 8º da Lei Federal nº 4.024/1961. Em outras palavras, que tenham conhecimento relevante na área de atuação.

Já a coluna "vinculação institucional por categoria administrativa", contida no mesmo apêndice, respeitou a vinculação institucional por categoria administrativa da LDB, Lei Federal nº 9.394/1996.

Observou-se a classificação existente no artigo 19 da LDB, a saber: em *públicas*, assim entendidas as criadas ou incorporadas, mantidas e administradas pelo Poder Público. E as *privadas*, assim entendidas as mantidas e administradas por pessoas físicas ou jurídicas de direito privado.

Entre as qualificadas como privadas, existem as particulares em sentido estrito, que visam ao lucro; as comunitárias, sem fins lucrativos, que incluem na sua entidade mantenedora representantes da comunidade; as confessionais, também sem fins lucrativos, que atendem à orientação confessional e à ideologia específicas e as filantrópicas. A vinculação considerará tal tipologia definida pelo artigo 19 da LDB.

Diante da impossibilidade de classificação nas categorias indicadas pela LDB, quando a vinculação institucional tem natureza de associação, foi esta a considerada.

4.2 Estudo de caso: uma leitura crítica

Assim, considerando o marco temporal normativo que criou a CES, promovida por alterações da Lei Federal nº 9.131/1995 na antiga LDB, Lei Federal nº 4.024/1961, apresenta-se conteúdo analítico sobre a composição realizada no CNE da Câmara de Educação Superior pós-1996.

Analisa-se o processo concreto de escolha dos seus membros da fração atribuída à sociedade civil organizada, no caso do CNE, a Câmara Superior. Com a verificação dos nomes indicados e suas vinculações institucionais para além do Ministério da Educação.

Como se pôde notar, o processo de escolha dos Conselheiros da CES sofreu, com a revogação do Decreto Federal nº 1.716/1995, pelo Decreto Federal nº 3.295/1999, alterações substanciais quanto à já escassa transparência do procedimento. Todavia, é possível, considerando os membros nomeados no período de 1996 a 2015, extrair, analisando os levantamentos disponíveis nos Anexo I e Apêndices III e IV desta obra:

a) vínculo institucional entre os membros nomeados no período de 1996 a 2015:

Considerado o total de 47 membros nomeados e a respectiva vinculação institucional por categoria administrativa (LDB)[304] – privada; pública; pública e privada; privada confessional; pública, privada e privada confessional; somadas às associações que não entram nesta categoria – é possível indicar graficamente:

FIGURA 4 – Gráfico do *vínculo* institucional entre os membros nomeados para a CES de 1996 a 2015

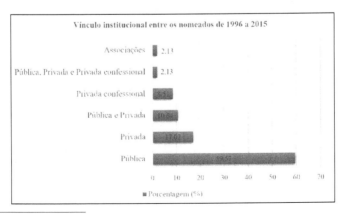

---

[304] Lei Federal nº 9.394/1996, nos artigos 19 e 20.

O gráfico mostra que, em 19 anos de existência da CES, o maior vínculo institucional dos Conselheiros nomeados é com a rede pública de ensino: 59,57%. De outro lado, em porcentagem consolidada, as demais categorias chegam a 40,43%.

b) *porcentagem de representação por divisão regional entre os membros nomeados no período de 1996 a 2015:*

FIGURA 5 – Gráfico da representação regional dos membros nomeados para a CES de 1996 a 2015

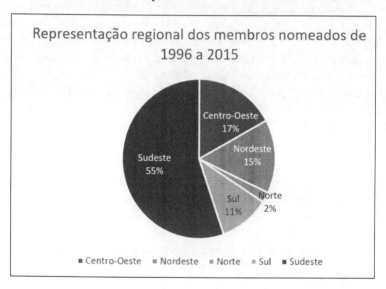

Embora no momento da nomeação realizada pelo Chefe do Poder Executivo Federal levaria-se em conta a representação de todas as regiões do País, fato é que no período de 1996 a 2015 mais de *50% dos nomeados foram da região Sudeste. A região Norte teve a menor representatividade*, contando com 2%.

c) os dois Conselheiros mais antigos e ativos na função desde o período da redemocratização:

FIGURA 6 – Os dois Conselheiros nomeados mais antigos e ativos da CES de 1988 a 2017

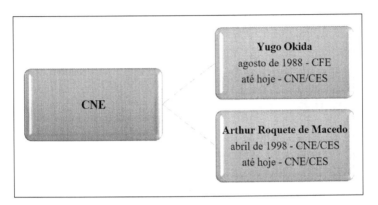

Os dois Conselheiros nomeados mais antigos e ativos na CES desde o período da redemocratização até o ano de 2017 são, respectivamente: Yugo Okida e Arthur Roquete de Macedo. O primeiro entrou no Conselho em agosto de 1988; o segundo em abril de 1998.

d) *vínculo institucional entre os dois membros indicados mais antigos e ativos:*

FIGURA 7 – Gráfico do *vínculo* institucional entre os dois membros indicados mais antigos e ativos

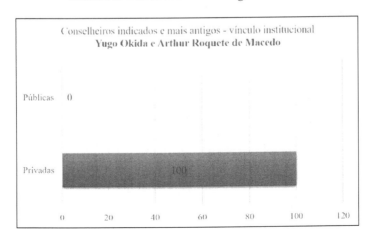

Ainda em relação à Figura 6, destaque-se que a vinculação institucional dos Conselheiros nomeados mais antigos e ativos na CES é com a rede privada de ensino. Na contramão inclusive do vínculo institucional majoritário no mesmo período, que é de na rede pública, conforme a Figura 3.

Chama a atenção o fato de que, mesmo após a participação da sociedade civil[305] no Conselho, nota-se certo grau de reincidência na participação de atores depois da criação de tal sistema, que, em tese, deveria contemplar uma participação qualificada de modo a contribuir com o aperfeiçoamento da educação nacional. Isto é observável no gráfico elaborado considerando informações disponíveis nos Anexo I e Apêndice IV:

FIGURA 8 – Gráfico da porcentagem de membros nomeados pós-1995 ao CES, com participação anterior no Conselho

---

[305] Por advento das alterações promovidas pela Lei Federal nº 9.131/1995 à Lei Federal nº 4.024/1961, em que se firmou na escolha e nomeação dos conselheiros nomeados pelo Presidente da República – pelo menos a metade – se dá considerando lista editada com auxílio de entidades da sociedade civil, no caso da CES, "a consulta envolverá, necessariamente, indicações formuladas por entidades nacionais, públicas e particulares, que congreguem os reitores das universidades, diretores de instituições isoladas, os docentes, os estudantes e segmentos representativos da comunidade científica" (art. 8º, §§1º, 2º e 3º, da Lei Federal nº 4.024/1961).
A indicação feita por entidades e segmentos da sociedade civil deve recair sobre brasileiros de reputação ilibada, que tenham prestado serviços relevantes à educação, à ciência e à cultura, e que a escolha dos nomes que comporão as Câmaras, pelo Presidente da República levasse em conta a representação de todas as regiões do País e as diversas modalidades de ensino, de acordo com a especificidade de cada colegiado (art. 8º, §§4º e 5º, da Lei Federal nº 4.024/1961).

Assim, mesmo com as alterações realizadas pela Lei Federal nº 9.131/1995 à Lei Federal nº 4.024/1961 – que vinculou a participação de entidades da sociedade civil ao processo de escolha dos membros a serem nomeados à CES –, há reincidência de participação de conselheiros.

Considerando os 47 conselheiros nomeados *no período de 1995 a 2015*, em números exatos a *porcentagem de reincidência é de 4,25%*. Yugo Okida está no Conselho desde agosto de 1988 e Arnaldo Niskier esteve ligado ao Conselho desde janeiro de 1988.

Noutro passo, verifica-se com a criação de Câmaras especiais, como é o caso do CES, a existência de permanência longa por parte de alguns conselheiros neste espaço:

FIGURA 9 – Gráfico da prmanência dos membros nomeados ao CES de 1995 a 2015

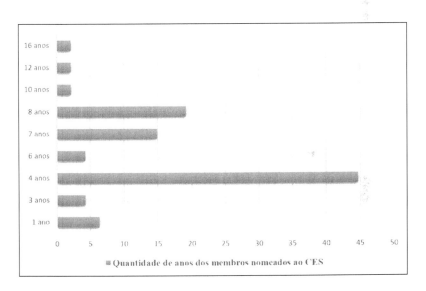

Em números gerais observa-se que há *permanência longa de conselheiros, seja por 16, 12 ou 10 anos*. Quase *45%* no período avaliado, de *1995 a 2015*, ficaram por *4 anos*.

A Figura 5 apresenta os dois Conselheiros nomeados mais antigos e ativos do CES, de 1988 a 2017, nota-se que ambos, como visto na Figura 6, mantêm vínculo institucional com entidades de ensino privado.

No tocante ao conselheiro Yugo Okida, conforme Apêndice IV, seu vínculo institucional vigente do ano de 1988 até o presente momento é com a Universidade Paulista (UNIP), onde trabalhou como

Vice-presidente, Vice-reitor e Diretor. As produções bibliográficas totalizam três.[306]

Já o conselheiro Arthur Roquete de Macedo não apresenta *Currículo LATTES* na plataforma do CNPq, mas em pesquisa na internet verificou-se que foi Reitor até o ano de 2016 do Centro Universitário das Faculdades Metropolitanas Unidas (FMU).

As informações disponíveis de ambos fornecem parcos sinais de efetiva prestação de serviços relevantes à educação, à ciência e à cultura.

Assim, tanto o Conselheiro Yugo Okida quanto o Conselheiro Arthur Roquete de Macedo expressam em linhas bastantes gerais a questão que se aponta nesta obra, pois o desenho jurídico-institucional é fundamental para a democracia. No caso, para o mecanismo participativo do Conselho Nacional de Educação, em especial no processo de escolha dos membros nomeados para a CES.

O critério mínimo para indicação é o de serem os candidatos a conselheiros da CES brasileiros com reputação ilibada e que tenham prestado serviços relevantes à educação, à ciência e à cultura. A título de amostragem observe-se com os dados contidos na internet e aqui apresentados, descompasso com tal preceito.

A análise, realizada a respeito dos membros nomeados à CES, como dito, considerou o período de 1995 a 2015, cruzando informações disponíveis na plataforma do CNPq ou, se inexistentes, em informações coletadas na internet. O Apêndice IV disponibiliza tabela com essas informações em formato resumido.

Como visto, a participação no seio da democracia apesar de comemorada e no Brasil constitucionalizada, inclusive contando com resultados importantes, é método que revela "alguns problemas novos, de solução mais difícil".[307] Tal como o caso da participação de grupos de interesse em mecanismos participativos não adequadamente institucionalizados.

---

[306] "Produção bibliográfica: Artigos completos publicados em periódicos: 1. OKIDA, Y.; OUTROS, E. Pareceres educacionais normativos. *Documenta* (Brasília), Brasília-DF, v. varios, 1996. Capítulos de livros publicados: 1. OKIDA, Y.; VIEIRA, R. M.. Os cursos de fonoaudiologia no Brasil. *In* Raymundo Manno Vieira; Marilena Manno Vieira; Clara Regina Brandão de Avila; Liliane Desgualdo Pereira. (Org.). *Fonoaudiologia e Saúde Pública*. 2ª ed. Carapicuiba: Pró-fono Departamento Editorial, 2000, v. unico, p. 223-232. Resumos publicados em anais de congressos: 1. LOPEZ, M. A.; FIGUEIREDO, L. C. M.; OKIDA, Y. A produção científica brasileira na área da educação. In: *VIII Congrès du Conseil Mondial des Associations d'Éducation Compareé*, 1992, Praga. Anais do congresso. Praga: do congresso, 1992" (Informações gerada pelo Sistema Currículo Lattes em 05/07/2017 às 19:31:12).

[307] OUTHWAITE; BOTTOMORE, 1996, p. 559.

O tema da presente obra, como visto, é a participação. O objeto, o desenho jurídico-institucional. O campo de análise é o Conselho Nacional de Educação, em especial a forma de escolha de seus membros nomeados para a sua Câmara de Educação Superior no período de 1995 a 2015.

Em matéria de organização da instituição, este Conselho passou por profundas alterações desde a sua criação, e em determinado momento, inclusive, extinto. Quanto à forma de escolha de seus membros, verificou-se, sobretudo, não ser transparente.[308]

Vale destacar que durante sua trajetória institucional a CF/1934, em seu art. 150, alínea 'a', determinou ser da União a fixação do "plano nacional de educação, compreensivo do ensino de todos os graus e ramos, comuns e especializados[...]". Cabendo ao então denominado Conselho Nacional de Educação, conforme o *caput* do art. 152, sua elaboração "para ser aprovado pelo Poder Legislativo e sugerir ao Governo as medidas que julgar necessárias para a melhor solução dos problemas educativos bem como a distribuição adequada dos fundos especiais".

Compulsando os Anais da Assembleia Nacional Constituinte de 1934, compostos por 20 volumes, constata-se intensos debates acerca da criação do então denominado Conselho Nacional de Educação. Problemas relacionados ao alto índice de analfabetismo e a preexistência da organização em que vigoravam os Decretos nº 19.850/1931 e nº 19.851/1931[309] foram igualmente objeto de discussão.

A respeito do primeiro aspecto apontado, convém reproduzir, ainda no debate da criação de Conselho Nacional de Educação, fala da parlamentar Carlota Pereira de Queiroz – primeira mulher eleita deputada federal no Brasil –, cuja sensibilidade é notável:

> Nos nossos sertões, há crianças que vivem ainda longe de qualquer convívio social, por falta de estradas e vias de comunicação e que aí permanecem fatalmente expostas, sem meios de defesa, às moléstias endêmicas da região. Na maior parte, vivem do pedacinho da terra que habitam, o qual lhes dá o que comer e onde dormir. Não tendo ambições maiores, encontram dentro do estreito horizonte visual tudo de que carecem. Os seus próprios pais, se por ventura são dotados de alguma atividade, acabam por levar uma vida vegetativa, porquê não têm campo onde possam estender maiores aspirações.[310]

---

[308] FERREIRA DA SILVA, 2005, p. 92-93.
[309] BRASIL, Anais da Constituinte de 1934, v. 1, p. 111-112.
[310] BRASIL, Anais da Constituinte de 1934, v. 14, p. 505.

Nas discussões, chama atenção a questão da composição do Conselho Nacional de Educação. Na redação original do projeto este era incluído dentre outros Conselhos Nacionais, com composição diversa da que terminou contida no texto final da CF/1934.

> Art. __ Os Conselhos Nacionais serão em número de quatro: Conselho Nacional de Economia, Conselho Nacional de Educação e Saúde, Conselho Nacional de Defesa e Conselho Nacional do Trabalho.
> §*A composição de cada um será regulada por lei ordinária, devendo ser neles representados, respectivamente, a indústria, o comércio, a agricultura, a pecuária, os estabelecimentos bancários, de crédito e de finanças, institutos de ensino e educação, de saúde pública, bem como associações de finalidades congêneres, o Exército e a Marinha, o funcionalismo público, e as demais associações de classes de produção e de trabalho.*
> §Os Conselhos Nacionais serão compostos do seguinte modo: *3/4 de seus membros, eleitos por 6 anos, na forma indicada na lei e renovados por um terço bienalmente, e 1/4 deles, de técnicos oficiais ou não, de reconhecido saber, nomeados pelo Govêrno*.[311]

A natureza da participação na seara dos Conselhos foi comparada a modelos históricos. A importância do Conselho foi reforçada pela V[a] Conferência Nacional de Educação ocorrida em Niterói nos anos de 1932/1933, na ocasião foi aprovado um plano educacional por especialistas.[312]

Noutra medida, a criação de Conselhos especiais como espécie de participação especializada social, tal como acima indicada, em tese serviria de escudo assecuratório, pois teria assim:

> [...] estabelecido, no mecanismo legislativo, o justo meio entre os males do regime de exclusão constitucional da influência direta das corporações, classes e institutos e os perigos de atribuir a essa influência profissional uma interferência nos corpos especificamente legislativos, que os tempos e a disposição dos quadros de valores públicos da atualidade nacional não aconselham. [...]
> Representados, entretanto, nos seus órgãos específicos, que são, pela nossa emenda, os Conselhos Nacionais, as classes sociais e econômicas do país inteiro, controlarão a feitura de todas as leis que possam implicar com o interesse que lhes cumpre defender, sem levar, por sua presença, o grande mal das influências societárias e corporativas, ao trabalho da legislação geral que deve ser o fruto da atividade rigorosamente política. [...]

---

[311] BRASIL, Anais da Constituinte de 1934, v. 4, p. 453, grifo nosso.
[312] BRASIL, Anais da Constituinte de 1934, v. 4, p. 257-258.

Assim, sem mudar a estrútura dos poderes políticos e sem ferir os princípios basilares do regime, que é o da livre movimentação do indivíduo, e sem excusados órgãos intermediários para a sua representatividade política, far-se-á aos justos interesses corporativos a concessão necessária para que colaborem no exame dos assuntos que lhes dizem respeito particularmente e influam decisivamente na maneira de protege-los com a legislação.[313]

A Constituição de 1934, cabe lembrar, tinha inspiração na Constituição Alemã, de Weimar,[314] também marcada por restrições às formas de representação parlamentar, próprias da democracia liberal.

Ponto delicado e bastante acirrado foi a questão de eventual quebra da representação política com a inserção da participação de grupos sindicais ou mesmo profissionais na Constituinte de 1933,[315] algo que se espraiou na arena da composição mista nos Conselhos, especialmente a voltada ao Conselho Nacional de Educação.

Com o advento da Lei Federal nº 174/1936 foi promovida profunda mudança na composição do denominado Conselho Nacional de Educação – como tratado no item **3.2**. Por força do Decreto Federal nº 19.850/1931 esse era composto por três "membros escolhidos livremente entre personalidades de alto saber e reconhecida capacidade em assumptos de educação e de ensino" (art. 3º §1º, V, do Decreto Federal nº 19.850/1931), passando para uma composição que contemplava inclusive quatro representantes da cultura livre e popular, sendo: "a) um representante das associações de educação; b) um representante da imprensa; c) dous de livre escolha do Presidente da República" (art. 3º, §4º, da Lei Federal nº 174/1936). Esses fatores, em certa medida, "democratizaram" o Conselho.

---

[313] BRASIL, Anais da Constituinte de 1934, v. 4, p. 455.

[314] A esse respeito, nos Anais da CF/34 foi salientado: "A fonte do Título XI do anteprojéto, intitulado *Da Cultura e do Ensino*, está integralmente no Capítulo IV da Constituição alemã, que êle as vezes reproduziu numa simples tradução literal. Não há um só artigo ou parágrafo do anteprojeto, que não tenha a sua origem no texto constitucional aludido.
Se há, porém, disposições de interesse universal, no Código político germânico, neste assunto de educação, e por isto mesmo, merecedoras de adaptação ao Brasil, outras existem, que na Alemanha nasceram, na Alemanha servem, porque são peculiares ás suas necessidades, derivando-se da sua tradição e da sua história. [...] Sala das Sessões. 20 de novembro de 1933. – *Homero Pires – F. Magalhães Netto – Attila Amaral – Gileno Amado – Clemente Mariani – Alfredo Mascarenhas – Marques dos Reis – Arnold Silva – Pacheco de Oliveira – Lauro Passos – Arlindo Leoni – Medeiros Netto – Paulo Filho – Arthur Vieira – Manoel Novaes – Francisco Rocha*" (BRASIL, Anais da Constituinte de 1934, v. 4, p. 313-314).

[315] BONAVIDES; ANDRADE, 1989, p. 296-301.

A Lei Federal nº 174/1936 não foi revogada expressamente e com a entrada em vigor da Lei Federal nº 4.024/1961, que criou o Conselho Federal de Educação, o critério de escolha dos Conselheiros passou a recair no notável saber e experiência na área de educação, considerando, para tanto, a representatividade das diversas regiões do País.

As MPs nº 661/1994, nº 711/1994 e nº 765/1994 alteraram tal critério, cuja escolha – igualmente realizada pelo Presidente da República – considerava brasileiros de reputação ilibada e de notável saber e experiência em matéria de educação. Todos eles destacados por entidades nacionais de setores ligados à educação.

Com o advento das MPs nº 830/1995 e nº 891/1995 o critério de escolha retomou a ordem de representatividade das diversas regiões do País e dentre brasileiros de reputação ilibada que representem diferentes segmentos da sociedade civil da área.

Na vigência das MPs nº 938/1995 e nº 967/1995 lista previamente formulada por meio de consulta a entidades da sociedade civil relacionadas às áreas de atuação dos respectivos colegiados foi delineada. Assegurando a representatividade nacional e sobre brasileiros de reputação ilibada, que tenham prestado serviços relevantes à educação, à ciência e à cultura, ponto este mantido nas MPs nº 992/1995, nº 1.018/1995, nº 1.041/1995, nº 1.067/1995, nº 1.126/1995, nº 1.159/1995 e na conversão da MP nº 1.159/1995, para a Lei nº 9.131/1995, que alterou dispositivos da Lei nº 4.024/1961.

O advento da CF/1934 para a CF/1988 promoveu mutação no Conselho de Educação – o que é observável nos Apêndices I e II.

Hoje, salvo a existência do Decreto Federal nº 3.295/1999, que rege a forma de escolha dos membros a serem nomeados (abordado no tópico 3.4), houve dificuldade na localização dos atos que conduzem a forma de escolha dos Conselheiros. Nem mesmo o Regimento do Conselho Nacional de Educação[316] foi capaz de lançar luzes sobre esse aspecto. O que, sem dúvida, intencionalmente ou não, resultou em salvaguardar a participação de alguns grupos de interesse.

Em artigo de Consuelo Dieguez, do ano de 2001, foram salientadas suspeitas de que o critério utilizado pelo CNE seria uma ação entre amigos onde se aprovam projetos de interesse de grupos com os quais os conselheiros têm algum vínculo. A este respeito a jornalista apresenta caso então vivenciado por Yugo Okida, Conselheiro supracitado:

---

[316] Portaria MEC nº 1.306/1999.

Esse expediente deu margem a situações no mínimo curiosas. Como a do conselheiro Yugo Okida, vice-reitor da Universidade Paulista (Unip), que pertence a um dos maiores grupos educacionais do país, o Objetivo, do empresário João Carlos Di Genio. Okida também é sócio de Di Genio no Objetivo e em outros negócios do grupo. Não vota nenhum parecer relativo à Unip. "Não seria ético", explica. No entanto, não tem o mesmo cuidado quando se trata da aprovação de projetos de pessoas ligadas ao grupo Objetivo. "Não posso impedir meus parentes ou sócios do Objetivo de abrir suas faculdades", explica.[317]

E mais, sobre o também Conselheiro nomeado Lauro Ribas Zimmer – falecido no início do ano de 2016 –, embora não possuísse *Currículo LATTES*, foi possível verificar sua atuação na reitoria da Universidade Estadual de Santa Catarina e na Universidade Estácio de Sá, além de ter participação na CES desde o ano de 1996, conforme se pode apurar nos Anexo I e Apêndice IV:

Okida não está só. O conselheiro Lauro Ribas Zimmer foi reitor da Universidade Estácio de Sá, do empresário João Uchôa Cavalcanti e tem o hábito de aprovar projetos a ela ligados. É o caso da Sociedade de Ensino Superior de Pernambuco e da Sociedade de Ensino Superior do Ceará, em 1998 e 1999. Ambas pertencem ao grupo Estácio e receberam voto favorável de Zimmer. A defesa, mais uma vez, se escuda na diferença entre o nome das instituições autorizadas a funcionar. "Ele sempre recusa os projetos em nome da Estácio de Sá", atesta o vice-presidente da Câmara de Educação Superior, Arthur Roquete de Macedo, da Fundação Cesgranrio de São Paulo. Zimmer esquiva-se dos cursos que aprovou em Pernambuco e no Ceará. "Pode ter acontecido em outra época", diz.[318]

A autora encerra o texto com constatação de crescimento vertiginoso da aprovação de cursos superiores e da eventual relação perniciosa dos Conselheiros mencionados:

Até 1997, a média de abertura de cursos superiores no país era de 200 ao ano. Em 1999 foram autorizados 745 novos cursos superiores e, em 2000, 865.
- Entre 1996 e 2000 foram abertos 2.016 novos cursos superiores em todo o Brasil, com permissão do Conselho Nacional de Educação (CNE).

---

[317] DIEGUEZ, 2001, p. 104.
[318] DIEGUEZ, 2001, p. 105.

- Desse total, pelo menos 16% foram autorizados para o grupo Objetivo, tendo como relator Yugo Okida, sócio do empresário Di Genio, dono do grupo[319].

- Dos 165 pedidos para autorização de abertura de novos cursos de psicologia no país, o conselheiro Yugo Okida aprovou apenas treze. Destes, cinco pertencem a faculdades de sócios do grupo Objetivo.

- O conselheiro Lauro Ribas Zimmer, ex-reitor da Universidade Estácio de Sá, do Rio de Janeiro, relata processos que autorizam a abertura de cursos da Estácio em outros Estados ou que permitem o aumento do número de vagas nas faculdades do grupo.[320]

A citação inicial deste último capítulo de que se deitou "remendo de pano novo em vestido velho, vinho novo em odres velhos, sem que o vestido se rompesse nem o odre rebentasse",[321] é inteiramente pertinente. No caso da alteração das regras do jogo na composição do CNE, desde o início da década de 90, após a extinção do CFE, essa ainda é duramente criticada por ensejar favorecimento e clientelismo a determinados segmentos de ensino, segundo denúncias reiteradas:

> O CFE foi extinto em 1994 como uma tentativa de livrar a educação de tantas denúncias e foi criado o CNE que deveria pautar-se pela ética e transparência nos debates e deliberações acerca da educação nacional. É *bem verdade que as denúncias recaíam principalmente sobre os envolvidos com as decisões relativas* à *educação superior. Entretanto, a extinção do CFE não foi suficiente para impedir que novas denúncias de clientelismo e favorecimento de determinados segmentos do ensino voltassem a ocorrer no novo conselho*.[322]

O próprio Ministro da Educação à época, Paulo Renato Souza, em artigo intitulado "Um exame necessário", ao salientar a polêmica existente na reedição de MP que extinguiu o CFE, criando em seu lugar o novo CNE, afirmou que diante da pressão exercida sobre o governo por problemas relacionados à qualidade e expansão incontrolada do

---

[319] A Revista Veja publicou em seu número 19 a seguinte correção à informação destacada: "Diferentemente do que VEJA publicou na reportagem "Ação entre amigos", o conselheiro Yugo Okida não aprovou, para as faculdades ligadas ao grupo Objetivo, o equivalente a 16% dos cursos autorizados pelo MEC entre 1996 e 2000. Esse porcentual se refere apenas ao total de cursos aprovados para o Objetivo, e não ao total de cursos aprovados no país" (VEJA, 2001, p. 26).
[320] DIEGUEZ, 2001, p. 105.
[321] FAORO, 2001, p. 837.
[322] FERREIRA DA SILVA, 2003, p. 171, grifo nosso.

sistema universitário privado, houve a referida extinção, fundada inclusive em denúncias de corrupção. Ressaltou o espírito do programa então vigente "Mãos à obra", no qual o governo ensejava um "Conselho menos credenciador e mais avaliador, menos decisório e mais assessor e, finalmente, mais representativo do conjunto da sociedade e não apenas das corporações do segmento da educação".[323]

Em remate, Fernando Haddad – Ministro da Educação no período de 2005 a 2012 – em artigo publicado na revista Piauí, trouxe esclarecimentos acerca da corrupção sistêmica e do lobby no Brasil, com fundamento em sua experiência na política brasileira. Com base nas lições de Faoro em sua obra *Os Donos do Poder*, esclarece que o patrimonialismo é presente no país e a força do poder econômico sobre o poder político é, sobretudo, notável:

> [...] há um equívoco ao se falar de corrupção sistêmica ou de lobby no Brasil. A corrupção no país é mais do que sistêmica, ela é o corolário de nosso patrimonialismo. Afirmar que a corrupção, aqui, é sistêmica pode passar a impressão de que seria possível um patrimonialismo incorrupto. Da mesma forma com o lobby. Não há lobby no patrimonialismo. Na verdade, o lobby devidamente regulamentado seria até um avanço diante do que temos. O lobby pressupõe pelo menos dois lados, se não uma mesa quadrada, pelo menos um balcão. No patrimonialismo, o poder político e o poder econômico – "os donos do poder", na definição de Faoro – sentam-se a uma mesa redonda. Não se distinguem os lados. Em um contexto como esse, não há vítimas, a não ser os que não estão à mesa; há negócios.[324]

Por mais que a ideia de democracia possa parecer abstrata, a rigor, o princípio da participação implica em oferecer oportunidades substanciais e iguais de participação àqueles que são afetados.[325] Destarte, é necessária a construção de um ambiente transparente, ágil e eficaz.

A democracia tem muitas variáveis e variações possíveis, passando por vários modelos:[326] dos antigos e dos modernos, elitista,[327]

---

[323] RENATO SOUZA, 1995, p. 3.
[324] HADDAD, 2017, p. 36.
[325] FUNG, 2004a, p. 4.
[326] HELD, 1987, p. 3-4; BOBBIO, 2000, p. 10; NOBRE, 2004, p. 31-35; DAHL, 2012; FISHKIN, 2015, p. 85.
[327] SCHUMPETER, 1984.

pluralista,[328] liberal,[329] participativo,[330] deliberativo,[331] consensual ou majoritário[332] etc.

Os conselhos são modalidades de atuação da democracia, em sua vertente participativa, além de órgãos do Estado com espaço explícito para a participação da sociedade civil.

A participação da sociedade civil em tal mecanismo participativo ocorre por força de estruturas normativas que lhe dão operacionalidade e validade no processo de escolha aos membros nomeados.

A democracia participativa não propõe ruptura com o formato representativo, é modelo que critica a redução da participação somente ao processo eleitoral e afirma conveniente a abertura e aperfeiçoamento de espaços vinculados à participação social.

Nesse aspecto, o foco foram as *três gerações que compõem a teoria democrática participacionista (1.1)*, interessando para a presente obra os registros alinhados ao papel do desenho institucional no amparo da participação, aspecto afeto à *terceira geração*.

Em apertada síntese, a *primeira geração* é marcada pelo interesse sobretudo no estudo das classes e do mercado, com foco maior na teoria e, em menor grau, nos estudos empíricos de Pateman, Kaufmnan, Arnstein e Macpherson.

A *segunda geração*, focada na força do Estado, sobreleva a importância do associativismo.[333]

Já a *terceira geração*, composta por Warren e Gaventa, traz um novo cenário ao redimensionar a participação, por reconhecer a participação de todos como pressuposto inalcançável e oneroso.[334] Prima, outrossim, pela análise da qualidade das instituições participativas, contribui ao apresentar critérios normativos para o aprimoramento das instituições, não apenas propondo mera ruptura ao formato representativo.

O aprimoramento pela via institucional é traço marcante no modelo proposto por Fung em seu artigo *Varieties of Participation in Complex Governance* (2006), exemplificado no denominado cubo da democracia (*democracy cube*), abordado no tópico 2.1.1.

---

[328] DAHL, 1997.
[329] HAYEK, 1960.
[330] PATEMAN, 1992; MACPHERSON, 1978.
[331] HABERMAS, 1990; COHEN, 1992.
[332] LIJPHART, 2003.
[333] HIRST, 1994.
[334] A escala – concebida pelo volume populacional – e a falta de tempo para a tomada de decisão devem ser igualmente consideradas (DOWBOR; HOUTZAGER; SERAFIM, 2008, p. 14).

O foco para o campo de análise desta obra está em quem participa e, conforme modelo de Fung, pode ser composto por critérios de seleção e participação mais inclusivos e mais restritivos.[335]

No presente caso há uma participação setorial realizada em Conselho especializado, cujo repertório de participação da sociedade civil foi oficializado em 1995 – derivado de experiência outrora implementada, como se viu na representação de segmento voltado à cultura livre e popular, conforme dispôs a Lei Federal nº 174/1936, assim, o processo de escolha de seus membros desde então foi parcamente aprimorado.

Os dados apresentados nos gráficos demonstram traços pertencentes que reforçam a CES. A rigor, um conselho nacional deve ser espaço no qual os atores reconheçam uns aos outros legitimamente, não basta apenas a afinidade com traços democráticos. Assim, é "[...] comum relatos de afastamento de organizações por não se sentirem à vontade no conselho devido à predominância de um projeto político presente no conselho".[336]

Isto posto, é importante para a institucionalização dos Conselhos sua vinculação aos princípios da transparência – advindo da publicidade estabelecida pelo *caput* do art. 37 da CF/1988 –, e ao princípio da eficiência. Essas, estruturas jurídico-constitucionais permanentes.[337] E mais:

> A eficácia de novas institucionalidades, independentemente de seu poder de mobilização, depende das oportunidades de participação e deliberação abertas pelo Estado, da transparência e compromisso deste com princípios democráticos e participativos e com a criação de mecanismos institucionais adequados para o exercício da *accountability*.[338]

O foco, como já destacado, não está na prescrição de qualquer modelo a ser replicado no campo dos Conselhos – nem na avaliação da participação ali exercida, nos impactos de suas ações ou na evolução da qualidade dos serviços prestados (aspectos estes igualmente importantes). Mas, sim, no processo de escolha dos conselheiros. Pois, consideradas as peculiaridades de cada Conselho, é bastante claro que

---

[335] FUNG, 2006, p. 68.
[336] LIMA, 2014, p. 338.
[337] CARNEIRO, 2006, v. 2, p. 154-155.
[338] CARNEIRO, 2006, v. 2, p. 154.

no caso do CNE a escolha tem recaído sobre especialistas.[339] Todavia, mesmo nesse processo de escolha hoje vigente seria possível a garantia de maior transparência e eficiência.

Tal formato de participação em nada se assemelha à participação direta dos cidadãos. Embora hoje existam instrumentos poderosos, como o advento da disponibilização de informações da internet, a chave de abertura deste "cofre" é a clarificação e a estruturação dos procedimentos pela via institucional para o afastamento, de dentro do Conselho, das sombras que o acompanham e contribuem para abalar a credibilidade do mecanismo.

Ainda sobre a inviabilidade de permanente participação social:

> [...] seria realmente impossível cogitar-se de maior participação do povo numa cidade ou num país como, por exemplo, São Paulo e o Brasil de hoje.
>
> Entretanto, com os meios de comunicação altamente sofisticados e eficientes de que agora se pode dispor para obter a opinião dos cidadãos, incluindo os satélites de comunicação e os computadores e seus terminais que recebem e transmitem informações, com tudo isso e mais o telex, o rádio, a televisão, o telefone sem fios, é facílimo saber, em poucas horas, o que pensam milhões de pessoas sobre determinado assunto. Já não é mais necessário reunir o povo numa praça pública para saber o que ele pensa e como ele decide.[340]

Nessa trilha, reafirma-se que para o atingimento das metas do PNE uma das diretrizes é a: "promoção do princípio da gestão democrática da educação pública", conforme inciso VI, artigo 2º da Lei Federal nº 13.005/2014. Evidentemente, para o seu alcance não há dependência exclusiva das ferramentas jurídicas, mas através delas o levante para o aprimoramento do controle social é possível:

---

[339] Convém destacar a frequência da constatação de estudos inclusive sobre conselhos estaduais e municipais, notando-se carência nas análises dos conselhos federais – quiçá por sua estrutura inacessível: "É inegável que esta estrutura de representação e participação introduziu uma alteração crucial no padrão anterior de políticas sociais, mas o seu significado longe está de ter sido plenamente captado. Uma razão é bem simples: há carência de estudos empíricos. Se os conselhos municipais - da saúde, da criança e do adolescente, da assistência social, da educação, da alimentação escolar - têm sido objeto de uma literatura razoável e crescente (BAIERLE,1996; DE TOMMASI, 1997; DOWBOR,1997; FRANCO, 1997), o mesmo não ocorre os grandes conselhos nacionais - e principalmente, com o seu conjunto" (DRAIBE, 1998, p. 1-2).
A questão da participação de especialistas é inerente, imperativo, à estrutura dos Conselhos (TEIXEIRA; SOUZA; LIMA, 2012, p. 15-16).

[340] DALLARI, 1989, p. 381.

O raio de ação dos conselhos municipais da área da Educação alarga-se com a municipalização de segmentos da oferta escolar e da gestão de programas federais ou de serviços para as escolas estaduais, como merenda e transporte escolar. As circunstâncias nas quais atuam, sejam as mais gerais, sejam as educacionais, são, contudo, muito heterogêneas, delimitando capacidades e possibilidades do exercício do controle social. Nesse ponto, destacamos os limites da formatação apenas legal dos conselhos; isso pode ser um passo, mas aproximar de fato descentralização e democratização exige práticas e disposições de socialização do poder que hoje parecem restritas a um número relativamente reduzido de localidades pelo Brasil afora.[341]

Considerando as assertivas de que "o tempo de maturação de uma construção institucional em geral é longo" e "a experiência dos Conselhos, por sua vez, muito recente para que se possa chegar a generalizações conclusivas",[342] torna-se possível com fulcro na análise empírica aqui apresentada, realizar sugestões para o aprimoramento do desenho jurídico-institucional observado o estado da arte do processo de escolha dos membros nomeados para a CES pós-1996 e apresentado no subtópico 3.4.

Os temas representação e participação já foram considerados elementos opostos e heterogêneos, tal discussão é recorrente na doutrina. Todavia, destaque-se que a própria CF/88, considera a participação em voga e em pleno funcionamento ao que resta o seu aperfeiçoamento pela via do desenho jurídico-institucional.

Possíveis soluções passariam pela revisão do formato adotado, especialmente quanto à divulgação dos Editais de chamamento das entidades e segmentos da sociedade civil e a regulação dos seus passos no processo de escolha dos candidatos, que deve prezar pela transparência. A efetividade de um processo adequado colocará em prática e aperfeiçoará o ambiente participativo, mesmo que especializado, como o é o CNE, especialmente a sua CES.

Não se trata de uma crítica indevida, mas, sim, privilegiar o interesse público que acompanha as ações emanadas pelo CNE em matéria tão sensível e importante que é a educação. Não se pode abstrair a inerente participação de grupos de interesse – algo inclusive natural, pois há a defesa de interesses em qualquer espaço –, reinvindicam-se, neste aspecto, ajustes jurídicos para o aprimoramento via desenho da instituição com foco no processo de seleção dos conselheiros.

---

[341] LUCE; FARENZENA, 2008, p. 84.
[342] PEREIRA; LIMA; MARTINS, 2013, p. 31.

A falta de transparência no processo de seleção abre evidentemente espaço para o desvirtuamento de qualquer mecanismo participativo, trazendo fragilidade à própria instituição, dando azo à sua inefetividade.

A alternativa de simples eliminação para o renascimento de modelo participativo, como algo puramente mecânico e descartável, não é o caminho mais adequado.

Um projeto de melhoramento, por meio de uma "reforma incremental", provendo ajuste pontual nos mecanismos institucionais, na trilha do cubo da democracia de Archon Fung, pode se consolidar como viável. No presente caso em método a realizar-se na seleção dos participantes do CNE. Apresentam-se aqui mecanismos de aprimoramento ao processo de escolha vigente:

FIGURA 10 – Mecanismos de aprimoramento no processo de escolha dos nomeados para a CES

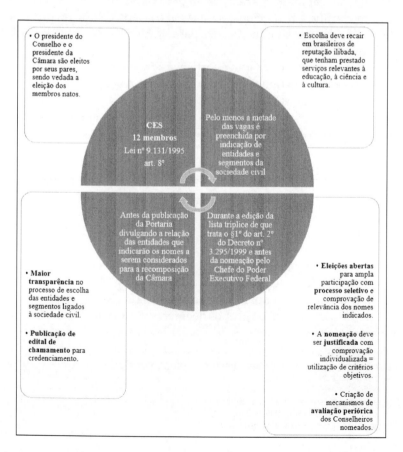

Assim, considerando o formato em vigor, que prima pelo fluxo indicado, vale apresentar sugestões para seu melhoramento:
a) no momento da seleção: antes da publicação da Portaria divulgando a relação das entidades que indicarão os nomes a serem considerados para a recomposição da Câmara.
Sugestão: *Maior transparência – publicação de edital de chamamento* para credenciamento.
b) durante a elaboração da lista tríplice.
Sugestão: *Eleições abertas* para ampla participação com processo seletivo e *comprovação de relevância dos nomes indicados*.

A nomeação deve justificar-se com *comprovação individualizada, em outras palavras, com a utilização de critérios objetivos*.

Criação de mecanismos de *avaliação periódica dos Conselheiros nomeados*.

Obviamente não se pode almejar, como em um passe de mágica, o modelo ideal de Conselho trazido por Carneiro.[343] Contudo, é possível sofisticar o processo de seleção mesmo quando recai em parcela qualificada, como é o caso dos conselheiros da CES, pois devem minimamente ter prestado serviços relevantes à educação, à ciência e à cultura.

Afinal, não se pode atribuir aos conselheiros as soluções para todos os males do Brasil, como fossem agentes fundamentais na transformação do Estado. Constatando-se facilmente, nesta ordem de ideias, o fracasso desse modelo participativo.[344]

A vertente que se buscou aprofundar diz respeito ao papel da instituição na segurança e primazia do arranjo participativo. Na espécie, o processo de seleção dos conselheiros.

Consequentemente implicações de muitas ordens decorrem, como o direcionamento decisório ou a mudança de pauta na agenda do órgão, desembocando em cooptação de espaços cujas naturezas precipuamente não servem a este fim.

---

[343] "Como tipo ideal, e também com uma utopia possível, os conselhos contribuem para aproximar o governo dos cidadãos e para o enfraquecimento das redes de clientelismo, trazendo alianças e conflitos de interesse para esferas públicas de decisão; permitem maior grau de acerto no processo de tomada de decisões; ajudam na identificação mais rápida de problemas e na construção de alternativas de ação; aumentam a transparência administrativa e pressionam as diversas áreas do governo em direção a ações mais integradas" (CARNEIRO, 2006, v. 2, p. 163).
[344] PEREIRA; LIMA; MARTINS, 2013, p. 31.

O jogo do processo decisório das políticas públicas é, sobremaneira, centralizado no Brasil;[345] as políticas aprovadas pela União são executadas por meio dos Estados e Municípios e desta forma ganha força a assertiva de uma adequada institucionalização a ser executada por sua autoridade legislativa na figura do Executivo federal.

Na espécie, mecanismos de máxima transparência deveriam reger o processo de escolha, por meio, por exemplo, de eleições para o Conselho Nacional de Educação, em relação à composição de sua Câmara de Educação Superior na parcela relativa aos seus membros nomeados.[346]

Afinal, é certo que tal Conselho está, assim como outras instâncias participativas, em ambiente político competitivo que envolve uma pluralidade de atores, entidades, com raízes fortemente clientelistas e patrimonialistas, de modo a seu quadro sócio-político-institucional ser altamente minado;[347] configurando-se instância representativa de segmento especializado com representatividade menor que a parlamentar.[348]

A medida é importante, inclusive pelo potencial democrático a ser contestado, "quer do ponto de vista da sua representação, quer do ponto de vista da sua capacidade".[349] Urge então a revisão de sua institucionalização sob a ótica jurídica. Ou seja, pela via do desenho jurídico-institucional que proporciona à democracia e propriamente a

---

[345] "[...] a União exerce poderosa influência sobre a agenda e as políticas dos governos subnacionais. Além da legislação aprovada no parlamento, esse poder também é exercido no campo da legislação específica de cada área de política pública, bem como dos poderes de gasto e supervisão do governo federal.
A distinção analítica entre quem regula (*policy decision-making*) e quem executa (*policy--making*) é essencial para examinar a propalada autonomia dos governos subnacionais no Brasil. A interpretação de que estes são excessivamente autônomos está baseada na indistinção conceitual entre *policy-making* e *policy decision-making*. Assume-se que os governos subnacionais têm autonomia sobre suas próprias políticas porque sua execução foi descentralizada e porque governos subnacionais têm uma participação importante na receita e nos gastos nacionais.
O fato é que estas últimas evidências não são condição suficiente para a autonomia decisória. A distinção conceitual entre "quem delibera" e "quem executa" autoriza interpretação distinta acerca dos mecanismos verticais de operação do Estado federativo brasileiro. A regulação federal afeta decisivamente o modo como as políticas descentralizadas são executadas. As regras constitucionais, a autoridade dos ministérios federais para regulamentar e supervisionar as políticas executadas, bem como o poder de gasto da União, são fatores explicativos centrais da agenda dos governos subnacionais" (ARRETCHE, 2012, p. 19-20).
[346] TEIXEIRA; SOUZA; LIMA, 2012, p. 24.
[347] LÜCHMANN, 2006, p. 25.
[348] ABREU, 2010, p. 262-263.
[349] COHN, 2013, p. 447-448.

seu mecanismo participativo, sua disciplina jurídica.

Em outras palavras, a escolha dos membros nomeados requer o aperfeiçoamento do processo, pois o fortalecimento democrático do processo deve estar pautado no interesse público do modelo, algo a ser viabilizado pelo aprimoramento do desenho jurídico-institucional. Assim, destaca-se que mesmo a "democracia não é o regime do consenso, mas do trabalho dos e sobre os conflitos",[350] carecendo de constantes ajustes e reajustes[351]. E, ainda, a institucionalização de canais de participação:

> [...] não reduz, ao contrário aumenta, a complexidade inerente a esse processo, não só por permitir a inserção de novos atores e a valorização de novos interesses, mas também pela tentativa de imprimir uma nova lógica às relações entre os atores dessa rede, pela afirmação dos princípios de que resultam suas fontes de legitimidade, quais sejam, participação, transparência, publicidade e controle social.[352]

A força guardada no arranjo institucional, como salientado por Gomide e Pires, nas próprias políticas públicas desemboca na implementação de seus objetivos, caracterizados por suas "regras, processos e mecanismos".[353] Assim figurado:

FIGURA 11 – Modelo analítico adotado –
Arranjo institucional[354]

---

[350] CHAUÍ, 2005, p. 24.
[351] A falta de procedimentos e regras amplamente compartilhadas nas arenas participativas para controle dos representados são comumente constatadas (DOWBOR; HOUTZAGER; SERAFIM, 2008, p. 7-8).
[352] TATAGIBA; TEIXEIRA, 2005, p. 82.
[353] GOMIDE; PIRES, 2014, p. 21.
[354] GOMIDE; PIRES, 2014, p. 21.

É o arranjo institucional, aqui concebido como desenho jurídico-institucional, imprescindível, pois por meio dele ocorre a instrumentalização da participação, da representação, dos meios de controle e da burocracia, inerentes às instituições.

Entrementes, o afastamento na ocupação dos espaços participativos antes "dominados por representantes de interesses econômicos, encravados no Estado e seus aparelhos"[355] passa por um adequado processo de escolha dos membros, o que é aplicável mesmo em um Conselho setorial e especializado como o Conselho Nacional de Educação.

Assim, não seriam, nessa hipótese, de forma complementar, importantes as etapas estruturantes do processo de escolha de seus membros nomeados, que permitiriam inclusive a atenuação de forças escusas neste mecanismo participativo?

Dessa maneira, manifesta-se a importância do desenho jurídico-institucional na forma de escolha dos Conselheiros da Câmara de Educação Superior do Conselho Nacional de Educação. É esse o principal desafio, pois requererá, na linha da primazia das normativas institucionais, projetos de reforma para o seu aperfeiçoamento, não basta a ruptura de modelo preexistente; sendo tal conduta, como se viu, sobretudo, ineficaz.

---

[355] GOHN, 2008a, p. 78.

CONCLUSÃO

A hipótese desta obra foi a de testar o quanto o desenho jurídico-institucional pode atuar contra ou a favor da democracia.

Demonstrou-se que a democracia possui muitas variáveis e variações possíveis, vigendo, no que diz respeito à democracia brasileira, os modelos da representação e da participação interligados. Nesse aspecto, a participação não substitui a representação, mas a reconfigura.

Diante da impossibilidade de resposta a todo tipo de democracia – a exemplo da participação de todos na tomada de decisão –, vale empregar esforços para uma mudança pela via institucional, ou, mais precisamente, através do desenho jurídico-institucional.

Nesse sentido, enfatizou-se o cubo da democracia de Fung (2006), modelo alternativo que prima pelo desenho institucional, costurado a partir de arranjos e mecanismos participativos.

Assim, as variações da democracia se assentam sob diferentes desenhos jurídico-institucionais, e, dada luz à democracia participativa, considerou-se mecanismo que lhe é próprio, o dos Conselhos, e que contam em sua composição invariavelmente com a participação da sociedade civil.

O Conselho Nacional de Educação, na figura de sua Câmara de Educação Superior, foi a hipótese aplicada e analisada, posto ter natureza estatal com previsão de participação social.

A Câmara de Educação Superior, instituída em 1996 e em funcionamento, estabelece que, no processo de escolha de seus membros nomeados pelo Chefe do Poder Executivo Federal, devem ser estritamente observados requisitos, entre os quais: brasileiros de reputação ilibada, que tenham prestado serviços relevantes à educação, à ciência e à cultura. A indicação é realizada em consulta a entidades da sociedade civil relacionadas às áreas de atuação.

As regras do jogo para o processo de escolha na analisada composição da CES de 1996 a 2015 demonstram fracos sinais de aperfeiçoamento.

Com a vigência do Decreto Federal nº 1.716/1995, o Ministério da Educação editava, após o processo de indicação dos nomes por parte das entidades habilitadas, portarias com menção por entidade e os nomes por elas indicados. Após sua revogação pelo Decreto Federal nº 3.295/1999, houve supressão dessa etapa, que prezava pela publicação do rol de entidades e suas respectivas indicações.

A inexistência de clareza e a opacidade com relação ao processo de escolha é notável. No que diz respeito ao rol de entidades e às suas respectivas indicações para a formação da lista tríplice, verificou-se que tal procedimento sofreu golpe, pois hoje nem mesmo há meio de verificação das indicações.

Inexiste, ademais, norma que dê transparência ao processo de nomeação. É ela caracterizada por mera indicação das entidades habilitadas, com prazo para protocolo da lista tríplice e, em seguida, a publicação dos nomes escolhidos pela Presidência da República – conforme dispõe o Decreto Federal nº 3.295/1999.

O próprio Conselho, como visto, já foi extinto por denúncias de clientelismo e favorecimento. Todavia, ainda com a adoção de tal medida, o estudo de caso demonstra a hipótese desta obra.

A forma de escolha dos membros nomeados que compõem pelo menos a metade da CES, ligados à sociedade civil, no período analisado, é caracterizada por escassa transparência, os dados apresentados revelam a subjetividade no critério de relevância à educação, à ciência e à cultura na trajetória dos nomeados, cuja reincidência é notável.

A importância está no exame do processo de escolha dos membros nomeados e a questão da participação de grupos de interesse – que podem provocar a sub-representação na seleção dos membros ligados à sociedade civil organizada ou a super-representação desses grupos.

Com o estudo de caso mencionado, acredita-se ter demonstrado que há situações nas quais o desenho jurídico-institucional pode patrocinar e reforçar o desvirtuamento da democracia.

O papel do desenho jurídico-institucional em refinar processos de escolha, tal qual o do CES, pode se revelar como medida acertada para não comprometer a democracia e, portanto, viabilizá-la.

A mera existência de previsão legal da participação social não confere por si mesma a sua eficácia plena. Como visto, tal formato participativo, guardadas as devidas proporções, é fórmula antiga dentro do hoje conceituado CNE, com registros desde o ano de 1931. De forma que não há como escapar de ações marcadas por tentativas e erros.

A compreensão dos atos que favorecem a participação, na linha dos condicionantes para a efetividade das instâncias participativas, passa pelo desenho institucional e é tema relevante, ao que leva a aproximação ou o afastamento da participação de determinados grupos de interesse.

A reincidência de participações de determinados agentes sem a qualificação devida e a falta de transparência no curso das indicações e das nomeações realizadas são traços da opacidade do mecanismo participativo.

No campo da institucionalização da participação, torna-se relevante o desenho jurídico-institucional para a efetividade da participação, precipuamente dos atos normativos que lhe prestam apoio, tais como os editais, portarias, o regimento interno etc. O seu aprimoramento surtiria efeito sobre a participação de grupos de interesse.

A engenharia institucional serve não para extinguir a participação de grupos de interesse, mas, sim, como meio de atenuação do desvio de finalidade para o qual se presta o mecanismo participativo. Destaca-se, desse modo, a vinculação inerente entre as arenas jurídica e institucional, cuja expressão maior está na edição de atos normativos que lhe conferem operacionalidade.

Esta obra lançou luzes na variável institucional de quem participa e como adentra nesse mecanismo participativo, pois esta sistemática pode impactar o desempenho democrático próprio, a rigor, dos Conselhos Nacionais – isto quando há a participação da sociedade civil em sua composição.

REFERÊNCIAS

ABERS, Rebecca; KECK, Margaret. Representando a diversidade? Estado, sociedade e 'relações fecundas' nos conselhos gestores. *Cadernos do CRH (UFBA)*, v. 21, p. 99-112, 2008.

ABREU, Maria Aparecida Azevedo. Representação de interesses nos conselhos nacionais de políticas públicas. In: SÁ E SILVA, Fabio de; LOPEZ, Felix Garcia; PIRES, Roberto Rocha C. (Org.). *Estado, instituições e democracia*: democracia. Brasília: Ipea, 2010. p. 259-283. (Série Eixos Estratégicos do Desenvolvimento Brasileiro; Fortalecimento do Estado, das Instituições e da Democracia, Livro 9, v. 2.).

ALMEIDA, Carla; TATAGIBA, Luciana. Os conselhos gestores sob o crivo da política: balanços e perspectivas. *Revista Serviço Social e Sociedade*, São Paulo, n. 109, p. 68-92, jan./mar., 2012.

ALMEIDA, Debora Cristina Rezende de; CUNHA, Eleonora. A produção de conhecimento sobre os conselhos de políticas: alguns desafios metodológicos. In: GOMES, Ana Maria Rabelo *et al. Metodologia e Participação*: módulo III do Programa de Formação de Conselheiros Nacionais. 2. impr. Belo Horizonte: UFMG, 2011. p. 33-57.

ARAÚJO, Cícero. República, participação e democracia. In: AVRITZER, Leonardo (Org.). *Experiências nacionais de participação social*. São Paulo: Cortez, 2009. p. 55-69.

ARISTÓTELES. *A Política*. Tradução de Ivan Lins. Rio de Janeiro: Ediouro, 1988.

ARNSTEIN, Sherry R. A Ladder of Citizen Participation. *JAIP*, v. 35, n. 4, p. 216-224, jul. 1969.

ARRETCHE, Marta. *Democracia, Federalismo e Centralização no Brasil*. Rio de Janeiro: Editora Fiocruz/Ed. FGV, 2012.

AVRITZER, Leonardo; WAMPLER, Brian. Apresentação da obra. In: PEDRINI, Dalila Maria; ADAMS, Telmo; RABASSA DA SILVA, Vini (Org.). *Controle social de políticas públicas*: caminhos, descobertas e desafios. São Paulo: Paulus, 2007. p. 7-9.

AVRITZER, Leonardo; WAMPLER, Brian. Públicos participativos: sociedade civil e novas instituições no Brasil democrático. In: COELHO, Vera S. P.; NOBRE, Marcos (Org.). *Participação e deliberação*. São Paulo: Editora 34, 2004. p. 210-238.

AVRITZER, Leonardo; WAMPLER, Brian. Sociedade civil e participação no Brasil democrático. In: AVRITZER, Leonardo (Org.). *Experiências nacionais de participação social*. São Paulo: Cortez, 2009. p. 27-54.

AZANHA, José Mário Pires. *Educação*: temas polêmicos. São Paulo: Martins Fontes, 1995.

AZEVEDO, Reinaldo. Dilma de Caracas. *Folha de São Paulo*, São Paulo, 13 jun. 2014. Caderno Poder, p. A16.

BARBER, Benjamin R. *Strong democracy*: participatory politics for a new age. Berkeley: University of California Press, 1984.

BELLO DE SOUZA, Donaldo. Apresentação. In: BELLO DE SOUZA, Donaldo. *Conselhos municipais e controle social da educação*: descentralização, participação e cidadania. São Paulo: Xamã, 2008. p. 25-28.

BENEVIDES, Maria Vitória. Democracia e Cidadania. In: VILLAS-BÔAS, Renata (Org.). *Participação popular nos governos locais*. São Paulo: PÓLIS, 1994.

BIASON, Rita de Cássia (Org.). *Questões contemporâneas de políticas públicas*. São Paulo: Cultura Acadêmica Editora, 2012.

BOBBIO, Norberto. *O futuro da democracia*. Tradução de Marco Aurélio Nogueira. 11. ed. São Paulo: Paz e Terra, 2000.

BOBBIO, Norberto; MATTEUCCI, Nicola Matteucci; PASQUINO, Gianfranco. *Dicionário de política*. Tradução de Carmem C. Varriale, Gaetano Lo Mônaco, João Ferreira, Luís Guerreiro Pinto Cacais e Renzo Dini. v. 2, 7. ed. Brasília: Editora Universidade de Brasília, 1995.

BONAVIDES, Paulo. *História Constitucional do Brasil*. Brasília: Paz e Terra, 1989.

BONAVIDES, Paulo. *Teoria Constitucional da Democracia Participativa*. 3. ed. São Paulo: Malheiros, 2008.

BONAVIDES, Paulo. *Teoria Geral do Estado*. 89. ed. São Paulo: Malheiros, 2012.

BORBA, Julian; LÜCHMANN, Helena Hahn. A representação política nos conselhos gestores de políticas públicas. *Revista URBE*, v. 2, p. 229-246, 2010.

BORDIGNON, Genuíno; PEREIRA, Álvaro de Pádua. *Perfil dos conselhos municipais de educação 2007*. Brasília: Ministério da Educação/Secretaria de Educação Básica, 2008.

BRASIL Approva o Regulamento da Instrucção Primaria e Secundaria do Districto Federal. (Decreto nº 981, de 8 de novembro de 1890 – Reforma Benjamim Constant). *Coleção de Leis do Brasil – 1890*, p. 3.474. vol. fasc. XI.

BRASIL. Altera os arts. 132, 134, 135 e 139 da Lei nº 8.069, de 13 de julho de 1990 (Estatuto da Criança e do Adolescente), para dispor sobre os Conselhos Tutelares (Lei nº 12.696, de 25 de julho de 2012). *Diário Oficial da União*. Poder Executivo, Seção 1, 26 de julho de 2012.

BRASIL. Anais da Assembleia Nacional Constituinte, v. 1, 1934, p. 1-551.

BRASIL. Anais da Assembleia Nacional Constituinte, v. 12, 1934, p. 1-596.

BRASIL. Anais da Assembleia Nacional Constituinte, v. 4, p. 1-559.

BRASIL. Antiga Lei de Diretrizes e Bases da Educação Nacional (Lei nº 4.024, de 20 de dezembro de 1961). *Diário Oficil da União*, Poder Executivo, Seção 1, 27 de dezembro de 1961. Republicação: *Diário Oficil da União*, Poder Executivo, Seção 1, 28 de dezembro de 1961.

BRASIL. Approva o Codigo dos Institutos Officiaes de Ensino Superior e Secundario. (Decreto nº 3.890 - de 1 de janeiro de 1901 – Reforma Epitácio Pessoa). *Coleção de Leis do Brasil - 1890*, p. 3.474. vol. fasc. XI.

BRASIL. Aprova o Plano Nacional de Educação - PNE e dá outras providências (Lei nº 13.005, de 25 de junho de 2014). *Diário Oficial da União – Edição extra*. Poder Executivo, 26 de junho de 2014.

BRASIL. *Constituição (1934)*. Constituição da República Federativa do Brasil.

REFERÊNCIAS | 151

BRASIL. *Constituição (1988)*. Constituição da República Federativa do Brasil.

BRASIL. Decreto nº 1.716, de 24 de novembro de 1995. *Diário Oficial da União*. Poder Executivo, Seção 1, 27 de novembro de 1995, p. 19.276.

BRASIL. Decreto nº 11.530, de 18 de março de 1915. *Diário Oficial da União*. Poder Executivo, Seção 1, 19 de março de 1915, p. 2977. Republicação sem alteração no *Diário Oficial da União*. Poder Executivo, Seção 1, 20 de março de 1915, p. 3.028.

BRASIL. Decreto nº 16.782-A, de 13 de janeiro de 1925. *Diário Oficial da União*. Poder Executivo, Seção 1, 7 de abril de 1925, p. 8541. Republicado sem alterações *Diário Oficial da União*. Poder Executivo, Seção 1, 16 de abril de 1925, p. 9.157.

BRASIL. Decreto nº 19.850, de 11 de abril de 1931. *Diário Oficial da União*. Poder Executivo, Seção 1, 15 de abril de 1931, p. 5799. Republicado *Diário Oficial da União*. Poder Executivo, Seção 1, 4 de junho de 1931, p. 9.210.

BRASIL. Decreto nº 19.851, de 11 de abril 1931. *Diário Oficial da União*. Poder Executivo, Seção 1, 15 de abril de 1931, p. 5.800. Republicado *Diário Oficial da União*. Poder Executivo, Seção 1, 4 de junho de 1931, p. 9.210.

BRASIL. Decreto nº 3.295, de 15 dezembro de 1999 (revogou o Decreto nº 1.716/1995). *Diário Oficial da União*. Poder Executivo, Seção 1, 16 de dezembro de 1999, p. 8.

BRASIL. Decreto nº 77.797, de 9 de junho de 1976. *Diário Oficial da União*. Poder Executivo, Seção 1, 10 de junho de 1976, p. 8.208.

BRASIL. Decreto nº 99.999, de 11 de janeiro de 1991. *Diário Oficial da União*. Poder Executivo, Seção 1, 14 de janeiro de 1991, p. 807,837.

BRASIL. Decreto sem número de 10 de março de 1998. *Diário Oficial da União*, Seção 2, 11 de março de 1998, p. 2.

BRASIL. Decreto sem número de 10 de setembro de 2014. *Diário Oficial da União*, Seção 2, 11 de setembro de 2014, p. 1.

BRASIL. Dispõe sobre a organização dos serviços de telecomunicações, a criação e funcionamento de um órgão regulador e outros aspectos institucionais (Lei nº 9.472, de 16 de julho de 1997). *Diário Oficial da União*. Poder Executivo, Seção 1, 17 de julho de 1997, p. 15.081.

BRASIL. Dispõe sobre o Estatuto da Criança e do Adolescente e dá outras providências (Lei nº 8.069, de 13 de julho de 1990). *Diário Oficial da União*. Poder Executivo, 16 de julho de 1990.

BRASIL. Estabelece normas e diretrizes para a elaboração, a redação, a alteração, a consolidação e o encaminhamento ao Presidente da República de projetos de atos normativos de competência dos órgãos do Poder Executivo Federal (Decreto Federal nº 4.176, de 28 de março de 2002). *Diário Oficial da União*. Poder Executivo, Seção 1, 01 de abril de 2002, p. 1.

BRASIL. Exposição de motivos da Medida Provisória nº 661, de 18 de outubro de 1994. *Diário do Congresso Nacional*, 23 de novembro de 1994, p. 3.267.

BRASIL. Exposição de motivos da Medida Provisória nº 830, de 13 de janeiro de 1995. *Diário do Congresso Nacional*, 22 de fevereiro de 1995, p. 1.002.

BRASIL. Exposição de motivos da Medida Provisória nº 938, de 16 de março de 1995. *Diário do Congresso Nacional*, 31 de março de 1995, p. 1.836.

BRASIL. Extingue e estabelece diretrizes, regras e limitações para colegiados da administração pública federal (Decreto nº 9.759, de 11 de abril 2019). *Diário Oficial da União*, Edição Extra, 11 de abril de 2019, p. 5.

BRASIL. Institui a Política Nacional de Participação Social - PNPS e o Sistema Nacional de Participação Social – SNPS (Decreto nº 8.243, de 23 de maio de 2014). *Diário Oficial da União*. Poder Executivo, 26 de maio de 2014.

BRASIL. Lei de diretrizes e bases da educação nacional (Lei nº 9.394, de 20 de dezembro de 1996). *Diário Oficial da União*. Poder Executivo, 23 de dezembro de 1996, p. 27.833.

BRASIL. Lei nº 10.861, de 14 de abril 2004. *Diário Oficial da União*. Poder Executivo, Seção 1, 15 de abril de 2004.

BRASIL. Lei nº 174, de 6 de janeiro de 1936. *Diário Oficial da União*. Poder Executivo, Seção 1, 14 de janeiro de 1936, p. 1.042.

BRASIL. Lei nº 5.540, de 28 de novembro de 1968. *Diário Oficil da União*, Poder Executivo, Seção 1, 29 de novembro de 1968, p. 10369. Republicada com retificações, *Diário Oficial da União*. Poder Executivo, Seção 1, 3 de dezembro de 1968, p. 10.433.

BRASIL. Lei nº 5.692, de 11 de agosto de 1971. *Diário Oficial da União*. Poder Executivo, Seção 1, 12 de agosto de 1971, p. 6377. Republicada com retificações, *Diário Oficial da União*. Poder Executivo, Seção 1, 18 de agosto de 1971, p. 6.592.

BRASIL. Lei nº 9.131, de 24 de novembro de 1995. *Diário Oficial da União – Edição extra*. Poder Executivo, Seção 1, 25 de novembro de 1995, p. 19.257.

BRASIL. Lei Orgânica do Ensino Superior e do Fundamental na República (Decreto nº 8.659, de 5 de abril de 1911). *Diário Oficial da União*. Poder Executivo, Seção 1, 6 de abril de 1911, p. 3.983.

BRASIL. Marco Regulatório das Organizações da Sociedade Civil (Lei nº 13.019, de 31 de julho de 2014). *Diário Oficial da União*. Poder Executivo, 1º agosto de 2014.

BRASIL. Medida Provisória nº 1.018, de 8 de junho de 1995. *Diário Oficial da União*. Poder Executivo, Seção 1, 9 de junho de 1995, p. 8.387.

BRASIL. Medida Provisória nº 1.041, de 29 de junho de 1995. *Diário Oficial da União*. Poder Executivo, Seção 1, 30 de junho de 1995, p. 9.630.

BRASIL. Medida Provisória nº 1.067, de 28 de julho de 1995. *Diário Oficial da União*. Poder Executivo, Seção 1, 28 de agosto de 1995, p. 13.131.

BRASIL. Medida Provisória nº 1.126, de 26 de setembro de 1995. *Diário Oficial da União*. Poder Executivo, Seção 1, 27 de setembro de 1995, p. 15.040.

BRASIL. Medida Provisória nº 1.159, de 26 de outubro de 1995. *Diário Oficial da União*. Poder Executivo, Seção 1, 27 de outubro de 1995, p. 17.014.

BRASIL. Medida Provisória nº 661, de 18 de outubro de 1994. *Diário Oficial da União*. Poder Executivo, Seção 1, 19 de outubro de 1994, p. 15.799.

BRASIL. Medida Provisória nº 711, de 17 de novembro de 1994. *Diário Oficial da União*. Poder Executivo, Seção 1, 18 de novembro de 1994, p. 17.367.

BRASIL. Medida Provisória nº 765, de 16 de dezembro de 1994. *Diário Oficial da União*. Poder Executivo, Seção 1, 17 de dezembro de 1994, p. 19.887.

BRASIL. Medida Provisória nº 830, de 13 de janeiro de 1995. *Diário Oficial da União*. Poder Executivo, Seção 1, 16 de janeiro de 1995, p. 732.

BRASIL. Medida Provisória nº 891, de 14 de fevereiro de 1995. *Diário Oficial da União*. Poder Executivo, Seção 1, 15 de fevereiro de 1995, p. 1.965.

BRASIL. Medida Provisória nº 938, de 16 de março de 1995. *Diário Oficial da União*. Poder Executivo, Seção 1, 17 de março de 1995, p. 3.595.

BRASIL. Medida Provisória nº 967, de 12 de abril de 1995. *Diário Oficial da União*. Poder Executivo, Seção 1, 13 de abril de 1995, p. 5.294.

BRASIL. Medida Provisória nº 992, de 11 de maio de 1995. *Diário Oficial da União*. Poder Executivo, Seção 1, 12 de maio de 1995, p. 6.755.

BRASIL. Portaria MEC nº 1.306, de 2 de setembro de 1999. Aprovar as alterações do Regimento Interno do Conselho Nacional de Educação. *Diário Oficial da União*. Poder Executivo, Seção 1, 3 de setembro de 1999, p. 12.

BRASIL. Portaria MEC nº 136, de 13 de fevereiro de 1998. *Diário Oficial da União*, Seção 2, 17 de fevereiro de 1998, p. 10.

BRASIL. Portaria MEC nº 3, de 7 de janeiro 1998. *Diário Oficial da União*, Seção 2, 9 de janeiro de 1998, p. 11.

BRASIL. Portaria MEC nº 323, de 9 de abril de 2014. *Diário Oficial da União*, Seção 1, 10 de abril de 2014, p. 22.

BRASIL. Portaria MEC nº 460, de 26 de maio de 2014. *Diário Oficial da União*, Seção 2, 27 de maio de 2014, p. 11.

BRASIL. Portaria nº 2.160, de 20 de novembro de 1997. *Diário Oficial da União*, Seção 1, 21 de novembro de 1997, p. 27.

BRASIL. Reforma Francisco Campos Exposição de motivos datada de 2 de abril de 1931. *Diário Oficial da União*. Poder Executivo, Seção 1, 15 de abril de 1931, p. 5.830.

BRASIL. Reforma o ensino primario e secundario no municipio da Côrte e o superior em todo o Imperio. (Decreto nº 7.247, de 19 de abril de 1879 - Reforma Leôncio de Carvalho). Coleção de Leis do Império do Brasil – 1879. p. 196, vol. 1, pt. II.

BRASIL. Regula o processo administrativo no âmbito da Administração Pública Federal (Lei nº 9.784, de 29 de janeiro de 1999). *Diário Oficial da União*. Poder Executivo, Seção 1, 1 de fevereiro de 1999, p. 1.

BRASIL. Resolução nº 217 A (III) da Assembleia Geral das Nações Unidas em 10 de dezembro de 1948. Assinada pelo Brasil na mesma data. *Diário Oficial da União*, 10 de dezembro 1948.

BRESSER-PEREIRA, Luiz Carlos. Democracia participativa. *Folha de São Paulo*, São Paulo, 12 jun. 2014. Caderno Opinião, p. A5.

BRITTO, Carlos Ayres. Distinção entre controle social do poder e participação popular. *Revista trimestral de direito público*, n. 2, São Paulo: Malheiros Editores, 1993. p. 82-88.

BUCCI, Maria Paula Dallari. *Fundamentos para uma teoria jurídica das políticas públicas*. São Paulo: Saraiva, 2013.

BUCCI, Maria Paula Dallari. O conceito de política pública em direito. In: BUCCI, Maria Paula Dallari. *Políticas Públicas*: Reflexões sobre o Conceito Jurídico. São Paulo: Saraiva, 2006.

BUCCI, Maria Paula Dallari. Quadro de referência de um Política Pública – Primeiras linhas de uma visão jurídico-institucional. In: SMANIO, Gianpaolo; BERTOLIN, Patrícia Tuma Martins; BRASIL, Patricia Cristina (Org.). *O Direito na fronteira das políticas públicas.* São Paulo: Páginas & Letras Editora e Gráfica, 2015. p. 7-11.

CANOTILHO, José Joaquim Gomes. *Direito Constitucional e Teoria da Constituição.* 7. ed. Coimbra: Livraria Almedina, 2003.

CARLOS, Euzeneia; OLIVEIRA, Osmany Porto de; ROMÃO, Wagner de Melo. Apresentação. In: CARLOS, Euzeneia; OLIVEIRA, Osmany Porto de; ROMÃO, Wagner de Melo (Org.). *Sociedade civil e políticas públicas*: atores e instituições no Brasil contemporâneo. Chapecó: Argos, 2014. p. 15-26.

CARNEIRO, Carla Bronzo Ladeira. Conselhos de políticas públicas: desafios para sua institucionalização. In: FERRAREZI, Elisabete; SARAIVA, Enrique (Org.). *Políticas públicas.* v. 2. Brasília: Enap, 2006. p. 149-166.

CARTILHA. Cartilha expedida pelo Governo para difundir tanto os conceitos quanto as diretrizes de participação social estabelecido pela PNPS. Secretaria-Geral da Presidência da República, 2013. Disponível em: http://www.museus.gov.br/wp-content/uploads/2014/10/CartilhaPNPS1.pdf. Acesso em: 24 jun. 2021.

CARVALHO, Gilberto. Bendita polêmica! *Folha de São Paulo*, São Paulo, 14 jun. 2014. Caderno Opinião, p. A3.

CELSO TEIXEIRA, Elenaldo. Sistematização: Efetividade e Eficácia dos Conselhos. In: CARVALHO, M. C.; TEIXEIRA, A. C. (Org.). *Revista Pólis*: Conselhos Gestores de Políticas Públicas. São Paulo: Instituto Pólis, 2000. p. 92-96.

CHAUÍ, Marilena. Considerações sobre a democracia e os obstáculos à sua concretização. In: TEIXEIRA, Ana Claudia Chaves (Org.). *Os sentidos da democracia e da participação.* V. 47. São Paulo: Instituto, Pólis, 2005. p. 23-30.

CLOVIS DE AZEVEDO, Jose. Prefácio. In: BELLO DE SOUZA, Donaldo. *Conselhos municipais e controle social da educação*: descentralização, participação e cidadania. São Paulo: Xamã, 2008. p. 13-24.

COELHO, Vera Schattan P. Conselho de saúde enquanto instituições políticas: o que está faltando? In: COELHO, Vera S. P.; NOBRE, Marcos (Org.). *Participação e deliberação.* São Paulo: Editora 34, 2004. p. 255-269.

COHEN, Joshua; ROGERS, Joel. Secondary associations and democratic governance. *Politicy & Society*, v. 20, n. 4, 1992.

COHN, Amélia. A Participação Social e os Conselhos de Políticas Públicas: avanços e dilemas na institucionalização da relação estado-sociedade no Brasil. In: CARDOSO JR, José Celso; BERCOVICI, Gilberto (Org.). *República, democracia e desenvolvimento*: contribuições ao Estado brasileiro contemporâneo. v. 10. Brasília: Ipea, 2013. p. 447-464.

CONSTANT, Benjamin. Écrits politiques. Textes choisism présentés et annotés par Marcel Gauchet, France: Gallimard, 2010.

CORDEIRO, Silvia; CORNWALL, Andrea; DELGADO, Nelson. A luta por participação e controle social em um Conselho Municipal de Saúde. In: ROMANO, Jorge O.; ANDRADE, Maristela de Paula; ANTUNES, Marta (Org.). *Olhar crítico sobre participação e cidadania*: a construção de uma governança democrática e participativa a partir do local. V. 1. São Paulo: Expressão Popular, Action Aid Brasil, 2007. p. 199-255. (Coleção Olhar Crítico).

CÔRTES, Soraya M. Vargas. Foros Participativos y gobernabilidad. Uma sistematización de las contribuciones de la literatura. In: LUBAMBO, Catia Wanderly; COÊLHO, Denilson Bandeira; MELO, Marcus André (Org.). *Diseño institucional y participación política: experiencias en el Brasil contemporâneo*. Buenos Aires: Conselho Latino-americano de Ciências Sociais, 2006. p. 15-37.

COSTON, Jennifer M. A Model and Typology of Goverment – NGO Relationships. *Nonprofit and Voluntary Sector Quarterly*, v. 27, n. 3, p. 358-382, 1998.

COULANGES, Fustel de. *A Cidade Antiga*. Tradução de Jean Melville. São Paulo: Martin Claret, 2002.

COUTINHO, Diogo R. O direito nas políticas públicas. In: MARQUES, Eduardo; FARIA, Carlos Aurélio Pimenta de (Org.). *A política pública como campo multidisciplinar*. Rio de Janeiro/São Paulo: Editora Fiocruz, Editora Unesp, 2013. p. 181-200.

CUNHA, Eleonora Schettini M.; PINHEIRO, Marcia Maria Biondi. Conselhos nacionais: condicionantes políticos e efetividade social. In: AVRITZER, Leonardo (Org.). *Experiências nacionais de participação social*. São Paulo: Cortez, 2009. p. 142-156.

DAGNINO, Evelina. Sociedade civil, espaços públicos e a construção democrática no brasil: limites e possibilidade. In: DAGNINO, Evelina (Org.). *Sociedade civil e espaços públicos no Brasil*. Rio de Janeiro: Paz e Terra, 2002. p. 279-301.

DAHL, Robert A. *A democracia e seus críticos*. Tradução de Patrícia de Freitas Ribeiro, revisão da tradução de Aníbal Mari. São Paulo: Editora WMF Martins Fontes, 2012.

DAHL, Robert A. *Poliarquia*. São Paulo: Edusp, 1997.

DAHL, Robert A. *Sobre a democracia*. Tradução de Betriz Sidou. Brasília: Editora UnB, 2001.

DALLARI, Dalmo de Abreu. A participação popular e suas conquistas. In: MICHILES, Carlos et al. *Cidadão constituinte*: a saga das emendas populares. Rio de Janeiro: Paz e Terra, 1989. p. 378-388.

DALLARI, Dalmo de Abreu. *O que é participação política*. São Paulo: Abril/Brasiliense, 1984.

DIAMOND, Larry. *O espírito da democracia*: a luta pela construção de sociedades livres em todo o mundo. Curitiba: Atuação, 2015.

DIEGUEZ, Consuelo. Ação entre amigos. Conselho de Educação autoriza abertura de faculdades de parentes e sócios dos conselheiros. *Veja*, ed. 1.698, ano 34, n. 17, São Paulo, 2 maio 2001. p. 104-105.

DOWBOR, Monika; HOUTZAGER, Peter; SERAFIM, Lizandra. *Enfrentando os desafios da participação em espaços participativos*. São Paulo: Cebrap – Institute of Development Studies, 2008.

DRAIBE, Sonia. *A nova institucionalidade do Sistema Brasileiro de Políticas Sociais*: Os Conselhos Nacionais de Políticas Setoriais. Campinas: Cadernos de Pesquisa, n. 35, 1998. p. 1-26.

DULCI, Luiz. Governabilidade ampliada e participação social no governo Lula. *Governo e sociedade civil: um debate sobre espaços públicos democráticos*. São Paulo: Peirópolis, ABONG, 2003. p. 41-52.

EDITORIAL. Ações e reações. *O Estado de S. Paulo*, São Paulo, 6 jun. 2014. Notas & Informações, p. A3.

EVANS, Mark. *Social participation in holistic perspective*: Lessons from Europe. University of Canberra: Anzsog Institute for Governance, 2012.

FAORO, Raymundo. *Os donos do poder*: formação do patronato político brasileiro. 3. ed. São Paulo: Globo, 2001.

FARHAT, Saïd. *Lobby*: o que é: como se faz: ética e transparência na representação junto a governos. São Paulo: Petrópolis, ABERJE, 2007.

FARIA, Cláudia Feres. Os determinantes da efetividade democrática da participação social. In: AVRITZER, Leonardo; STARLING, Heloísa; FARIA, Cláudia Feres. *Democracia, República e Participação*. 2. imp. Belo Horizonte: UFMG, 2010. p. 71-88.

FERREIRA DA SILVA, Andréia. O Conselho Nacional de Educação e a dança das cadeiras: uma análise de sua composição e atuação nos anos de 1990. *Revista Universidade e Sociedade*. Distrito Federal, ano XIII, n. 30, p. 171-176, jun. 2003.

FERREIRA DA SILVA, Andréia. O Conselho Nacional de Educação e as políticas de privatização da educação superior no governo de FHC. *Inter-Ação: Revista da Faculdade de Educação*, Universidade Federal de Goiás, Goiás: UFG, 2005, n. 30, p. 75-98.

FERREIRA, Oliveiros S. Um decreto abre o caminho da servidão. *O Estado de S. Paulo*, São Paulo, 4 jun. 2014. Espaço aberto, p. A2.

FISHKIN, James S. *Quando o povo fala*: democracia deliberativa e consulta pública. Tradução de Vítor Adriano Liebel. Curitiba: Instituto Atuação, 2015.

FREIRE, Paulo. *Pedagogia da autonomia*: saberes necessários à prática educativa. 34. ed. São Paulo: Paz e Terra, 2006.

FUNG, Archon; WRIGHT, Eric Olin. (Ed.). *Deepening democracy*: institutional innovation in empowered participatory governance. Londres: Verso, 2003.

FUNG, Archon; WRIGHT, Eric Olin. *Empowered participation*: reinventing urban democracy. Princeton: Princeton University Press, 2004a.

FUNG, Archon; WRIGHT, Eric Olin. Receitas para esferas públicas: oito desenhos institucionais e suas consequências. In: COELHO, Vera S. P.; NOBRE, Marcos (Org.). *Participação e deliberação*. São Paulo: Editora 34, 2004b. p. 173-209.

FUNG, Archon; WRIGHT, Eric Olin. Varieties of participation in complex governance. *Public Administration Review*, Special Issue, 2006.

GAVENTA, J. Deepening the 'Deepening Democracy'. *Debate*. Brighton, IDS, Working Papers Series 264, 2006.

GOHN, Maria da Glória. *Conselhos gestores e participação sociopolítica*. 4. ed. São Paulo: Cortês, 2011.

GOHN, Maria da Glória. Conselhos municipais de acompanhamento e controle social em Educação: participação, cidadania e descentralização? In: BELLO DE SOUZA, Donaldo. *Conselhos municipais e controle social da educação*: descentralização, participação e cidadania. São Paulo: Xamã, 2008b. p. 97-113.

GOHN, Maria da Glória. *O protagonismo da sociedade civil*: movimentos sociais, ONGs e redes solidárias. 2. ed. São Paulo: Cortez, 2008a.

GOHN, Maria da Glória. Os Conselhos de Educação e a Reforma do Estado. *Conselhos gestores de políticas públicas*. São Paulo: Pólis, v. 37, n. 11, p. 35-40, 2003.

GOMIDE, Alexandre de Ávila; PIRES, Roberto Rocha C. Capacidades Estatais e Democracia: a abordagem dos arranjos institucionais para análise de políticas públicas. In: GOMIDE, Alexandre de Ávila; PIRES, Roberto Rocha C. (Ed.). *Capacidades estatais e democracia*: arranjos institucionais de políticas públicas. Brasília: Ipea, 2014. p. 15-28.

GUERRA, Isabel. O território como espaço de ação coletiva: paradoxos e possibilidades do "jogo estratégico de atores" no planejamento territorial em Portugal. In: SANTOS, Boaventura de Sousa (Org.). *Democratizar a democracia*: os caminhos da democracia participativa. 2. ed. Rio de Janeiro: Civilização Brasileira, 2003. p. 341-372.

HABERMAS, Jürgen. Soberania popular como procedimento. *Novos Estudos*, CEBRAP, n. 26, 1990.

HADDAD, Fernando. Vivi na pele o que aprendi nos livros: Um encontro com o patrimonialismo brasileiro. *Piauí*, ed. 129, ano 11, São Paulo, p. 28-37, jun. 2017.

HAYEK, Friedrich A. *The Constitucion of Liberty*. United States: University of Chicago Press, 1960.

HELD, David. *Modelos de Democracia*. Tradução de Alexandre Sobreira Martins. Belo Horizonte: Editora Paidéia, 1987.

HIRST, Paul. *Associative democracy*: new forms of economic and social governance. Boston: MIT Press, 1994.

IMMERGUT, Ellen M. O núcleo teórico do novo institucionalismo. In: SARAVIA, Enrique; FERRAREZI, Elisabete. *Políticas Públicas*. v. I. Brasília: Escola Nacional de Administração Pública- ENAP, 2006. p. 155-195.

JACOBI, Pedro Roberto. Participação, cidadania e descentralização: alcance e limites da engenharia institucional. In: BELLO DE SOUZA, Donaldo. *Conselhos municipais e controle social da educação*: descentralização, participação e cidadania. São Paulo: Xamã, 2008. p. 115-130.

KAUFMAN, Arnold. Human nature and Participatory Democracy. In: FRIEDERICH, Carl J. (Ed.). *Responsablity: Nomos III*. New York: Liberal Arts Press, 1960.

KINGDON, John. *Agendas, alternatives, and public policies*. New York: Longman, 1995.

LAMBERTUCCI, Antonio Roberto. A participação social no governo Lula. In: AVRITZER, Leonardo (Org.). *Experiências nacionais de participação social*. São Paulo: Cortez, 2009. p. 70-89.

LAVALLE, Adrian Gurza. Crítica ao modelo da nova sociedade civil. *Lua Nova*. São Paulo: Cedec, n. 47, p. 121-135, 1999.

LAVALLE, Adrian Gurza. Prefácio: Inovações analíticas para entender atores e instituições no Brasil contemporâneo. In: CARLOS, Euzeneia; OLIVEIRA, Osmany Porto de; ROMÃO, Wagner de Melo (Org.). *Sociedade civil e políticas públicas*: atores e instituições no Brasil contemporâneo. Chapecó: Argos, 2014. p. 9-14.

LAVALLE, Adrian Gurza; HOUTZAGER, Peter P.; ACHARYA, Arnab. Lugares e atores da democracia: arranjos institucionais participativos e sociedade civil em São Paulo. In: COELHO, Vera S. P.; NOBRE, Marcos (Org.). *Participação e deliberação*. São Paulo: Editora 34, 2004. p. 343-367.

LAVALLE, Adrian Gurza; HOUTZAGER, Peter P.; CASTELLO, Graziela. Democracia, pluralização da representação e sociedade civil. *Lua Nova*. São Paulo: Cedec, n. 67, p. 49-103, 2006.

LIJPHART, Arend. *Modelos de democracia*. Tradução de Roberto Franco. Rio de Janeiro: Civilização Brasileira, 2003.

LIMA, Paula Pompeu Fiuza. Práticas e desafios no exercício da representação política: as dinâmicas da representatividade em conselhos nacionais. In: CARLOS, Euzeneia; OLIVEIRA, Osmany Porto de; ROMÃO, Wagner de Melo. *Sociedade civil e políticas públicas*: atores e instituições no Brasil contemporâneo. Chapecó: Argos, 2014. p. 299-347.

LIMONGI, Fernando Papaterra. "Federalista": remédios republicanos para males republicanos. In: WEFFORT, Francisco (Org.). *Os Clássicos da Política*. 13. ed. v. 1. São Paulo: Ática, 2001. p. 243-287.

LIMONGI, Fernando Papaterra. Prefácio. In: DAHL, Roberto A. *Poliarquia*: Participação e Oposição. São Paulo: Editora da Universidade de São Paulo, 2005. p. 11-22. (Clássicos 9).

LOCKE, John. *Dois Tratados Sobre o Governo*. Tradução de Julio Fischer. São Paulo: Martins Fontes, 2001.

LUCE, Maria Beatriz; FARENZENA, Nalú. Conselhos municipais em Educação, descentralização e gestão democrática: discutindo interseções. In: BELLO DE SOUZA, Donaldo. *Conselhos municipais e controle social da educação*: descentralização, participação e cidadania. São Paulo: Xamã, 2008. p. 75-96.

LÜCHMANN, Lígia Helena Hahn. A representação no interior das experiências de participação. *Lua Nova*. São Paulo: Cedec, n. 70, p. 139-170, 2007.

LÜCHMANN, Lígia Helena Hahn. Abordagens teóricas sobre o associativismo e seus efeitos democráticos. *Revista Brasileira de Ciências Sociais*, São Paulo, v. 29, n. 85, jun. 2014.

LÜCHMANN, Lígia Helena Hahn. Os sentidos e desafios da participação. *Revista de Ciências Sociais Unisinos*. São Leopoldo: Universidade do Vale do Rio dos Sinos, Editoria de Periódicos Científicos, v. 42, p. 19-26, jan./abr. 2006.

LUKIC, Melina Rocha; TOMAZINI, Carla. As ideias também importam: a abordagem cognitiva de políticas públicas no Brasil. In: LUKIC, Melina Rocha; TOMAZINI, Carla (Coord.). *As ideias também importam*: abordagem cognitiva e políticas públicas no Brasil. Curitiba: Juruá, 2013. p. 7-18.

MACPHERSON, Crawford. *Democracia liberal*: origens e evolução. Rio de Janeiro: Jorge Zahar, 1978.

MAGNOLI, Demétrio. Supercorporativismo. *Folha de São Paulo*, São Paulo, 7 jun. 2014. Caderno Poder, p. A6.

MANCUSO, Wagner Pralon; GONÇALVES, Maetê Pedroso; MENCARINI, Fabrizio. Colcha de retalhos: a política de concessão de benefícios tributários ao empresariado no Brasil (1988-2006). In: MANCUSO, Wagner Pralon; LEOPOLDI, Maria Antonieta Parahyba; IGLESIAS, Wagner (Org.). *Estado, empresariado e desenvolvimento no Brasil*: novas teorias, novas trajetórias. São Paulo: Editora de Cultura, 2010.

MANCUSO, Wagner Pralon; GOZETTO, Andréa Cristina Oliveira. Lobby e Políticas Públicas no Brasil. In: LUKIC, Melina Rocha; TOMAZINI, Carla (Coord.). *As ideias também importam*: abordagem cognitiva e políticas públicas no Brasil. Curitiba: Juruá, 2013. p. 21-39.

MANCUSO, Wagner Pralon; MOREIRA, Davi Cordeiro. Benefícios tributários valem a pena? Um estudo de formulação de políticas públicas. *Revista de Sociologia e Política*, v. 21, Curitiba: UFPR, p. 107-121, 2013.

MANIN, Bernard. *Principles of Representative Government*. Cambridge: Cambridge University Press, 1997.

MANIN, Bernard; PRZEWORSKI, Adam; STROKES, Susan C. Eleições e representação. *Lua Nova*. São Paulo: Cedec, n. 67, p. 105-138, 2006.

MANSBRIDGE, Jane. *Beyond Adversary Democracy*. Chicago: University of Chicago Press, 1983.

MARQUES, Eduardo Cesar. As políticas públicas na ciência política. In: MARQUES, Eduardo; FARIA, Carlos Aurélio Pimenta de (Org.). *A política pública como campo multidisciplinar*. Rio de Janeiro/São Paulo: Editora Fiocruz, Editora Unesp, 2013. p. 23-46.

MARQUES, Eduardo Cesar. *Redes sociais, instituições e atores políticos no governo da cidade de São Paulo*. São Paulo: Annablume, Fapesp, 2003.

MARTINES JUNIOR, Eduardo. As Instituições de Educação Superior e as Autoridades Estatais: Autonomia e Controle. In: RANIERI, Nina (Coord.). *Direito à Educação*: Aspectos Constitucionais. São Paulo: Editora da Universidade de São Paulo, 2009. p. 113-122.

MARTINS, Ives Gandra da Silva. Por um Congresso inexpressivo. *Folha de São Paulo*, São Paulo, 10 jun. 2014. Caderno Opinião, p. A3.

MENDONÇA, Patricia M. E.; ALVES, Mario Aquino; NOGUEIRA, Fernando do A. Quadro geral da Arquitetura de Apoio às OSCs: tendências e reflexões. In: MENDONÇA, Patricia M. E.; ALVES, Mario Aquino; NOGUEIRA, Fernando do A. *Arquitetura Institucional de Apoio às Organizações da Sociedade Civil no Brasil*. São Paulo: FGV, 2013. p. 25-41.

MENICUCCI, Telma Maria Gonçalves; CARNEIRO, Ricardo. Gestão pública no século XXI: as reformas pendentes. In: FUNDAÇÃO OSWALDO CRUZ. A saúde no Brasil em 2030: prospecção estratégica do sistema de saúde brasileiro: desenvolvimento, Estado e políticas de saúde [online]. v. 1. Rio de Janeiro: Fiocruz/Ipea/Ministério da Saúde/ Secretaria de Assuntos Estratégicos da Presidência da República, 2013. p. 135-194.

MESQUITA, Fernão Lara. Acorda, jornalista! *Folha de São Paulo*, São Paulo, 11 jun. 2014. Caderno Opinião, p. A5.

MICHILES, Carlos; VIEIRA FILHO, Emmanuel Gonçalves; FERREIRA, Francisco Whitaker; COELHO, João Gilberto Lucas; MOURA, Maria da Glória Veiga; PRADO, Regina de Paula Santos. *Cidadão constituinte*: a saga das emendas populares. Rio de Janeiro: Paz e Terra, 1989.

MILL, John Stuart. *O Governo Representativo*. Tradução de Manoel Innocêncio de L. Santos Jr. Brasília: Editora da Universidade de Brasília, 1981.

MOISÉS, José Álvaro. *Os Brasileiros e a Democracia*: Bases sócio-políticas da legitimidade democrática. São Paulo: Editora Ática, 1995.

MORONI, José Antônio. O direito à participação no governo Lula. In: AVRITZER, Leonardo (Org.). *Experiências nacionais de participação social*. São Paulo: Cortez, 2009. p. 107-141.

NOBRE, Marcos. Participação e deliberação na teoria democrátiva: uma introdução. In: COELHO, Vera S. P.; NOBRE, Marcos (Org.). *Participação e deliberação*. São Paulo: Editora 34, 2004. p. 21-40.

NUNES, Edson de Oliveira; BARROSO, Helena Maria; FERNANDES, Ivanildo Ramos. *Do CNE ao CNE*: 80 anos de política regulatória. Texto apresentado no "Fórum sobre os 15 anos do CNE e 100 anos dos Conselhos de Educação do Brasil", CNE, Brasília, 8 de novembro de 2011.

OUTHWAITE, William; BOTTOMORE, Tom (Ed.) Tradução de Eduardo Francisco Alves e Álvaro Cabral. *Dicionário do Pensamento Social do Século XX*. Rio de Janeiro: Jorge Zahar Editor, 1996.

PANNUNZIO, Eduardo. O Poder Judiciário e o Direito à Educação. In: RANIERI, Nina (Coord.). *Direito à Educação*: Aspectos Constitucionais. São Paulo: Editora da Universidade de São Paulo, 2009. p. 61-88.

PATEMAN, Carole. *Participação e Teoria Democrática*. Rio de Janeiro: Paz e Terra, 1992.

PEDRINI, Dalila Maria; ADAMS, Telmo; RABASSA DA SILVA, Vini. Controle social e fortalecimento da democracia participativa – dilemas e perspectivas. In: PEDRINI, Dalila Maria; ADAMS, Telmo; RABASSA DA SILVA, Vini (Org.). *Controle social de políticas públicas*: caminhos, descobertas e desafios. São Paulo: Paulus, 2007. p. 223-237.

PEREIRA, Natália; LIMA, Afonso Augusto Teixeira de Freitas de Carvalho; MARTINS, Simone. Contribuições de estudos brasileiros sobre os Conselhos de Políticas Públicas como instância legítima do processo decisório na Administração. In: FERREIRA, Marco Aurélio Marques; ABRANTES, Luiz Antônio (Org.). *Políticas públicas, gestão e sociedade*. Viçosa: Triunfal Gráfica e Editora, 2013. p. 9-36.

PINTO, Céli Regina Jardim. Espaços Deliberativos e a Questão da Representação. *Revista Brasileira de Ciências Sociais*, v. 19, n. 54, São Paulo: ANPOCS, 2004, p. 97-114.

PITKIN, Hanna Fenichel. Representação: palavras, instituição e idéias. *Lua Nova*. São Paulo: Cedec, n. 67, p. 15-47, 2006.

POMPEU, Gina Vidal Marcílio. Municipalismo, controle social e controle estatal: trabalho coeso para garantir a efetivação do direito à educação. In: BELLO DE SOUZA, Donaldo. *Conselhos municipais e controle social da educação*: descentralização, participação e cidadania. São Paulo: Xamã, 2008. p. 31-51.

PRZEWORSKI, Adam. *Money, Politics, and Demmocracy*. Texto apresentado em seminário do DCP-USP, São Paulo, 2011.

PUTNAM, Robert D. *Making Democracy Work*: Civic Traditions in Modern Italy. Princeton: Princeton University Press, 1993.

RABASSA DA SILVA, Vini. Controle social de políticas públicas: uma reflexão sobre os resultados da pesquisa. In: PEDRINI, Dalila Maria; ADAMS, Telmo; RABASSA DA SILVA, Vini (Org.). *Controle social de políticas públicas*: caminhos, descobertas e desafios. São Paulo: Paulus, 2007. p. 179-205.

RANIERI, Nina Beatriz Stocco. *Educação Superior, Direito e Estado*: na Lei de Diretrizes e Bases (Lei nº 9.394/96). São Paulo: Editora da Universidade de São Paulo/Fapesp, 2000.

RANIERI, Nina Beatriz Stocco. Os Estados e o Direito à Educação na Constituição de 1988: Comentários Acerca da Jurisprudência do Supremo Tribunal Federal. In: RANIERI, Nina Beatriz Stocco (Coord.). *Direito à Educação*: Aspectos Constitucionais. São Paulo: Editora da Universidade de São Paulo, 2009. p. 39-59.

REIS, Fábio Wanderley. Deliberação, interesses e "sociedade civil". In: COELHO, Vera S. P.; NOBRE, Marcos (Org.). *Participação e deliberação*. São Paulo: Editora 34, 2004. p. 63-92.

RENATO SOUZA, Paulo. Um exame necessário. *Folha de São Paulo*, São Paulo, 26 mar. 1995. Primeiro Caderno. Tendências/Debates. P. Caderno Opinião, p. 3.

REVISTA VEJA. Edição 1.700, ano 34, n. 19, São Paulo, 16 maio 2001, p. 26.

REZENDE PINTO, José Marcelino de. O potencial de controle social dos conselhos do Fundef e o que se pode esperar dos conselhos do Fundeb. In: BELLO DE SOUZA, Donaldo. *Conselhos municipais e controle social da educação*: descentralização, participação e cidadania. São Paulo: Xamã, 2008. p. 153-168.

RIPLEY, Randall. Stages of the policy process. In: MCCOOL, Daniel C. (Ed.). *Public policy theories, models, and concepts*: an anthology. New Jersey: Prentice Hall, 1995.

ROMANO, Jorge O.; ANDRADE, Maristela de Paula; ANTUNES, Marta. Apresentação: um olhar crítico sobre processos de participação e cidadania. In: ROMANO, Jorge O.; ANDRADE, Maristela de Paula; ANTUNES, Marta (Org.). *Olhar crítico sobre participação e cidadania*: a construção de uma governança democrática e participativa a partir do local. v. 1. São Paulo: Expressão Popular, Action Aid Brasil, 2007. p. 9-13. (Coleção Olhar Crítico)

ROMANO, Santi. *O ordenamento jurídico*. Tradução de Arno Dal Ri Júnior. Florianópolis: Fundação Boiteux, 2008.

RUCCI, Rudá. Reencontro do Estado com as ruas. *Folha de São Paulo*, São Paulo, 11 jun. 2014. Caderno Opinião, p. A5.

SABATIER. Paul. *Theories of the policy process*. Boulder Colo: Westview, collection Theoretical Lenses on Public Policy, 1999.

SANTOS, Boaventura de Sousa (Org.). *Democratizar a democracia*: os caminhos da democracia participativa. 2. ed. Rio de Janeiro: Civilização Brasileira, 2003.

SANTOS, Boaventura de Sousa; AVRITZER, Leonardo. Introdução: para ampliar o cânone democrático. In: SANTOS, Boaventura de Sousa (Org.). *Democratizar a democracia*: os caminhos da democracia participativa. 2. ed. Rio de Janeiro: Civilização Brasileira, 2003. p. 39-78.

SARTORI, Giovani. *A Teoria da Democracia Revisitada*: as questões clássicas. v. 2. São Paulo: Editora Ática, 1994.

SCHOMMER, Paula Chies. Relações Estado-Sociedade no Brasil: Arquitetura Institucional, *Accountability* e Coprodução do Bem Público. In: MENDONÇA, Patricia M. E.; ALVES, Mario Aquino; NOGUEIRA, Fernando do A. *Arquitetura Institucional de Apoio às Organizações da Sociedade Civil no Brasil*. São Paulo: FGV, 2013. p. 181-205.

SCHUMPETER, Joseph A. *Capitalismo, socialismo e democracia*. Rio de Janeiro: Zahar, 1984.

SCHWARZ, Rodrigo Garcia. *Os Direitos Sociais e a Sindicabilidade Judicial das Políticas Públicas Sociais no Estado Democrático de Direito*. São Paulo: LTr, 2013.

SECCHI, Leonardo. *Políticas públicas*: conceitos, esquemas de análise, casos práticos. 2. ed. São Paulo: Cengage Learning, 2013.

SEGATTO, Catarina Ianni. O espaço das Organizações da Sociedade Civil de Defesa de Direitos na relação Governo-Sociedade no Brasil. In: MENDONÇA, Patricia M. E.; ALVES, Mario Aquino; NOGUEIRA, Fernando do A. *Arquitetura Institucional de Apoio às Organizações da Sociedade Civil no Brasil*. São Paulo: FGV, 2013. p. 145-165.

SHERER-WARREN, Ilse. Das ações coletivas às redes de movimentos sociais. In: SHERER-WARREN, Ilse; PEREIRA, Maria de Lourdes Dolabela; AVRITZER, Leonardo; ALMEIDA, Debora Cristina de; CUNHA, Eleonora Schettini. *Controle Público e Democracia*. Módulo VI – Programa de Formação de Conselheiros Nacionais, n. 6. Belo Horizonte: UFMG, 2009. p. 9-35.

SILVA, José Afonso. *Curso de Direito Constitucional Positivo*. 37. ed. São Paulo: Editora Malheiros, 2014.

SOUZA, Celina. Estado da Arte da Pesquisa em Políticas Públicas. In: HOCHMAN, Gilberto; ARRETCHE, Marta; MARQUES, Eduardo (Org.). *Políticas públicas no Brasil*. Rio de Janeiro: Editora Fiocruz, 2007. p. 65-86.

STRECK, Lenio Luiz; MORAIS, Jose Juis Bolzan de. *Ciência política e teoria do estado*. Porto Alegre: Livraria do Advogado, 2014.

TATAGIBA, Luciana. Os conselhos gestores e a democratização das políticas públicas no Brasil. In: DAGNINO, Evelina (Org.). *Sociedade civil e espaços públicos no Brasil*. São Paulo: Paz e Terra, 2002. p. 47-103.

TATAGIBA, Luciana; TEIXEIRA, Ana Claudia Chaves. *Movimentos sociais e sistema político: os desafios da participação*. Observatório dos Direitos do Cidadão: acompanhamento e análise das políticas públicas da cidade de São Paulo. v. 25. São Paulo: Instituto Pólis / PUC-SP, 2005.

TEIXEIRA, Ana Claudia Chaves; SOUZA, Clóvis Henrique Leite de; LIMA, Paula Pompeu Fiuza. *Arquitetura da Participação no Brasil*: uma leitura das representações em espaços participativos nacionais. Brasília: IPEA, 2012. p. 1-44. (Textos para discussão Ipea, n. 1735)

TELLES JÚNIOR, Goffredo. O poder do povo. In: CLÈVE, Clèmerson Merlin; BARROSO, Luís Roberto. *Doutrinas Essenciais*: Direito Constitucional. Volume II – Teoria Geral do Estado. São Paulo: Revista dos Tribunais, 2013. p. 307-338.

UGARTE, Pedro Salazar. Que participação para qual democracia? In: COELHO, Vera S. P.; NOBRE, Marcos (Org.). *Participação e deliberação*. São Paulo: Editora 34, 2004. p. 93-106.

VALLE, Bertha de Borja Reis do. Controle social da educação: aspectos históricos e legais. In: BELLO DE SOUZA, Donaldo. *Conselhos municipais e controle social da educação*: descentralização, participação e cidadania. São Paulo: Xamã, 2008. p. 53-74.

VELLOSO, Carlos. Participação sim, mas com base na lei. *Folha de São Paulo*, São Paulo, 14 jun. 2014. Caderno Opinião, p. A3.

VERBA; Sidney; SCHLOZMAN, Kay Lehman; BRADY, Henry. *Voice and Equality*: Civic Voluntarism in American Politics. Cambridge: Harvard University Press, 1995.

WARREN, Mark E. A second transformation of democracy? In: CAIN, B. E.; DALTON, R. J.; SCARROW, S. E. (Org.). *Democracy transformed?* Expanding political opportunities in advanced industrial democracies. New York: Oxford University Press, 2006. p. 223-248.

WARREN, Mark E. *Democracy and Associations*. New Jersey, Princeton University Press, 2001.

WARREN, Mark E. What Can Democratic Participation Mean Today? *Political Theory*, v. 30, n. 5, p. 677-701, out. 2002.

WEBER, Max. *Economia e Sociedade*: fundamentos da sociologia compreensiva. Tradução de Regis Barbosa e Karen Elsabe Barbosa; revisão técnica de Gabriel Cohn. 3. ed. v. 1. Brasília: Universidade de Brasília, 1994.

WEBER, Max. *Economia e Sociedade*: fundamentos da sociologia compreensiva. Tradução de Regis Barbosa e Karen Elsabe Barbosa; revisão técnica Gabriel Cohn. v. 2. Brasília: Universidade de Brasília, 1999.

WEFFORT, Francisco. Why Democracy? In: STEPAN, Alfred (Ed.). *Democratizing Brazil*: Problems of Transition and Consolidation. New York: Oxford University Press, 1989. p. 327-350.

ANEXO I

REVISTA DOCUMENTA
QUADRO DE EVOLUÇÃO DA COMPOSIÇÃO DO HOJE DENOMINADO CNE: 1988-2005

Janeiro de 1988-Julho de 1988	
Presidente da República	José Sarney
Ministro da Educação	Hugo Napoleão
Conselho Federal de Educação	
Conselheiros	
Fernando Affonso Gay da Fonseca	**Presidente**
Jucundino da Silva Furtado	**Vice-Presidente**
Afrânio dos Santos Coutinho	Lafayette de Azevedo Pondé
Anna Bernardes da Silveira Rocha	Lauro Franco Leitão
Antônio Geraldo Amaral Rosa (Padre)	Lêda Maria Chaves Tajra
Arnaldo Niskier	Lourenço de Almeida Prado (Dom)
Caio Tácito	Manoel Gonçalves Ferreira Filho
Ernani Bayer	Mauro Costa Rodrigues
Felipe Tiago Gomes	Nilson Paulo
Ib Gatto Falcão	Norbertino Bahiense Filho
Jessé Guimarães	Tarcísio Guido Della Senta
João Faustino Ferreira Neto	Virgínio Cândido Tosta de Souza
João Paulo do Valle Mendes	Walter Ramos da Costa Porto
	Zilma Gomes Parente de Barros

In Documenta. Brasília. nº 325, p. 1-346, janeiro de 1988, contracapa.

Composição que se repete:

In Documenta. Brasília. nº 326, p. 1-235, fevereiro de 1988, contracapa.

In Documenta. Brasília. nº 327, p. 1-230, março de 1988, contracapa.

In Documenta. Brasília. nº 328, p. 1-208, abril de 1988, contracapa.

In Documenta. Brasília. nº 329, p. 1-250, maio de 1988, contracapa.

In Documenta. Brasília. nº 330, p. 1-260, junho de 1988, contracapa.

In Documenta. Brasília. nº 331, p. 1-378, julho de 1988, contracapa.

Agosto de 1988	
Presidente da República	José Sarney
Ministro da Educação	Hugo Napoleão
Conselho Federal de Educação	
Conselheiros	
Fernando Affonso Gay da Fonseca	Presidente
Jucundino da Silva Furtado	Vice-Presidente
Afrânio dos Santos Coutinho	Lauro Franco Leitão
Anna Bernardes da Silveira Rocha	Lêda Maria Chaves Tajra
Antônio Geraldo Amaral Rosa (Padre)	Lourenço de Almeida Prado (Dom)
Arnaldo Niskier	Manoel Gonçalves Ferreira Filho
Caio Tácito	Mauro Costa Rodrigues
Ernani Bayer	Nilson Paulo
Felipe Tiago Gomes	Norbertino Bahiense Filho
Ib Gatto Falcão	Virgínio Cândido Tosta de Souza
Jessé Guimarães	Walter Ramos da Costa Porto
João Faustino Ferreira Neto	Yugo Okida
João Paulo do Valle Mendes	Zilma Gomes Parente de Barros
Lafayette de Azevedo Pondé	

In Documenta. Brasília. nº 332, p. 1-239, agosto de 1988, contracapa.

Setembro de 1988	
Presidente da República	José Sarney
Ministro da Educação	Hugo Napoleão
Conselho Federal de Educação	
Conselheiros	
Fernando Affonso Gay da Fonseca	Presidente
Afrânio dos Santos Coutinho	Lafayette de Azevedo Pondé
Anna Bernardes da Silveira Rocha	Lauro Franco Leitão
Antônio Geraldo Amaral Rosa (Padre)	Lêda Maria Chaves Tajra
Arnaldo Niskier	Lourenço de Almeida Prado (Dom)
Caio Tácito	Manoel Gonçalves Ferreira Filho
Ernani Bayer	Nilson Paulo
Felipe Tiago Gomes	Norbertino Bahiense Filho
Ib Gatto Falcão	Virgínio Cândido Tosta de Souza
Jessé Guimarães	Walter Ramos da Costa Porto
João Faustino Ferreira Neto	Yugo Okida
João Paulo do Valle Mendes	Zilma Gomes Parente de Barros
Josaphat Ramos Marinho	

In Documenta. Brasília. nº 333, p. 1-260, setembro de 1988, contracapa.

ANEXO I | 165

Outubro de 1988

Presidente da República	José Sarney
Ministro da Educação	Hugo Napoleão

Conselho Federal de Educação
Conselheiros

Fernando Affonso Gay da Fonseca	Presidente
Manoel Gonçalves Ferreira Filho	Vice-Presidente

Afrânio dos Santos Coutinho	Lafayette de Azevedo Pondé
Anna Bernardes da Silveira Rocha	Lauro Franco Leitão
Antônio Geraldo Amaral Rosa (Padre)	Lêda Maria Chaves Tajra
Arnaldo Niskier	Lourenço de Almeida Prado (Dom)
Caio Tácito	Norbertino Bahiense Filho
Ernani Bayer	Virgínio Cândido Tosta de Souza
Felipe Tiago Gomes	Walter Ramos da Costa Porto
Ib Gatto Falcão	Yugo Okida
Jessé Guimarães	Zilma Gomes Parente de Barros
João Faustino Ferreira Neto	
João Paulo do Valle Mendes	
Josaphat Ramos Marinho	

In Documenta. Brasília. nº 334, p. 1-317, outubro de 1988, contracapa.

Novembro de 1988

Presidente da República	José Sarney
Ministro da Educação	Hugo Napoleão

Conselho Federal de Educação
Conselheiros

Fernando Affonso Gay da Fonseca	Presidente
Manoel Gonçalves Ferreira Filho	Vice-Presidente

Afrânio dos Santos Coutinho	João Paulo do Valle Mendes
Anna Bernardes da Silveira Rocha	Josaphat Ramos Marinho
Antônio Geraldo Amaral Rosa (Padre)	Lafayette de Azevedo Pondé
Arnaldo Niskier	Lauro Franco Leitão
Caio Tácito	Lêda Maria Sousa Chaves
Ernani Bayer	Lourenço de Almeida Prado (Dom)
Felipe Tiago Gomes	Norbertino Bahiense Filho
Ib Gatto Falcão	Virgínio Cândido Tosta de Souza
Jacks Grinberg	Walter Ramos da Costa Porto
Jessé Guimarães	Yugo Okida
João Faustino Ferreira Neto	Zilma Gomes Parente de Barros

In Documenta. Brasília. nº 335, p. 1-414, novembro de 1988, contracapa.

Dezembro de 1988	
Presidente da República	José Sarney
Ministro da Educação	Hugo Napoleão
Conselho Federal de Educação	
Conselheiros	
Fernando Affonso Gay da Fonseca	Presidente
Manoel Gonçalves Ferreira Filho	Vice-Presidente
Afrânio dos Santos Coutinho	João Paulo do Valle Mendes
Anna Bernardes da Silveira Rocha	Josaphat Ramos Marinho
Antônio Geraldo Amaral Rosa (Padre)	Lafayette de Azevedo Pondé
Arnaldo Niskier	Lêda Maria Chaves
Caio Tácito	Lourenço de Almeida Prado (Dom)
Ernani Bayer	Norbertino Bahiense Filho
Felipe Tiago Gomes	Virgínio Cândido Tosta de Souza
Ib Gatto Falcão	Walter Ramos da Costa Porto
Jacks Grinberg	Yugo Okida
Jessé Guimarães	Zilma Gomes Parente de Barros
João Faustino Ferreira Neto	

In Documenta. Brasília. nº 336, p. 1-447, dezembro de 1988, contracapa.

Janeiro de 1989	
Presidente da República	José Sarney
Ministro da Educação	Carlos Sant'Anna
Conselho Federal de Educação	
Conselheiros	
Fernando Affonso Gay da Fonseca	Presidente
Manoel Gonçalves Ferreira Filho	Vice-Presidente
Afrânio dos Santos Coutinho	João Paulo do Valle Mendes
Anna Bernardes da Silveira Rocha	Josaphat Ramos Marinho
Antônio Geraldo Amaral Rosa (Padre)	Lafayette de Azevedo Pondé
Arnaldo Niskier	Lauro Franco Leitão
Caio Tácito	Lêda Maria Chaves Tajra
Ernani Bayer	Lourenço de Almeida Prado (Dom)
Felipe Tiago Gomes	Norbertino Bahiense Filho
Ib Gatto Falcão	Virgínio Cândido Tosta de Souza
Jacks Grinberg	Walter Ramos da Costa Porto
Jessé Guimarães	Yugo Okida
João Faustino Ferreira Neto	Zilma Gomes Parente de Barros

In Documenta. Brasília. nº 337, p. 1-357, janeiro de 1989, contracapa.

Fevereiro de 1989	
Presidente da República	José Sarney
Ministro da Educação	Carlos Sant'Anna
Conselho Federal de Educação	
Conselheiros	
Fernando Affonso Gay da Fonseca	Presidente
Manoel Gonçalves Ferreira Filho	Vice-Presidente
Afrânio dos Santos Coutinho	Josaphat Ramos Marinho
Anna Bernardes da Silveira Rocha	Lafayette de Azevedo Pondé
Antônio Geraldo Amaral Rosa (Padre)	Lauro Franco Leitão
Arnaldo Niskier	Lêda Maria Chaves
Caio Tácito	Lourenço de Almeida Prado (Dom)
Ernani Bayer	Norbertino Bahiense Filho
Felipe Tiago Gomes	Virgínio Cândido Tosta de Souza
Jacks Grinberg	Walter Ramos da Costa Porto
Jessé Guimarães	Yugo Okida
João Faustino Ferreira Neto	Zilma Gomes Parente de Barros

In Documenta. Brasília. nº 338, p. 1-301, fevereiro de 1989, contracapa.

Março-Maio de 1989	
Presidente da República	José Sarney
Ministro da Educação	Carlos Sant'Anna
Conselho Federal de Educação	
Conselheiros	
Fernando Affonso Gay da Fonseca	Presidente
Manoel Gonçalves Ferreira Filho	Vice-Presidente
Afrânio dos Santos Coutinho	Josaphat Ramos Marinho
Anna Bernardes da Silveira Rocha	Lafayette de Azevedo Pondé
Antônio Geraldo Amaral Rosa (Padre)	Lêda Maria Chaves
Arnaldo Niskier	Lourenço de Almeida Prado (Dom)
Caio Tácito	Norbertino Bahiense Filho
Ernani Bayer	Sydnei Lima Santos
Felipe Tiago Gomes	Virgínio Cândido Tosta de Souza
Ib Gatto Falcão	Walter Ramos da Costa Porto
Jacks Grinberg	Yugo Okida
Jessé Guimarães	Zilma Gomes Parente de Barros
João Faustino Ferreira Neto	

In Documenta. Brasília. nº 339, p. 1-165, março de 1989, contracapa.

Composição que se repete:

In Documenta. Brasília. n° 340, p. 1-235, abril de 1989, contracapa.

In Documenta. Brasília. n° 341, p. 1-270, maio de 1989, contracapa.

Junho de 1989 a Janeiro de 1990	
Presidente da República	José Sarney
Ministro da Educação	Carlos Sant'Anna
Conselho Federal de Educação	
Conselheiros	
Fernando Affonso Gay da Fonseca	**Presidente**
Manoel Gonçalves Ferreira Filho	**Vice-Presidente**
Afrânio dos Santos Coutinho	Lafayette de Azevedo Pondé
Anna Bernardes da Silveira Rocha	Lauro Franco Leitão
Antônio Geraldo Amaral Rosa (Padre)	Lêda Maria Chaves
Arnaldo Niskier	Lourenço de Almeida Prado (Dom)
Caio Tácito	Margarida Maria do Rêgo Barros Leal
Ernani Bayer	Norbertino Bahiense Filho
Felipe Tiago Gomes	Sydnei Lima Santos
Ib Gatto Falcão	Virgínio Cândido Tosta de Souza
Jacks Grinberg	Walter Ramos da Costa Porto
Jessé Guimarães	Yugo Okida
João Faustino Ferreira Neto	Zilma Gomes Parente de Barros
Josaphat Ramos Marinho	

In Documenta. Brasília. n° 342, p. 1-246, junho de 1989, contracapa.

Composição que se repete:

In Documenta. Brasília. n° 343, p. 1-225, julho de 1989, contracapa.

In Documenta. Brasília. n° 344, p. 1-239, agosto de 1989, contracapa.

In Documenta. Brasília. n° 345, p. 1-244, setembro de 1989, contracapa.

In Documenta. Brasília. n° 346, p. 1-285, outubro de 1989, contracapa.

In Documenta. Brasília. n° 347, p. 1-341, novembro de 1989, contracapa.

In Documenta. Brasília. n° 348, p. 1-431, dezembro de 1989, contracapa.

In Documenta. Brasília. n° 349, p. 1-350, janeiro de 1990, contracapa.

In Documenta. Brasília. n° 350, p. 1-269, fevereiro de 1990, contracapa.

Março de 1990

Presidente da República	Fernando Collor
Ministro da Educação	Carlos Chiarelli

Conselho Federal de Educação	
Conselheiros	
Fernando Affonso Gay da Fonseca	Presidente
Manoel Gonçalves Ferreira Filho	Vice-Presidente

Afrânio dos Santos Coutinho	Lauro Franco Leitão
Anna Bernardes da Silveira Rocha	Lêda Maria Chaves
Antônio Geraldo Amaral Rosa (Padre)	Lourenço de Almeida Prado (Dom)
Arnaldo Niskier	Margarida Maria do Rêgo Barros Leal
Caio Tácito	Norbertino Bahiense Filho
Cícero Adolpho da Silva	Raulino Tramontin
Ernani Bayer	Sydnei Lima Santos
Felipe Tiago Gomes	Virgínio Cândido Tosta de Souza
Ib Gatto Falcão	Walter Ramos da Costa Porto
Jacks Grinberg	Yugo Okida
Jessé Guimarães	Zilma Gomes Parente de Barros
João Faustino Ferreira Neto	

In Documenta. Brasília. nº 351, p. 1-233, março de 1990, contracapa.

Abril de 1990

Presidente da República	Fernando Collor
Ministro da Educação	Carlos Chiarelli

Conselho Federal de Educação	
Conselheiros	
Fernando Affonso Gay da Fonseca	Presidente
Manoel Gonçalves Ferreira Filho	Vice-Presidente

Afrânio dos Santos Coutinho	Lêda Maria Chaves
Anna Bernardes da Silveira Rocha	Lourenço de Almeida Prado (Dom)
Antônio Geraldo Amaral Rosa (Padre)	Margarida Maria do Rêgo Barros Leal
Arnaldo Niskier	Raulino Tramontin
Cícero Adolpho da Silva	Sydnei Lima Santos
Felipe Tiago Gomes	Virgínio Cândido Tosta de Souza
Genaro de Oliveira	Walter Ramos da Costa Porto
Ib Gatto Falcão	Yugo Okida
Jessé Guimarães	Zilma Gomes Parente de Barros
Lauro Franco Leitão	

In Documenta. Brasília. nº 352, p. 1-181, abril de 1990, contracapa.

Maio de 1990	
Presidente da República	Fernando Collor
Ministro da Educação	Carlos Chiarelli
Conselho Federal de Educação	
Conselheiros	
Fernando Affonso Gay da Fonseca	Presidente
Manoel Gonçalves Ferreira Filho	Vice-Presidente
Afrânio dos Santos Coutinho	Lauro Franco Leitão
Anna Bernardes da Silveira Rocha	Lêda Maria Chaves
Antônio Geraldo Amaral Rosa (Padre)	Lourenço de Almeida Prado (Dom)
Arnaldo Niskier	Margarida Maria do Rêgo Barros Leal
Caio Tácito	Norbertino Bahiense Filho
Cícero Adolpho da Silva	Raulino Tramontin
Ernani Bayer	Sydnei Lima Santos
Felipe Tiago Gomes	Virgínio Cândido Tosta de Souza
Genaro de Oliveira	Walter Ramos da Costa Porto
Ib Gatto Falcão	Yugo Okida
Jacks Grinberg	Zilma Gomes Parente de Barros
Jessé Guimarães	

In Documenta. Brasília. nº 353, p. 1-134, maio de 1990, contracapa.

Junho de 1990	
Presidente da República	Fernando Collor
Ministro da Educação	Carlos Chiarelli
Conselho Federal de Educação	
Conselheiros	
Fernando Affonso Gay da Fonseca	Presidente
Manoel Gonçalves Ferreira Filho	Vice-Presidente
Afrânio dos Santos Coutinho	Lauro Franco Leitão
Anna Bernardes da Silveira Rocha	Lêda Maria Chaves
Antônio Geraldo Amaral Rosa (Padre)	Lourenço de Almeida Prado (Dom)
Arnaldo Niskier	Margarida Maria do Rêgo Barros Leal
Cícero Adolpho da Silva	Raulino Tramontin
Ernani Bayer	Sydnei Lima Santos
Felipe Tiago Gomes	Virgínio Cândido Tosta de Souza
Genaro de Oliveira	Walter Ramos da Costa Porto
Ib Gatto Falcão	Yugo Okida
Jacks Grinberg	Zilma Gomes Parente de Barros
Jessé Guimarães	

In Documenta. Brasília. nº 354, p. 1-146, junho de 1990, contracapa.

Julho de 1990	
Presidente da República	Fernando Collor
Ministro da Educação	Carlos Chiarelli
Conselho Federal de Educação	
Conselheiros	
Fernando Affonso Gay da Fonseca	Presidente
Manoel Gonçalves Ferreira Filho	Vice-Presidente
Afrânio dos Santos Coutinho	Lauro Franco Leitão
Anna Bernardes da Silveira Rocha	Lêda Maria Chaves
Antônio Geraldo Amaral Rosa (Padre)	Lourenço de Almeida Prado (Dom)
Arnaldo Niskier	Margarida Maria do Rêgo Barros Leal
Caio Tácito	Norbertino Bahiense Filho
Cícero Adolpho da Silva	Raulino Tramontin
Ernani Bayer	Sydnei Lima Santos
Felipe Tiago Gomes	Virgínio Cândido Tosta de Souza
Genaro de Oliveira	Walter Ramos da Costa Porto
Ib Gatto Falcão	Yugo Okida
Jacks Grinberg	Zilma Gomes Parente de Barros
Jessé Guimarães	

In Documenta. Brasília. nº 355, p. 1-124, julho de 1990, contracapa.

Agosto de 1990	
Presidente da República	Fernando Collor
Ministro da Educação	Carlos Chiarelli
Conselho Federal de Educação	
Conselheiros	
Fernando Affonso Gay da Fonseca	Presidente
Manoel Gonçalves Ferreira Filho	Vice-Presidente
Afrânio dos Santos Coutinho	Lauro Franco Leitão
Anna Bernardes da Silveira Rocha	Lêda Maria Chaves
Antônio Geraldo Amaral Rosa (Padre)	Lourenço de Almeida Prado (Dom)
Arnaldo Niskier	Margarida Maria do Rêgo Barros Leal
Cícero Adolpho da Silva	Raulino Tramontin
Ernani Bayer	Sydnei Lima Santos
Felipe Tiago Gomes	Virgínio Cândido Tosta de Souza
Genaro de Oliveira	Walter Ramos da Costa Porto
Ib Gatto Falcão	Yugo Okida
Jacks Grinberg	Zilma Gomes Parente de Barros
Jessé Guimarães	

In Documenta. Brasília. nº 356, p. 1-224, agosto de 1990, contracapa.

Setembro de 1990	
Presidente da República	Fernando Collor
Ministro da Educação	Carlos Chiarelli
Conselho Federal de Educação	
Conselheiros	
Fernando Affonso Gay da Fonseca	Presidente
Manoel Gonçalves Ferreira Filho	Vice-Presidente
Afrânio dos Santos Coutinho	Lêda Maria Chaves
Antônio Geraldo Amaral Rosa (Padre)	Lourenço de Almeida Prado (Dom)
Arnaldo Niskier	Margarida Maria do Rêgo Barros Leal
Cícero Adolpho da Silva	Raulino Tramontin
Felipe Tiago Gomes	Sydnei Lima Santos
Genaro de Oliveira	Virgínio Cândido Tosta de Souza
Ib Gatto Falcão	Walter Ramos da Costa Porto
Jessé Guimarães	Yugo Okida
Lauro Franco Leitão	Zilma Gomes Parente de Barros

In Documenta. Brasília. nº 357, p. 1-234, setembro de 1990, contracapa.

Outubro de 1990	
Presidente da República	Fernando Collor
Ministro da Educação	Carlos Chiarelli
Conselho Federal de Educação	
Conselheiros	
Fernando Affonso Gay da Fonseca	Presidente
Manoel Gonçalves Ferreira Filho	Vice-Presidente
Afrânio dos Santos Coutinho	Lêda Maria Chaves
Anna Bernardes da Silveira Rocha	Lourenço de Almeida Prado (Dom)
Antônio Geraldo Amaral Rosa (Padre)	Margarida Maria do Rêgo Barros Leal
Arnaldo Niskier	Raulino Tramontin
Cícero Adolpho da Silva	Sydnei Lima Santos
Felipe Tiago Gomes	Virgínio Cândido Tosta de Souza
Genaro de Oliveira	Walter Ramos da Costa Porto
Ib Gatto Falcão	Yugo Okida
Jessé Guimarães	Zilma Gomes Parente de Barros
Lauro Franco Leitão	

In Documenta. Brasília. nº 358, p. 1-284, outubro de 1990, contracapa.

Composição que se repete:

In Documenta. Brasília. nº 359, p. 1-227, novembro de 1990, contracapa.

Dezembro de 1990	
Presidente da República	Fernando Collor
Ministro da Educação	Carlos Chiarelli
Conselho Federal de Educação	
Conselheiros	
Fernando Affonso Gay da Fonseca	Presidente
Manoel Gonçalves Ferreira Filho	Vice-Presidente
Afrânio dos Santos Coutinho	Lêda Maria Chaves
Antônio Geraldo Amaral Rosa (Padre)	Lourenço de Almeida Prado (Dom)
Arnaldo Niskier	Margarida Maria do Rêgo Barros Leal
Cícero Adolpho da Silva	Raulino Tramontin
Felipe Tiago Gomes	Sydnei Lima Santos
Genaro José de Oliveira	Virgínio Cândido Tosta de Souza
Ib Gatto Falcão	Walter Ramos da Costa Porto
Jessé Guimarães	Yugo Okida
Lauro Franco Leitão	Zilma Gomes Parente de Barros

In Documenta. Brasília. nº 360, p. 1-255, dezembro de 1990, contracapa.

Composição que se repete:

In Documenta. Brasília. nº 361, p. 1-294, janeiro de 1991, contracapa.
In Documenta. Brasília. nº 362, p. 1-240, fevereiro de 1991, contracapa.

Março de 1991	
Presidente da República	Fernando Collor
Ministro da Educação	Carlos Chiarelli
Conselho Federal de Educação	
Conselheiros	
Manoel Gonçalves Ferreira Filho	Presidente
Ib Gatto Falcão	Vice-Presidente
Afrânio dos Santos Coutinho	Lourenço de Almeida Prado (Dom)
Antônio Geraldo Amaral Rosa (Padre)	Margarida Maria do Rêgo Barros
Arnaldo Niskier	Pires Leal
Cícero Adolpho da Silva	Raulino Tramontin
Felipe Tiago Gomes	Sydnei Lima Santos
Genaro José de Oliveira	Virgínio Cândido Tosta de Souza
Jessé Guimarães	Walter da Costa Porto
Lauro Franco Leitão	Yugo Okida
Lêda Maria Chaves	Zilma Gomes Parente de Barros

In Documenta. Brasília. nº 363, p. 1-121, março de 1991, contracapa.

Abril de 1991

Abril de 1991	
Presidente da República	Fernando Collor
Ministro da Educação	Carlos Chiarelli
Conselho Federal de Educação	
Conselheiros	
Manoel Gonçalves Ferreira Filho	Presidente
Ib Gatto Falcão	Vice-Presidente
Antônio Geraldo Amaral Rosa (Padre)	Lêda Maria Chaves
Arnaldo Niskier	Lourenço de Almeida Prado (Dom)
Cássio Mesquita Barros	Margarida Maria do Rêgo Barros
Cícero Adolpho da Silva	Barros Pires Leal
Dalva Assumpção Soutto Mayor	Raulino Tramontin
Ernani Bayer	Silvino Joaquim Lopes Neto
Felipe Tiago Gomes	Sydnei Lima Santos
Genaro José de Oliveira	Virgínio Cândido Tosta de Souza
Jessé Guimarães	Walter Costa Porto
José Francisco Sanchotene Felice	Yugo Okida
José Luitgard Moura de Figueiredo	Zilma Gomes Parente de Barros
Lauro Franco Leitão	

In Documenta. Brasília. nº 364, p. 1-116, abril de 1991, contracapa.

Maio de 1991	
Presidente da República	Fernando Collor
Ministro da Educação	Carlos Chiarelli
Conselho Federal de Educação	
Conselheiros	
Manoel Gonçalves Ferreira Filho	Presidente
Ib Gatto Falcão	Vice-Presidente
Afrânio dos Santos Coutinho	Lourenço de Almeida Prado (Dom)
Antônio Geraldo Amaral Rosa (Padre)	Margarida Maria do Rêgo Barros Leal
Arnaldo Niskier	Raulino Tramontin
Cícero Adolpho da Silva	Sydnei Lima Santos
Felipe Tiago Gomes	Virgínio Cândido Tosta de Souza
Genaro José de Oliveira	Walter Ramos da Costa Porto
Jessé Guimarães	Yugo Okida
Lauro Franco Leitão	Zilma Gomes Parente de Barros
Lêda Maria Chaves	

In Documenta. Brasília. nº 365, p. 1-150, maio de 1991, contracapa.

Junho de 1991	
Presidente da República	Fernando Collor
Ministro da Educação	Carlos Chiarelli
Conselho Federal de Educação	
Conselheiros	
Ib Gatto Falcão	Presidente em exercício
Ib Gatto Falcão	Vice-Presidente
Antônio Geraldo Amaral Rosa (Padre)	Lêda Maria Chaves
Arnaldo Niskier	Lourenço de Almeida Prado (Dom)
Cássio Mesquita Barros	Margarida Maria do Rêgo
Cícero Adolpho da Silva	Barros Pires Leal
Dalva Assumpção Soutto Mayor	Raulino Tramontin
Ernani Bayer	Silvino Joaquim Lopes Neto
Felipe Tiago Gomes	Sydnei Lima Santos
Genaro José de Oliveira	Virgínio Cândido Tosta de Souza
Jessé Guimarães	Walter Costa Porto
José Francisco Sanchotene Felice	Yugo Okida
José Luitgard Moura de Figueiredo	Zilma Gomes Parente de Barros
Lauro Franco Leitão	

In Documenta. Brasília. n° 366, p. 1-186, junho de 1991, contracapa.

Julho de 1991	
Presidente da República	Fernando Collor
Ministro da Educação	Carlos Chiarelli
Conselho Federal de Educação	
Conselheiros	
Manoel Gonçalves Ferreira Filho	Presidente
Ib Gatto Falcão	Vice-Presidente
Antônio Geraldo Amaral Rosa (Padre)	Lêda Maria Chaves
Arnaldo Niskier	Lourenço de Almeida Prado (Dom)
Cássio Mesquita Barros	Margarida Maria do Rêgo
Cícero Adolpho da Silva	Barros Pires Leal
Dalva Assumpção Soutto Mayor	Raulino Tramontin
Ernani Bayer	Silvino Joaquim Lopes Neto
Felipe Tiago Gomes	Sydnei Lima Santos
Genaro José de Oliveira	Virgínio Cândido Tosta de Souza
Jessé Guimarães	Walter Costa Porto
José Francisco Sanchotene Felice	Yugo Okida
José Luitgard Moura de Figueiredo	Zilma Gomes Parente de Barros
Lauro Franco Leitão	

In Documenta. Brasília. n° 367, p. 1-148, julho de 1991, contracapa.

Agosto de 1991	
Presidente da República	Fernando Collor
Ministro da Educação	Carlos Chiarelli
Conselho Federal de Educação	
Conselheiros	
Manoel Gonçalves Ferreira Filho	Presidente
Ib Gatto Falcão	Vice-Presidente
Afrânio dos Santos Coutinho	Lauro Franco Leitão
Antônio Geraldo Amaral Rosa (Padre)	Lêda Maria Chaves
Arnaldo Niskier	Lourenço de Almeida Prado (Dom)
Cássio Mesquita Barros	Margarida Maria do Rêgo
Cícero Adolpho da Silva	Barros Pires Leal
Dalva Assumpção Soutto Mayor	Raulino Tramontin
Ernani Bayer	Silvino Joaquim Lopes Neto
Felipe Tiago Gomes	Sydnei Lima Santos
Genaro José de Oliveira	Virgínio Cândido Tosta de Souza
Jessé Guimarães	Walter Costa Porto
José Francisco Sanchotene Felice	Yugo Okida
José Luitgard Moura de Figueiredo	Zilma Gomes Parente de Barros

In Documenta. Brasília. nº 368, p. 1-76, agosto de 1991, contracapa.

Setembro de 1991	
Presidente da República	Fernando Collor
Ministro da Educação	José Goldemberg
Conselho Federal de Educação	
Conselheiros	
Manoel Gonçalves Ferreira Filho	Presidente
Ib Gatto Falcão	Vice-Presidente
Afrânio dos Santos Coutinho	Layrton Borges de Miranda Vieira
Antônio Geraldo Amaral Rosa (Padre)	Lêda Maria Chaves
Arnaldo Niskier	Lourenço de Almeida Prado (Dom)
Cássio Mesquita Barros	Margarida Maria do Rêgo
Cícero Adolpho da Silva	Barros Pires Leal
Dalva Assumpção Soutto Mayor	Raulino Tramontin
Ernani Bayer	Silvino Joaquim Lopes Neto
Felipe Tiago Gomes	Sydnei Lima Santos
Genaro José de Oliveira	Virgínio Cândido Tosta de Souza
José Francisco Sanchotene Felice	Walter Costa Porto
José Luitgard Moura de Figueiredo	Yugo Okida
Lauro Franco Leitão	Zilma Gomes Parente de Barros

In Documenta. Brasília. nº 369, p. 1-236, setembro de 1991, contracapa.

Composição que se repete:

In Documenta. Brasília. nº 370, p. 1-158, outubro de 1991, contracapa.
In Documenta. Brasília. nº 371, p. 1-245, novembro de 1991, contracapa.
In Documenta. Brasília. nº 372, p. 1-267, dezembro de 1991, contracapa.
In Documenta. Brasília. nº 373, p. 1-230, janeiro de 1992, contracapa.
In Documenta. Brasília. nº 374, p. 1-210, fevereiro de 1992, contracapa.

Março de 1992	
Presidente da República	Fernando Collor
Ministro da Educação	José Goldemberg
Conselho Federal de Educação	
Conselheiros	
Manoel Gonçalves Ferreira Filho	Presidente
Zilma Gomes Parente de Barros	Vice-Presidente
Adib Domingos Jatene	José Luitgard Moura de Figueiredo
Antônio Geraldo Amaral Rosa (Padre)	Lauro Franco Leitão
Arnaldo Niskier	Layrton Borges de Miranda Vieira
Cássio Mesquita Barros	Lêda Maria Chaves Napoleão do Rêgo
Cícero Adolpho da Silva	Margarida Maria do Rêgo
Dalva Assumpção Soutto Mayor	Barros Pires Leal
Ernani Bayer	Raulino Tramontin
Eunice Durhan	Silvino Joaquim Lopes Neto
Genaro José de Oliveira	Sydnei Lima Santos
Ib Gatto Falcão	Virgínio Cândido Tosta de Souza
José Francisco Sanchotene Felice	Yugo Okida

In Documenta. Brasília. nº 375, p. 1-282, março de 1992, contracapa.

Composição que se repete:

In Documenta. Brasília. nº 376, p. 1-206, abril de 1992, contracapa.

Maio de 1992	
Presidente da República	Fernando Collor
Ministro da Educação	José Goldemberg
Conselho Federal de Educação Conselheiros	
Manoel Gonçalves Ferreira Filho	Presidente
Zilma Gomes Parente de Barros	Vice-Presidente
Abid Domingos Jatene	Lauro Franco Leitão
Antônio Geraldo Amaral Rosa (Padre)	Layrton Borges de Miranda Vieira
Cássio Mesquita Barros	Lêda Maria Chaves Napoleão do Rêgo
Cícero Adolpho da Silva	Margarida Maria do Rêgo
Dalva Assumpção Soutto Mayor	Barros Pires Leal
Ernani Bayer	Raulino Tramontin
Eunice Durhan	Silvino Joaquim Lopes Neto
Genaro José de Oliveira	Sydnei Lima Santos
Ib Gatto Falcão	Virgínio Cândido Tosta de Souza
José Francisco Sanchotene Felice	Yugo Okida
José Luitgard Moura de Figueiredo	

In Documenta. Brasília. nº 377, p. 1-330, maio de 1992, contracapa.

Junho de 1992	
Presidente da República	Fernando Collor
Ministro da Educação	José Goldemberg
Conselho Federal de Educação Conselheiros	
Manoel Gonçalves Ferreira Filho	Presidente
Ernani Bayer	Vice-Presidente
Abid Domingos Jatene	Lauro Franco Leitão
Cássio Mesquita Barros	Layrton Borges de Miranda Vieira
Cícero Adolpho da Silva	Lêda Maria Chaves Napoleão do Rêgo
Edson Machado de Sousa	Margarida Maria do Rêgo
Dalva Assumpção Soutto Mayor	Pires Leal
Eunice Durhan	Paulo Alcântara Gomes
Fábio Prado	Raulino Tramontin
Genaro José de Oliveira	Silvino Joaquim Lopes Neto
Ib Gatto Falcão	Sydnei Lima Santos
Jorge Nagle	Virgínio Cândido Tosta de Souza
José Francisco Sanchotene Felice	Yugo Okida
José Luitgard Moura de Figueiredo	

In Documenta. Brasília. nº 378, p. 1-181, junho de 1992, contracapa.

Composição que se repete:

In Documenta. Brasília. nº 379, p. 1-230, julho de 1992, contracapa.

Agosto de 1992	
Presidente da República	Fernando Collor
Ministro da Educação	Eraldo Tinoco
Conselho Federal de Educação	
Conselheiros	
Manoel Gonçalves Ferreira Filho	**Presidente**
Ernani Bayer	**Vice-Presidente**
Cássio Mesquita Barros	Layrton Borges de Miranda Vieira
Cícero Adolpho da Silva	Lêda Maria Chaves Napoleão do Rêgo
Edson Machado de Sousa	Margarida Maria do Rêgo Barros
Dalva Assumpção Soutto Mayor	Pires Leal
Fábio Prado	Paulo Alcântara Gomes
Genaro José de Oliveira	Raulino Tramontin
Ib Gatto Falcão	Silvino Joaquim Lopes Neto
Jorge Nagle	Sydnei Lima Santos
José Francisco Sanchotene Felice	Virgínio Cândido Tosta de Souza
José Luitgard Moura de Figueiredo	Yugo Okida
Lauro Franco Leitão	

In Documenta. Brasília. nº 380, p. 1-120, agosto de 1992, contracapa.

Setembro de 1992	
Presidente da República	Fernando Collor
Ministro da Educação	Eraldo Tinoco
Conselho Federal de Educação	
Conselheiros	
Manoel Gonçalves Ferreira Filho	Presidente
Ernani Bayer	Vice-Presidente
Cássio Mesquita Barros	Lauro Franco Leitão
Cícero Adolpho da Silva	Layrton Borges de Miranda Vieira
Edson Machado de Sousa	Lêda Maria Chaves Napoleão do Rêgo
Dalva Assumpção Soutto Mayor	Margarida Maria do Rêgo Barros
Eunice Durhan	Pires Leal
Fábio Prado	Paulo Alcântara Gomes
Genaro José de Oliveira	Raulino Tramontin
Ib Gatto Falcão	Silvino Joaquim Lopes Neto
Jorge Nagle	Sydnei Lima Santos
José Francisco Sanchotene Felice	Virgínio Cândido Tosta de Souza
José Luitgard Moura de Figueiredo	Yugo Okida

In Documenta. Brasília. nº 381, p. 1-218, setembro de 1992, contracapa.

Outubro de 1992	
Vice-Presidente no exercício do cargo de Presidente da República	Itamar Franco
Ministro da Educação	Eraldo Tinoco
Conselho Federal de Educação	
Conselheiros	
Manoel Gonçalves Ferreira Filho	Presidente
Ernani Bayer	Vice-Presidente
Cássio Mesquita Barros	Layrton Borges de Miranda Vieira
Cícero Adolpho da Silva	Lêda Maria Chaves Napoleão do Rêgo
Edson Machado de Sousa	Margarida Maria do Rêgo Barros
Dalva Assumpção Soutto Mayor	Pires Leal
Fábio Prado	Paulo Alcântara Gomes
Genaro José de Oliveira	Raulino Tramontin
Ib Gatto Falcão	Silvino Joaquim Lopes Neto
Jorge Nagle	Sydnei Lima Santos
José Francisco Sanchotene Felice	Virgínio Cândido Tosta de Souza
José Luitgard Moura de Figueiredo	Yugo Okida
Lauro Franco Leitão	

In Documenta. Brasília. nº 382, p. 1-80, outubro de 1992, contracapa.

ANEXO I | 181

Novembro de 1992	
Vice-Presidente no exercício do cargo de Presidente da República	Itamar Franco
Ministro da Educação	Murílio de Avellar Hingel
Conselho Federal de Educação	
Conselheiros	
Manoel Gonçalves Ferreira Filho	Presidente
Ernani Bayer	Vice-Presidente
Adib Domingos Jatene	Lauro Franco Leitão
Cássio Mesquita Barros	Layrton Borges de Miranda Vieira
Cícero Adolpho da Silva	Lêda Maria Chaves Napoleão do Rêgo
Edson Machado de Sousa	Margarida Maria do Rêgo Barros
Dalva Assumpção Soutto Mayor	Pires Leal
Fábio Prado	Paulo Alcântara Gomes
Genaro José de Oliveira	Raulino Tramontin
Ib Gatto Falcão	Silvino Joaquim Lopes Neto
Jorge Nagle	Sydnei Lima Santos
José Francisco Sanchotene Felice	Virgínio Cândido Tosta de Souza
José Luitgard Moura de Figueiredo	Yugo Okida

In Documenta. Brasília. nº 383, p. 1-425, novembro de 1992, contracapa.

Dezembro de 1992	
Vice-Presidente no exercício do cargo de Presidente da República	Itamar Franco
Ministro da Educação	Murílio de Avellar Hingel
Conselho Federal de Educação	
Conselheiros	
Manoel Gonçalves Ferreira Filho	Presidente
Ernani Bayer	Vice-Presidente
Cássio Mesquita Barros	Lauro Franco Leitão
Cícero Adolpho da Silva	Layrton Borges de Miranda Vieira
Edson Machado de Sousa	Lêda Maria Chaves Napoleão do Rêgo
Dalva Assumpção Soutto Mayor	Margarida Maria do Rêgo Barros
Eunice Durhan	Pires Leal
Fábio Prado	Paulo Alcântara Gomes
Genaro José de Oliveira	Raulino Tramontin
Ib Gatto Falcão	Silvino Joaquim Lopes Neto
Jorge Nagle	Sydnei Lima Santos
José Francisco Sanchotene Felice	Virgínio Cândido Tosta de Souza
José Luitgard Moura de Figueiredo	Yugo Okida

In Documenta. Brasília. nº 384, p. 1-384, dezembro de 1992, contracapa.

Janeiro de 1993	
Presidente da República	Itamar Franco
Ministro da Educação	Murílio de Avellar Hingel
Conselho Federal de Educação	
Conselheiros	
Manoel Gonçalves Ferreira Filho	Presidente
Ernani Bayer	Vice-Presidente
Cássio Mesquita Barros	Layrton Borges de Miranda Vieira
Cícero Adolpho da Silva	Lêda Maria Chaves Napoleão do Rêgo
Edson Machado de Sousa	Margarida Maria do Rêgo Barros
Dalva Assumpção Soutto Mayor	Pires Leal
Fábio Prado	Paulo Alcântara Gomes
Genaro José de Oliveira	Raulino Tramontin
Ib Gatto Falcão	Silvino Joaquim Lopes Neto
Jorge Nagle	Sydnei Lima Santos
José Francisco Sanchotene Felice	Virgínio Cândido Tosta de Souza
José Luitgard Moura de Figueiredo	Yugo Okida
Lauro Franco Leitão	

In *Documenta*. Brasília. nº 385, p. 1-285, janeiro de 1993, contracapa.

Fevereiro de 1993	
Presidente da República	Itamar Franco
Ministro da Educação	Murílio de Avellar Hingel
Conselho Federal de Educação	
Conselheiros	
Manoel Gonçalves Ferreira Filho	Presidente
Ernani Bayer	Vice-Presidente
Adib Domingos Jatene	Lauro Franco Leitão
Cássio Mesquita Barros	Layrton Borges de Miranda Vieira
Cícero Adolpho da Silva	Lêda Maria Chaves Napoleão do Rêgo
Edson Machado de Sousa	Margarida Maria do Rêgo Barros
Dalva Assumpção Soutto Mayor	Pires Leal
Fábio Prado	Paulo Alcântara Gomes
Genaro José de Oliveira	Raulino Tramontin
Ib Gatto Falcão	Silvino Joaquim Lopes Neto
Jorge Nagle	Sydnei Lima Santos
José Francisco Sanchotene Felice	Virgínio Cândido Tosta de Souza
José Luitgard Moura de Figueiredo	Yugo Okida

In *Documenta*. Brasília. nº 386, p. 1-204, fevereiro de 1993, contracapa.

Março de 1993	
Presidente da República	Itamar Franco
Ministro da Educação	Murílio de Avellar Hingel

Conselho Federal de Educação	
Conselheiros	
Manoel Gonçalves Ferreira Filho	Presidente
Ernani Bayer	Vice-Presidente
Adib Domingos Jatene	Lauro Franco Leitão
Cássio Mesquita Barros	Layrton Borges de Miranda Vieira
Cícero Adolpho da Silva	Lêda Maria Chaves Napoleão do Rêgo
Dalva Assumpção Soutto Mayor	Margarida Maria do Rêgo Barros
Edson Machado de Sousa	Pires Leal
Fábio Prado	Paulo Alcântara Gomes
Genaro José de Oliveira	Raulino Tramontin
Ib Gatto Falcão	Silvino Joaquim Lopes Neto
Jorge Nagle	Sydnei Lima Santos
José Francisco Sanchotene Felice	Virgínio Cândido Tosta de Souza
José Luitgard Moura de Figueiredo	Yugo Okida
Pe. Laércio Dias de Moura	

In Documenta. Brasília. nº 387, p. 1-238, março de 1993, contracapa.

Abril de 1993	
Presidente da República	Itamar Franco
Ministro da Educação	Murílio de Avellar Hingel

Conselho Federal de Educação	
Conselheiros	
Manoel Gonçalves Ferreira Filho	Presidente
Ernani Bayer	Vice-Presidente

Nada publicado

In Documenta. Brasília. nº 388, p. 1-246, abril de 1993, contracapa.

Maio de 1993	
Presidente da República	Itamar Franco
Ministro da Educação	Murílio de Avellar Hingel
Conselho Federal de Educação	
Conselheiros	
Manoel Gonçalves Ferreira Filho	Presidente
Ernani Bayer	Vice-Presidente
Adib Domingos Jatene	Lauro Franco Leitão
Cássio Mesquita Barros	Layrton Borges de Miranda Vieira
Cícero Adolpho da Silva	Lêda Maria Chaves Napoleão do Rêgo
Dalva Assumpção Soutto Mayor	Margarida Maria do Rêgo Barros
Edson Machado de Sousa	Pires Leal
Fábio Prado	Paulo Alcântara Gomes
Genaro José de Oliveira	Raulino Tramontin
Ib Gatto Falcão	Silvino Joaquim Lopes Neto
Jorge Nagle	Sydnei Lima Santos
José Francisco Sanchotene Felice	Virgínio Cândido Tosta de Souza
José Luitgard Moura de Figueiredo	Yugo Okida
Pe. Laércio Dias de Moura	

In Documenta. Brasília. nº 389, p. 1-304, maio de 1993, contracapa.

Composição que se repete:

In Documenta. Brasília. nº 390, p. 1-304, junho de 1993, contracapa.
In Documenta. Brasília. nº 391, p. 1-469, agosto de 1993, contracapa.
In Documenta. Brasília. nº 392, p. 1-350, setembro de 1993, contracapa.
In Documenta. Brasília. nº 393, p. 1-486, outubro de 1993, contracapa.
In Documenta. Brasília. nº 394, p. 1-450, novembro de 1993, contracapa.
In Documenta. Brasília. nº 395, p. 1-626, dezembro de 1993, contracapa.

ANEXO I | 185

Janeiro de 1994	
Presidente da República	Itamar Franco
Ministro da Educação	Murílio de Avellar Hingel
Conselho Federal de Educação	
Conselheiros	
Manoel Gonçalves Ferreira Filho	Presidente
Ernani Bayer	Vice-Presidente
Adib Domingos Jatene	Lauro Franco Leitão
Cássio Mesquita Barros	Layrton Borges de Miranda Vieira
Cícero Adolpho da Silva	Lêda Maria Chaves Napoleão do Rêgo
Dalva Assumpção Soutto Mayor	Margarida Maria do Rêgo Barros Pires Leal
Edson Machado de Sousa	Paulo Alcântara Gomes
Fábio Prado	Raulino Tramontin
Genaro José de Oliveira	Silvino Joaquim Lopes Neto
Ib Gatto Falcão	Sydnei Lima Santos
Jorge Nagle	Virgínio Cândido Tosta de Souza
José Francisco Sanchotene Felice	Yugo Okida
José Luitgard Moura de Figueiredo	
Pe. Laércio Dias de Moura	

In Documenta. Brasília. nº 396, p. 1-356, janeiro de 1994, contracapa.

Fevereiro de 1994	
Presidente da República	Itamar Franco
Ministro da Educação	Murílio de Avellar Hingel
Conselho Federal de Educação	
Conselheiros	
Manoel Gonçalves Ferreira Filho	Presidente
Ernani Bayer	Vice-Presidente
Adib Domingos Jatene	José Luitgard Moura de Figueiredo
Cássio Mesquita Barros	Layrton Borges de Miranda Vieira
Cícero Adolpho da Silva	Lêda Maria Chaves Napoleão do Rêgo
Dalva Assumpção Soutto Mayor	Margarida Maria do Rêgo Barros Pires Leal
Edson Machado de Sousa	Paulo Alcântara Gomes
Fábio Prado	Raulino Tramontin
Genaro José de Oliveira	Silvino Joaquim Lopes Neto
Ib Gatto Falcão	Sydnei Lima Santos
Jorge Nagle	
José Francisco Sanchotene Felice	

In Documenta. Brasília. nº 397, p. 1-226, fevereiro de 1994, contracapa.

Março de 1994	
Presidente da República	Itamar Franco
Ministro da Educação	Murílio de Avellar Hingel
Conselho Federal de Educação	
Conselheiros	
Manoel Gonçalves Ferreira Filho	Presidente
Ernani Bayer	Vice-Presidente
Adib Domingos Jatene	Lauro Campos Leitão
Cássio Mesquita Barros	Layrton Borges de Miranda Vieira
Cícero Adolpho da Silva	Lêda Maria Chaves Napoleão do Rêgo
Dalva Assumpção Soutto Mayor	Margarida Maria do Rêgo Barros Pires Leal
Edson Machado de Sousa	Paulo Alcântara Gomes
Fábio Prado	Raulino Tramontin
Genaro José de Oliveira	Silvino Joaquim Lopes Neto
Ib Gatto Falcão	Sydnei Lima Santos
Jorge Nagle	Virgínio Cândido Tosta de Souza
José Francisco Sanchotene Felice	Yugo Okida
José Luitgard Moura de Figueiredo	
Pe. Laércio Dias de Moura	

In Documenta. Brasília. nº 398, p. 1-384, março de 1994, contracapa.

Abril de 1994	
Presidente da República	Itamar Franco
Ministro da Educação	Murílio de Avellar Hingel
Conselho Federal de Educação	
Conselheiros	
Manoel Gonçalves Ferreira Filho	Presidente
Ernani Bayer	Vice-Presidente
Cássio Mesquita Barros	Pe. Laércio Dias de Moura
Cícero Adolpho da Silva	Lauro Franco Leitão
Dalva Assumpção Soutto Mayor	Layrton Borges de Miranda Vieira
Edson Machado de Sousa	Lêda Maria Chaves Napoleão do Rêgo
Fábio Prado	Margarida Maria do Rêgo Barros
Genaro José de Oliveira	Pires Leal
Ib Gatto Falcão	Paulo Alcântara Gomes
Jorge Nagle	Silvino Joaquim Lopes Neto
José Francisco Sanchotene Felice	Sydnei Lima Santos
José Luitgard Moura de Figueiredo	

In Documenta. Brasília. nº 399, p. 1-387, abril de 1994, contracapa.

Composição que se repete:

In Documenta. Brasília. nº 400, p. 1-341, maio de 1994, contracapa.
In Documenta. Brasília. nº 401, p. 1-407, junho de 1994, contracapa.

Julho de 1994	
Presidente da República	Itamar Franco
Ministro da Educação	Murílio de Avellar Hingel
Conselho Federal de Educação	
Conselheiros	
Manoel Gonçalves Ferreira Filho	**Presidente**
Ernani Bayer	**Vice-Presidente**
Adib Domingos Jatene	Lauro Franco Leitão
Cássio Mesquita Barros	Layrton Borges de Miranda Vieira
Cícero Adolpho da Silva	Lêda Maria Chaves Napoleão do Rêgo
Dalva Assumpção Soutto Mayor	Margarida Maria do Rêgo Barros Pires Leal
Edson Machado de Sousa	Paulo Alcântara Gomes
Fábio Prado	Raulino Tramontin
Genaro José de Oliveira	Silvino Joaquim Lopes Neto
Ib Gatto Falcão	Sydnei Lima Santos
Jorge Nagle	Virgínio Cândido Tosta de Souza
José Francisco Sanchotene Felice	Yugo Okida
José Luitgard Moura de Figueiredo	
Pe. Laércio Dias de Moura	

In Documenta. Brasília. nº 402, p. 1-453, julho de 1994, contracapa.

Agosto de 1994	
Presidente da República	Itamar Franco
Ministro da Educação	Murílio de Avellar Hingel
Conselho Federal de Educação	
Conselheiros	
Manoel Gonçalves Ferreira Filho	Presidente
Ernani Bayer	Vice-Presidente
Adib Domingos Jatene	José Luitgard Moura de Figueiredo
Cássio Mesquita Barros	Layrton Borges de Miranda Vieira
Cícero Adolpho da Silva	Lêda Maria Chaves Napoleão do Rêgo
Dalva Assumpção Soutto Mayor	Margarida Maria do Rêgo Barros Pires Leal
Edson Machado de Sousa	Paulo Alcântara Gomes
Fábio Prado	Raulino Tramontin
Genaro José de Oliveira	Silvino Joaquim Lopes Neto
Ib Gatto Falcão	Sydnei Lima Santos
Jorge Nagle	
José Francisco Sanchotene Felice	

In Documenta. Brasília. nº 403, p. 1-167, agosto de 1994, contracapa.

Composição que se repete:

In Documenta. Brasília. nº 404, p. 1-340, setembro de 1994, contracapa.

Outubro de 1994	
Presidente da República	Itamar Franco
Ministro da Educação	Murílio de Avellar Hingel
Conselho Federal de Educação	
Conselheiros	
Manoel Gonçalves Ferreira Filho	Presidente
Ernani Bayer	Vice-Presidente
Cássio Mesquita Barros	Pe. Laércio Dias de Moura
Cícero Adolpho da Silva	Lauro Franco Leitão
Dalva Assumpção Soutto Mayor	Layrton Borges de Miranda Vieira
Edson Machado de Sousa	Lêda Maria Chaves Napoleão do Rêgo
Fábio Prado	Margarida Maria do Rêgo Barros Pires Leal
Genaro José de Oliveira	Paulo Alcântara Gomes
Ib Gatto Falcão	Silvino Joaquim Lopes Neto
Jorge Nagle	Sydnei Lima Santos
José Francisco Sanchotene Felice	
José Luitgard Moura de Figueiredo	

In Documenta. Brasília. nº 405, p. 1-164, outubro de 1994, contracapa.

Novembro de 1994	
Presidente da República	Itamar Franco
Ministro da Educação	Murílio de Avellar Hingel
Conselho Federal de Educação	
Conselheiros	
Presidente	
Vice-Presidente	

Sem publicação

"A Lei 4.024, de 20 de dezembro de 1961, instituiu o Conselho Federal de Educação (CFE), como órgão de caráter normativo e consultivo, no âmbito do Ministério da Educação e Cultura, com vistas à formulação da política educacional do País.

As transformações por que passou o sistema educacional brasileiro no decorrer das últimas três décadas, além da natureza das atribuições conferidas ao Ministério da Educação e do Desporto, consubstanciadas no texto constitucional de 1988, determinaram o impreterível compromisso de uma sólida e profunda revisão das ações de um Conselho que, por razões diversas, foi se distanciando dos princípios que nortearam sua criação.

No intuito de resgatar a natureza desses princípios, e observando a sua compatibilidade com os preceitos constantes do projeto de lei em tramitação no Congresso Nacional, referente à nova Lei de Diretrizes e Bases da Educação Nacional, foi editada, em 18 de outubro de 1994, a Medida Provisória 661, que altera dispositivos das Lei 4.024/61 e 5.540/68, especialmente no que se refere ao CFE, ora transformado em Conselho Nacional de Educação.

Importante salientar que a medida garante a continuidade das ações do Conselho, ora exercidas pelo Ministro de Estado, a quem cabe manifestar-se sobre os pareceres emitidos pelo antigo Conselho Federal de Educação até a data da emissão da Medida Provisória 661/94; foi-lhe também concedida permissão para baixar atos que versem sobre matéria de competência do Conselho Nacional de Educação, a partir de estudos promovidos pela Comissão Especial constituída por Decreto de 8 de novembro de 1994.

A Revista DOCUMENTA, em sua edição de novembro, apresenta atos legais sobre a transformação do Conselho Federal em Conselho Nacional de Educação, além dos atos decorrentes de discussões ensejadas pela Comissão Especial, sobretudo no que se refere à formulação da política educacional, à garantia do cumprimento da legislação e ao zelo pela qualidade da educação."

In Documenta. Brasília. nº 406, p. 23, novembro de 1994, contracapa.

Setembro de 1994	
Presidente da República	Itamar Franco
Ministro da Educação	Murílio de Avellar Hingel

Conselho Federal de Educação	
Conselheiros	
Manoel Gonçalves Ferreira Filho	Presidente
Ernani Bayer	Vice-Presidente

Adib Domingos Jatene	José Luitgard Moura de Figueiredo
Cássio Mesquita Barros	Layrton Borges de Miranda Vieira
Cícero Adolpho da Silva	Lêda Maria Chaves Napoleão do Rêgo
Dalva Assumpção Soutto Mayor	Margarida Maria do Rêgo Barros Pires Leal
Edson Machado de Sousa	Paulo Alcântara Gomes
Fábio Prado	Raulino Tramontin
Genaro José de Oliveira	Silvino Joaquim Lopes Neto
Ib Gatto Falcão	Sydnei Lima Santos
Jorge Nagle	
José Francisco Sanchotene Felice	

Dezembro de 1994	
Presidente da República	Itamar Franco
Ministro da Educação	Murílio de Avellar Hingel

Conselho Federal de Educação	
Conselheiros	
	Presidente
	Vice-Presidente

Sem publicação

"Comunicação da Direção Geral

Como ainda não se encontra em efetivo funcionamento o Conselho Nacional de Educação, com reuniões plenárias e consequente coletânea de pareceres, a DOCUMENTA conterá tão somente o conjunto de atos oficiais publicados no Diário Oficial da União." p. 1

In Documenta. Brasília. nº 407, p. 1-77, dezembro de 1994, contracapa.

Janeiro/Fevereiro de 1995	
Presidente da República	Fernando Henrique Cardoso
Ministro da Educação	Paulo Renato Souza
Conselho Federal de Educação	
Conselheiros	
	Presidente
	Vice-Presidente

Sem publicação

"Comunicação da Direção Geral

Esta Documenta de nº 408 contém a legislação publicada no Diário Oficial da União, correspondete aos meses de janeiro e fevereiro de 1995."

In Documenta. Brasília. nº 408, p. 1-32, janeiro/fevereiro de 1995, contracapa.

Março de 1995	
Presidente da República	Fernando Henrique Cardoso
Ministro da Educação	Paulo Renato Souza
Conselho Especial – Decreto de 16 de fevereiro de 1995	
Átila Freitas Lira	Secretário de Educação Média e Tecnológica
Décio Leal de Zagottis	Secretário de Educação Superior
Edson Machado de Sousa	Chefe de Gabinete do Ministro
Eunice Ribeiro Durham	Secretária de Política Educacional
Iara Glória Arelas Prado	Secretária de Educação Fundamental
João Batista Araújo e Oliveira	Secretário Executivo

In Documenta. Brasília. nº 409, p. 1-33, março de 1995, contracapa.

Abril de 1994	
Presidente da República	Fernando Henrique Cardoso
Ministro da Educação	Paulo Renato Souza
Conselho Especial – Decreto de 16 de fevereiro de 1995	
Átila Freitas Lira	Secretário de Educação Média e Tecnológica
Décio Leal de Zagottis	Secretário de Educação Superior
Edson Machado de Sousa	Chefe de Gabinete do Ministro
Eunice Ribeiro Durham	Secretária de Política Educacional
Iara Glória Arelas Prado	Secretária de Educação Fundamental
João Batista Araújo e Oliveira	Secretário Executivo

In Documenta. Brasília. nº 410, p. 1-41, abril de 1995, contracapa.

Setembro de 1994	
Presidente da República	Itamar Franco
Ministro da Educação	Murílio de Avellar Hingel
Conselho Federal de Educação	
Conselheiros	
Manoel Gonçalves Ferreira Filho	**Presidente**
Ernani Bayer	**Vice-Presidente**
Adib Domingos Jatene	José Luitgard Moura de Figueiredo
Cássio Mesquita Barros	Layrton Borges de Miranda Vieira
Cícero Adolpho da Silva	Lêda Maria Chaves Napoleão do Rêgo
Dalva Assumpção Soutto Mayor	Margarida Maria do Rêgo Barros Pires Leal
Edson Machado de Sousa	Paulo Alcântara Gomes
Fábio Prado	Raulino Tramontin
Genaro José de Oliveira	Silvino Joaquim Lopes Neto
Ib Gatto Falcão	Sydnei Lima Santos
Jorge Nagle	
José Francisco Sanchotene Felice	

Setembro de 1994	
Presidente da República	Itamar Franco
Ministro da Educação	Murílio de Avellar Hingel
Conselho Federal de Educação	
Conselheiros	
Manoel Gonçalves Ferreira Filho	Presidente
Ernani Bayer	Vice-Presidente
Adib Domingos Jatene	José Luitgard Moura de Figueiredo
Cássio Mesquita Barros	Layrton Borges de Miranda Vieira
Cícero Adolpho da Silva	Lêda Maria Chaves Napoleão do Rêgo
Dalva Assumpção Soutto Mayor	Margarida Maria do Rêgo Barros Pires Leal
Edson Machado de Sousa	Paulo Alcântara Gomes
Fábio Prado	Raulino Tramontin
Genaro José de Oliveira	Silvino Joaquim Lopes Neto
Ib Gatto Falcão	Sydnei Lima Santos
Jorge Nagle	
José Francisco Sanchotene Felice	

Maio de 1995	
Presidente da República	Fernando Henrique Cardoso
Ministro da Educação	Paulo Renato Souza
Conselho Especial – Decreto de 16 de fevereiro de 1995	
Átila Freitas Lira	Secretário de Educação Média e Tecnológica
Décio Leal de Zagottis	Secretário de Educação Superior
Edson Machado de Sousa	Chefe de Gabinete do Ministro
Eunice Ribeiro Durham	Secretária de Política Educacional
Iara Glória Arelas Prado	Secretária de Educação Fundamental
João Batista Araújo e Oliveira	Secretário Executivo

In Documenta. Brasília. nº 411, p. 1-61, maio de 1995, contracapa.

Junho de 1995	
Presidente da República	Fernando Henrique Cardoso
Ministro da Educação	Paulo Renato Souza

Conselho Especial – Decreto de 16 de fevereiro de 1995	
Átila Freitas Lira	Secretário de Educação Média e Tecnológica
Décio Leal de Zagottis	Secretário de Educação Superior
Edson Machado de Sousa	Chefe de Gabinete do Ministro
Eunice Ribeiro Durham	Secretária de Política Educacional
Gilda Figueiredo Portugal Gouvêa	Secretária Executiva
Iara Glória Areias Prado	Secretária de Educação Fundamental

In Documenta. Brasília. nº 412, p. 1-105, junho de 1995, contracapa.

Julho de 1995	
Presidente da República	Fernando Henrique Cardoso
Ministro da Educação	Paulo Renato Souza

Conselho Especial – Decreto de 16 de fevereiro de 1995	
Átila Freitas Lira	Secretário de Educação Média e Tecnológica
Décio Leal de Zagottis	Secretário de Educação Superior
Edson Machado de Sousa	Chefe de Gabinete do Ministro
Eunice Ribeiro Durham	Secretária de Política Educacional
Iara Glória Areias Prado	Secretária de Educação Fundamental
João Batista Araújo e Oliveira	Secretário Executivo

In Documenta. Brasília. nº 413, p. 1-110, julho de 1995, contracapa.

Agosto de 1995	
Presidente da República	Fernando Henrique Cardoso
Ministro da Educação	Paulo Renato Souza
Conselho Especial – Decreto de 16 de fevereiro de 1995	
Átila Freitas Lira	Secretário de Educação Média e Tecnológica
Cid Gesteira	Diretor do Departamento de Política de Ensino Superior
Edson Machado de Sousa	Chefe de Gabinete do Ministro
Eunice Ribeiro Durham	Secretária de Política Educacional
Gilda Figueiredo Portugal Gouvêa	Secretária Executiva
Iara Glória Areias Prado	Secretária de Educação Fundamental

In Documenta. Brasília. nº 414, p. 1-69, agosto de 1995, contracapa.

Setembro de 1995	
Presidente da República	Fernando Henrique Cardoso
Ministro da Educação	Paulo Renato Souza
Conselho Especial – Decreto de 16 de fevereiro de 1995	
Átila Freitas Lira	Secretário de Educação Média e Tecnológica
Edson Machado de Sousa	Chefe de Gabinete do Ministro
Eunice Ribeiro Durham	Secretária de Política Educacional
Iara Glória Areias Prado	Secretária de Educação Fundamental
Luciano Oliva Patrício	Secretário Executiva
Vanessa Guimarães Pinto	Secretária da SESU/MEC

In Documenta. Brasília. nº 415, p. 1-154, setembro de 1995, contracapa.

Outubro/Novembro/Dezembro de 1995	
Presidente da República	Fernando Henrique Cardoso
Ministro da Educação	Paulo Renato Souza
Conselho Especial – Decreto de 16 de fevereiro de 1995	
Átila Freitas Lira	Secretário de Educação Média e Tecnológica
Edson Machado de Sousa	Chefe de Gabinete do Ministro
Eunice Ribeiro Durham	Secretária de Política Educacional
Luciano Oliva Patrício	Secretário Executiva
Iara Glória Areias Prado	Secretária de Educação Fundamental
Vanessa Guimarães Pinto	Secretária da Ensino Superior

In Documenta. Brasília. nº 416, p. 1-456, outubro/novembro/dezembro de 1995, contracapa.

Janeiro/Fevereiro de 1996	
Presidente da República	Fernando Henrique Cardoso
Ministro da Educação	Paulo Renato Souza
Conselho Especial – Decreto de 16 de fevereiro de 1995	
Átila Freitas Lira	Secretário de Educação Média e Tecnológica
Edson Machado de Sousa	Chefe de Gabinete do Ministro
Eunice Ribeiro Durham	Secretária de Política Educacional
Luciano Oliva Patrício	Secretário Executiva
Iara Glória Areias Prado	Secretária de Educação Fundamental
Vanessa Guimarães Pinto	Secretária da Ensino Superior/MEC

In Documenta. Brasília. nº 417, p. 1-285, janeiro/fevereiro de 1996, contracapa.

Março de 1996	
Presidente da República	Fernando Henrique Cardoso
Ministro da Educação	Paulo Renato Souza
Presidente: Hésio de Albuquerque Cordeiro	
Câmara de Educação Básica	Câmara de Educação Superior
Presidente: Carlos Roberto Jamil Cury	Presidente: Éfrem de Aguiar Maranhão
Vice-Presidente: Hermengarda Alves Ludke	Vice-Presidente: Jacques Velloso
Almir de Souza Maia	Vanessa Guimarães Pinto
Ana Luiza Machado Pinheiro	Arnaldo Niskler
Edla de Araújo Lira Soares	Carlos Alberto de Oliveira
Elon Lages Lima	Hésio de Albuquerque Cordeiro
Fábio Luiz Marinho Aidar	José Arthur Giannotti
Iara Glória Areias Prado	José Carlos Almeida da Silva
Iara Silvia Lucas Wortmann	Lauro Ribas Zimmer
João Antônio Cabral de Monlevade	Myriam Krasilchik
Regina Alcântara de Assis	Silke Weber
Ulysses de Oliveira Panisset	Yugo Okida

In Documenta. Brasília. nº 418, p. 1-72, março de 1996, contracapa.

Composição que se repete:

In Documenta. Brasília. nº 419, p. 1-197, abril/maio/junho/julho de 1996, contracapa.

In Documenta. Brasília. nº 420, p. 1-197, agosto/setembro de 1996, contracapa.

In Documenta. Brasília. nº 421, p. 1-192, outubro de 1996, contracapa.

Novembro de 1996	
Presidente da República	Fernando Henrique Cardoso
Ministro da Educação	Paulo Renato Souza
Presidente: Hésio de Albuquerque Cordeiro	
Câmara de Educação Básica	Câmara de Educação Superior
Presidente: Carlos Roberto Jamil Cury	Presidente: Éfrem de Aguiar Maranhão
Vice-Presidente: Hermengarda Alves Lüdke	Vice-Presidente: Jacques Velloso
Almir de Souza Maia	Abílio Afonso Baeta Neves
Ana Luiza Machado Pinheiro	Arnaldo Niskler
Edla de Araújo Lira Soares	Carlos Alberto Serpa de Oliveira
Elon Lages Lima	Hésio de Albuquerque Cordeiro
Fábio Luiz Marinho Aidar	José Arthur Giannotti
Iara Glória Areias Prado	José Carlos Almeida da Silva
Iara Silvia Lucas Wortmann	Lauro Ribas Zimmer
João Antônio Cabral de Monlevade	Myriam Krasilchik
Regina Alcântara de Assis	Silke Weber
Ulysses de Oliveira Panisset	Yugo Okida

In Documenta. Brasília. nº 422, p. 1-206, novembro de 1996, contracapa.

Composição que se repete:

In Documenta. Brasília. nº 423, p. 1-615, dezembro de 1996, contracapa.

In Documenta. Brasília. nº 424, p. 1-586, janeiro de 1997, contracapa.

Fevereiro de 1997	
Presidente da República	Fernando Henrique Cardoso
Ministro da Educação	Paulo Renato Souza

Presidente: Hésio de Albuquerque Cordeiro	
Câmara de Educação Básica	Câmara de Educação Superior
Presidente: Carlos Roberto Jamil Cury	Presidente: Éfrem de Aguiar Maranhão
Vice-Presidente: Hermengarda Alves Lüdke	Vice-Presidente: Jacques Velloso
Almir de Souza Maia	Abílio Afonso Baeta Neves
Ana Luiza Machado Pinheiro	Arnaldo Niskler
Edla de Araújo Lira Soares	Carlos Alberto Serpa de Oliveira
Elon Lages Lima	Hésio de Albuquerque Cordeiro
Fábio Luiz Marinho Aidar	José Arthur Giannotti
Iara Glória Areias Prado	José Carlos Almeida da Silva
Iara Silvia Lucas Wortmann	Lauro Ribas Zimmer
João Antônio Cabral de Monlevade	Myriam Krasilchik
Regina Alcântara de Assis	Silke Weber
Ulysses de Oliveira Panisset	Yugo Okida

In Documenta. Brasília. nº 425, p. 1-571, fevereiro de 1997, contracapa.

Composição que se repete:

In Documenta. Brasília. nº 426, p. 1-129, março de 1997, contracapa.

In Documenta. Brasília. nº 427, p. 1-294, abril de 1997, contracapa.

In Documenta. Brasília. nº 428, p. 1-256, maio de 1997, contracapa.

In Documenta. Brasília. nº 429, p. 1-326, junho de 1997, contracapa.

Julho de 1997	
Presidente da República	Fernando Henrique Cardoso
Ministro da Educação	Paulo Renato Souza
Presidente: Hésio de Albuquerque Cordeiro	
Câmara de Educação Básica	Câmara de Educação Superior
Presidente: Carlos Roberto Jamil Cury	Presidente: Éfrem de Aguiar Maranhão
Vice-Presidente: Hermengarda Alves Lüdke	Vice-Presidente: Jacques Velloso
Almir de Souza Maia	Abílio Afonso Baeta Neves
Edla de Araújo Lira Soares	Arnaldo Niskler
Elon Lages Lima	Carlos Alberto Serpa de Oliveira
Fábio Luiz Marinho Aidar	Hésio de Albuquerque Cordeiro
Guiomar Namo Mello	José Arthur Giannotti
Iara Glória Areias Prado	José Carlos Almeida da Silva
Iara Silvia Lucas Wortmann	Lauro Ribas Zimmer
João Antônio Cabral de Monlevade	Myriam Krasilchik
Regina Alcântara de Assis	Silke Weber
Ulysses de Oliveira Panisset	Yugo Okida

In Documenta. Brasília. n° 430, p. 1-327, julho de 1997, contracapa.

Agosto de 1997	
Presidente da República	Fernando Henrique Cardoso
Ministro da Educação	Paulo Renato Souza
Presidente: Hésio de Albuquerque Cordeiro	
Câmara de Educação Básica	Câmara de Educação Superior
Presidente: Carlos Roberto Jamil Cury	Presidente: Éfrem de Aguiar Maranhão
Vice-Presidente: Hermengarda Alves Lüdke	Vice-Presidente: Jacques Velloso
Almir de Souza Maia	Abílio Afonso Baeta Neves
Edla de Araújo Lira Soares	Arnaldo Niskler
Elon Lages Lima	Carlos Alberto Serpa de Oliveira
Fábio Luiz Marinho Aidar	Eunice Ribeiro Duhram
Guiomar Namo Mello	Hésio de Albuquerque Cordeiro
Iara Glória Areias Prado	José Carlos Almeida da Silva
Iara Silvia Lucas Wortmann	Lauro Ribas Zimmer
João Antônio Cabral de Monlevade	Myriam Krasilchik
Regina Alcântara de Assis	Silke Weber
Ulysses de Oliveira Panisset	Yugo Okida

In Documenta. Brasília. n° 431, p. 1-429, agosto de 1997, contracapa.

Composição que se repete:

In Documenta. Brasília. nº 432, p. 1-212, setembro de 1997, contracapa.

In Documenta. Brasília. nº 433, p. 1-204, outubro de 1997, contracapa.

In Documenta. Brasília. nº 434, p. 1-480, novembro de 1997, contracapa.

In Documenta. Brasília. nº 435, p. 1-569, dezembro de 1997, contracapa.

In Documenta. Brasília. nº 436, p. 1-467, janeiro de 1998, contracapa.

In Documenta. Brasília. nº 437, p. 1-412, fevereiro de 1998, contracapa.

In Documenta. Brasília. nº 438, p. 1-99, março de 1998, contracapa.

Abril de 1998	
Presidente da República	Fernando Henrique Cardoso
Ministro da Educação	Paulo Renato Souza
Presidente: Hésio de Albuquerque Cordeiro	
Câmara de Educação Básica	**Câmara de Educação Superior**
Presidente: Ulysses de Oliveira Panisset	Presidente: Hésio de Albuquerque Cordeiro
Vice-Presidente: Francisco Aparecido Cordão	Vice-Presidente: Roberto Cláudio F. Bezerra
Antenor Manoel Napoline	Abílio Afonso Baeta Neves
Carlos Roberto Jamil Cury	Arthur Roquete de Macedo
Edla de Araújo Lira Soares	Carlos Alberto Serpa de Oliveira
Fábio Luiz Marinho Aidar	Éfrem de Aguiar Maranhão
Guiomar Namo de Mello	Eunice Ribeiro Duhram
Iara Glória Areias Prado	Jacques Velloso
Iara Silvia Lucas Wortmann	José Carlos Almeida da Silva
João Antônio Cabral de Monlevade	Lauro Ribas Zimmer
Kuno Paulo Rhoden	Silke Weber
Regina Alcântara de Assis	Yugo Okida

In Documenta. Brasília. nº 439, p. 1-309, abril de 1998, contracapa.

Maio de 1998	
Presidente da República	Fernando Henrique Cardoso
Ministro da Educação	Paulo Renato Souza
Presidente: Éfrem de Aguiar Maranhão	
Câmara de Educação Básica	Câmara de Educação Superior
Presidente: Ulysses de Oliveira Panisset	Presidente: Hésio de Albuquerque Cordeiro
Vice-Presidente: Francisco Aparecido Cordão	Vice-Presidente: Roberto Cláudio F. Bezerra
Antenor Manoel Napoline	Abílio Afonso Baeta Neves
Carlos Roberto Jamil Cury	Arthur Roquete de Macedo
Edla de Araújo Lira Soares	Carlos Alberto Serpa de Oliveira
Fábio Luiz Marinho Aidar	Éfrem de Aguiar Maranhão
Guiomar Namo de Mello	Eunice Ribeiro Duhram
Iara Glória Areias Prado	Jacques Velloso
Iara Silvia Lucas Wortmann	José Carlos Almeida da Silva
João Antônio Cabral de Monlevade	Lauro Ribas Zimmer
Kuno Paulo Rhoden	Silke Weber
Regina Alcântara de Assis	Yugo Okida

In Documenta. Brasília. nº 440, p. 1-429, maio de 1998, contracapa.

Composição que se repete:

In Documenta. Brasília. nº 441, p. 1-440, junho de 1998, contracapa.

In Documenta. Brasília. nº 442, p. 1-442, julho de 1998, contracapa.

In Documenta. Brasília. nº 443, p. 1-345, agosto de 1998, contracapa.

In Documenta. Brasília. nº 444, p. 1-720, setembro de 1998, contracapa.

In Documenta. Brasília. nº 445, p. 1-329, outubro de 1998, contracapa.

In Documenta. Brasília. nº 446, p. 1-285, novembro de 1998, contracapa.

In Documenta. Brasília. nº 447, p. 1-792, dezembro de 1998, contracapa.

In Documenta. Brasília. nº 448, p. 1-657, janeiro de 1999, contracapa.

In Documenta. Brasília. nº 449, p. 1-385, fevereiro de 1999, contracapa.

In Documenta. Brasília. nº 450, p. 1-277, março de 1999, contracapa.

Abril de 1999	
Presidente da República	Fernando Henrique Cardoso
Ministro da Educação	Paulo Renato Souza

Presidente: Éfrem de Aguiar Maranhão	
Câmara de Educação Básica	Câmara de Educação Superior
Presidente: Ulysses de Oliveira Panisset	Presidente: Roberto Cláudio F. Bezerra
Vice-Presidente: Francisco Aparecido Cordão	Vice-Presidente: Arthur Roquete de Macedo
Antenor Manoel Napoline	Abílio Afonso Baeta Neves
Carlos Roberto Jamil Cury	Carlos Alberto Serpa de Oliveira
Edla de Araújo Lira Soares	Éfrem de Aguiar Maranhão
Fábio Luiz Marinho Aidar	Eunice Ribeiro Duhram
Guiomar Namo de Mello	Hésio de Albuquerque Cordeiro
Iara Glória Areias Prado	Jacques Velloso
Iara Silvia Lucas Wortmann	José Carlos Almeida da Silva
João Antônio Cabral de Monlevade	Lauro Ribas Zimmer
Kuno Paulo Rhoden	Silke Weber
Regina Alcântara de Assis	Yugo Okida

In Documenta. Brasília. nº 451, p. 1-361, abril de 1999, contracapa.

Composição que se repete:

In Documenta. Brasília. nº 452, p. 1-545, maio de 1999, contracapa.

In Documenta. Brasília. nº 453, p. 1-333, junho de 1999, contracapa.

In Documenta. Brasília. nº 454, p. 1-445, julho de 1999, contracapa.

In Documenta. Brasília. nº 455, p. 1-216, agosto de 1999, contracapa.

In Documenta. Brasília. nº 456, p. 1-333, setembro de 1999, contracapa.

In Documenta. Brasília. nº 457, p. 1-366, outubro de 1999, contracapa.

In Documenta. Brasília. nº 458, p. 1-563, novembro de 1999, contracapa.

In Documenta. Brasília. nº 459, p. 1-485, dezembro de 1999, contracapa.

In Documenta. Brasília. nº 460, p. 1-389, janeiro de 2000, contracapa.

In Documenta. Brasília. nº 461, p. 1-485, fevereiro de 2000, contracapa.

In Documenta. Brasília. nº 462, p. 1-307, março de 2000, contracapa.

Abril de 2000	
Presidente da República Ministro da Educação	Fernando Henrique Cardoso Paulo Renato Souza
Presidente: Ulysses de Oliveira Panisset	
Câmara de Educação Básica Presidente: Francisco Aparecido Cordão Vice-Presidente: Raquel Figueiredo Alessandri Teixeira	Câmara de Educação Superior Presidente: Roberto Cláudio F. Bezerra Vice-Presidente: Arthur Roquete de Macedo
Antenor Manoel Napoline	Abílio Afonso Baeta Neves
Ataíde Alves	Carlos Alberto Serpa de Oliveira
Carlos Roberto Jamil Cury	Éfrem de Aguiar Maranhão
Edla de Araújo Lira Soares	Eunice Ribeiro Duhram
Guiomar Namo de Mello	Francisco César de Sá Barreto
Iara Glória Areias Prado	José Carlos Almeida da Silva
Kuno Paulo Rhoden	Lauro Ribas Zimmer
Nelio Marco Vincenzo Bizzo	Silke Weber
Sylvia Figueiredo Gouvêa	Vilma de Mendonça Figueiredo
	Yugo Okida

In Documenta. Brasília. nº 463, p. 1-399, abril de 2000, contracapa.

Composição que se repete:

In Documenta. Brasília. nº 464, p. 1-571, maio de 2000, contracapa.

In Documenta. Brasília. nº 465, p. 1-506, junho de 2000, contracapa.

Julho de 2000	
Presidente da República	Fernando Henrique Cardoso
Ministro da Educação	Paulo Renato Souza
Presidente: Ulysses de Oliveira Panisset	
Câmara de Educação Básica	Câmara de Educação Superior
Presidente: Francisco Aparecido Cordão	Presidente: Roberto Cláudio F. Bezerra
Vice-Presidente: Raquel Figueiredo Alessandri Teixeira	Vice-Presidente: Arthur Roquete de Macedo
Antenor Manoel Napoline	Antônio Macdowell de Figueiredo
Ataíde Alves	Carlos Alberto Serpa de Oliveira
Carlos Roberto Jamil Cury	Éfrem de Aguiar Maranhão
Edla de Araújo Lira Soares	Eunice Ribeiro Duhram
Guiomar Namo de Mello	Francisco César de Sá Barreto
Iara Glória Areias Prado	José Carlos Almeida da Silva
Kuno Paulo Rhoden	Lauro Ribas Zimmer
Nelio Marco Vincenzo Bizzo	Silke Weber
Sylvia Figueiredo Gouvêa	Vilma de Mendonça Figueiredo
	Yugo Okida

In Documenta. Brasília. nº 466, p. 1-500, julho de 2000, contracapa.

Composição que se repete:

In Documenta. Brasília. nº 467, p. 1-357, agosto de 2000, contracapa.

In Documenta. Brasília. nº 468, p. 1-558, setembro de 2000, contracapa.

In Documenta. Brasília. nº 469, p. 1-468, outubro de 2000, contracapa.

In Documenta. Brasília. nº 470, p. 1-429, novembro de 2000, contracapa.

In Documenta. Brasília. nº 471, p. 1-642, dezembro de 2000, contracapa.

Janeiro de 2001	
Presidente da República	Fernando Henrique Cardoso
Ministro da Educação	Paulo Renato Souza

Presidente: Ulysses de Oliveira Panisset	
Câmara de Educação Básica	**Câmara de Educação Superior**
Presidente: Francisco Aparecido Cordão	Presidente: Éfrem de Aguiar Maranhão
Vice-Presidente: Raquel Figueiredo Alessandri Teixeira	Vice-Presidente: Jacques Velloso
Antenor Manoel Napoline	Antônio Macdowell de Figueiredo
Ataíde Alves	Carlos Alberto Serpa de Oliveira
Carlos Roberto Jamil Cury	**Éfrem** de Aguiar Maranhão
Edla de Araújo Lira Soares	Eunice Ribeiro Duhram
Guiomar Namo de Mello	Francisco César de Sá Barreto
Iara Glória Areias Prado	José Carlos Almeida da Silva
Kuno Paulo Rhoden	Lauro Ribas Zimmer
Nelio Marco Vincenzo Bizzo	Silke Weber
Sylvia Figueiredo Gouvêa	Yugo Okida

In Documenta. Brasília. nº 472, p. 1-738, janeiro de 2001, contracapa.

Fevereiro de 2001	
Presidente da República	Fernando Henrique Cardoso
Ministro da Educação	Paulo Renato Souza

Presidente: Ulysses de Oliveira Panisset	
Câmara de Educação Básica	**Câmara de Educação Superior**
Presidente: Francisco Aparecido Cordão	Presidente: Roberto Claudio F. Bezerra
Vice-Presidente: Raquel Figueiredo Alessandri Teixeira	Vice-Presidente: Arthur Roquete de Macedo
Antenor Manoel Napoline	Antônio Macdowell de Figueiredo
Ataíde Alves	Carlos Alberto Serpa de Oliveira
Carlos Roberto Jamil Cury	**Éfrem** de Aguiar Maranhão
Edla de Araújo Lira Soares	Eunice Ribeiro Duhram
Guiomar Namo de Mello	Francisco César de Sá Barreto
Iara Glória Areias Prado	José Carlos Almeida da Silva
Kuno Paulo Rhoden	Lauro Ribas Zimmer
Nelio Marco Vincenzo Bizzo	Silke Weber
Sylvia Figueiredo Gouvêa	Yugo Okida

In Documenta. Brasília. nº 473, p. 1-790, fevereiro de 2001, contracapa.

Março de 2001	
Presidente da República	Fernando Henrique Cardoso
Ministro da Educação	Paulo Renato Souza
Presidente: Ulysses de Oliveira Panisset	
Câmara de Educação Básica	Câmara de Educação Superior
Presidente: Francisco Aparecido Cordão	Presidente: Roberto Claudio F. Bezerra
Vice-Presidente: Raquel Figueiredo Alessandri Teixeira	Vice-Presidente: Arthur Roquete de Macedo
Antenor Manoel Napoline	Antônio Macdowell de Figueiredo
Ataíde Alves	Carlos Alberto Serpa de Oliveira
Carlos Roberto Jamil Cury	Éfrem de Aguiar Maranhão
Edla de Araújo Lira Soares	Eunice Ribeiro Duhram
Guiomar Namo de Mello	Francisco César de Sá Barreto
Iara Glória Areias Prado	José Carlos Almeida da Silva
Kuno Paulo Rhoden	Lauro Ribas Zimmer
Nelio Marco Vincenzo Bizzo	Silke Weber
Sylvia Figueiredo Gouvêa	Vilma de Mendonça Figueiredo
	Yugo Okida

In Documenta. Brasília. nº 474, p. 1-392, março de 2001, contracapa.

Abril de 2001	
Presidente da República	Fernando Henrique Cardoso
Ministro da Educação	Paulo Renato Souza
Presidente: Ulysses de Oliveira Panisset	
Câmara de Educação Básica	Câmara de Educação Superior
Presidente: Francisco Aparecido Cordão	Presidente: Arthur Roquete de Macedo
Vice-Presidente: Carlos Roberto Jamil Cury	Vice-Presidente: José Carlos Almeida da Silva
Antenor Manoel Napoline	Antônio Macdowell de Figueiredo
Ataíde Alves	Carlos Alberto Serpa de Oliveira
Edla de Araújo Lira Soares	Éfrem de Aguiar Maranhão
Guiomar Namo de Mello	Eunice Ribeiro Duhram
Iara Glória Areias Prado	Francisco César de Sá Barreto
Kuno Paulo Rhoden	Lauro Ribas Zimmer
Nelio Marco Vincenzo Bizzo	Roberto Claudio F. Bezerra
Raquel Figueiredo Alessandri Teixeira	Silke Weber
Sylvia Figueiredo Gouvêa	Vilma de Mendonça Figueiredo
	Yugo Okida

In Documenta. Brasília. nº 475, p. 1-392, abril de 2001, contracapa.

Maio de 2001	
Presidente da República	Fernando Henrique Cardoso
Ministro da Educação	Paulo Renato Souza
Presidente: Ulysses de Oliveira Panisset	
Câmara de Educação Básica	Câmara de Educação Superior
Presidente: Francisco Aparecido Cordão	Presidente: Arthur Roquete de Macedo
Vice-Presidente: Carlos Roberto Jamil Cury	Vice-Presidente: José Carlos Almeida da Silva
Antenor Manoel Napoline	Carlos Alberto Serpa de Oliveira
Ataíde Alves	Éfrem de Aguiar Maranhão
Edla de Araújo Lira Soares	Eunice Ribeiro Duhram
Guiomar Namo de Mello	Francisco César de Sá Barreto
Iara Glória Areias Prado	Lauro Ribas Zimmer
Kuno Paulo Rhoden	Maria Helena Guimararês de Castro
Nelio Marco Vincenzo Bizzo	Silke Weber
Raquel Figueiredo Alessandri Teixeira	Roberto Claudio F. Bezerra
Sylvia Figueiredo Gouvêa	Vilma de Mendonça Figueiredo
	Yugo Okida

In Documenta. Brasília. nº 476, p. 1-721, maio de 2001, contracapa.

Junho de 2001	
Presidente da República	Fernando Henrique Cardoso
Ministro da Educação	Paulo Renato Souza
Presidente: Ulysses de Oliveira Panisset	
Câmara de Educação Básica	Câmara de Educação Superior
Presidente: Francisco Aparecido Cordão	Presidente: Roberto Claudio F. Bezerra
Vice-Presidente: Raquel Figueiredo Alessandri Teixeira	Vice-Presidente: Arthur Roquete de Macedo
Antenor Manoel Napoline	Antônio Macdowell de Figueiredo
Ataíde Alves	Carlos Alberto Serpa de Oliveira
Carlos Roberto Jamil Cury	Éfrem de Aguiar Maranhão
Edla de Araújo Lira Soares	Eunice Ribeiro Duhram
Guiomar Namo de Mello	Francisco César de Sá Barreto
Iara Glória Areias Prado	José Carlos Almeida da Silva
Kuno Paulo Rhoden	Lauro Ribas Zimmer
Nelio Marco Vincenzo Bizzo	Silke Weber
Sylvia Figueiredo Gouvêa	Vilma de Mendonça Figueiredo
	Yugo Okida

In Documenta. Brasília. nº 477, p. 1-680, junho de 2001, contracapa.

Composição que se repete:
In Documenta. Brasília. nº 478, p. 1-777, julho de 2001, contracapa.

Agosto de 2001	
Presidente da República	Fernando Henrique Cardoso
Ministro da Educação	Paulo Renato Souza
Presidente: Ulysses de Oliveira Panisset	
Câmara de Educação Básica	Câmara de Educação Superior
Presidente: Francisco Aparecido Cordão	Presidente: Roberto Claudio F. Bezerra
Vice-Presidente: Raquel Figueiredo Alessandri Teixeira	Vice-Presidente: Arthur Roquete de Macedo
Antenor Manoel Napoline	Antônio Macdowell de Figueiredo
Ataíde Alves	Carlos Alberto Serpa de Oliveira
Carlos Roberto Jamil Cury	Éfrem de Aguiar Maranhão
Edla de Araújo Lira Soares	Teresa Roserly Neubauer da Silva
Guiomar Namo de Mello	Francisco César de Sá Barreto
Iara Glória Areias Prado	José Carlos Almeida da Silva
Kuno Paulo Rhoden	Lauro Ribas Zimmer
Nelio Marco Vincenzo Bizzo	Silke Weber
Sylvia Figueiredo Gouvêa	Vilma de Mendonça Figueiredo
	Yugo Okida

In Documenta. Brasília. nº 479, p. 1-705, agosto de 2001, contracapa.

Composição que se repete:
In Documenta. Brasília. nº 480, p. 1-297, setembro de 2001, contracapa.

In Documenta. Brasília. nº 481, p. 1-282, outubro de 2001, contracapa.

Novembro de 2001	
Presidente da República	Fernando Henrique Cardoso
Ministro da Educação	Paulo Renato Souza

Presidente: Ulysses de Oliveira Panisset	
Câmara de Educação Básica	**Câmara de Educação Superior**
Presidente: Francisco Aparecido Cordão	Presidente: Roberto Claudio F. Bezerra
Vice-Presidente: Raquel Figueiredo Alessandri Teixeira	Vice-Presidente: Arthur Roquete de Macedo
Antenor Manoel Napoline	Carlos Alberto Serpa de Oliveira
Ataíde Alves	Éfrem de Aguiar Maranhão
Carlos Roberto Jamil Cury	Francisco César de Sá Barreto
Edla de Araújo Lira Soares	José Carlos Almeida da Silva
Guiomar Namo de Mello	Lauro Ribas Zimmer
Iara Glória Areias Prado	Maria Helena Guimarães de Castro
Kuno Paulo Rhoden	Silke Weber
Nelio Marco Vincenzo Bizzo	Teresa Roserley Neubauer
Sylvia Figueiredo Gouvêa	Vilma de Mendonça Figueiredo
	Yugo Okida

In Documenta. Brasília. nº 482, p. 1-364, novembro de 2001, contracapa.

Dezembro de 2001	
Presidente da República	Fernando Henrique Cardoso
Ministro da Educação	Paulo Renato Souza

Presidente: Ulysses de Oliveira Panisset	
Câmara de Educação Básica	**Câmara de Educação Superior**
Presidente: Francisco Aparecido Cordão	Presidente: Roberto Claudio F. Bezerra
Vice-Presidente: Raquel Figueiredo Alessandri Teixeira	Vice-Presidente: Arthur Roquete de Macedo
Antenor Manoel Napoline	Carlos Alberto Serpa de Oliveira
Ataíde Alves	Éfrem de Aguiar Maranhão
Carlos Roberto Jamil Cury	Francisco César de Sá Barreto
Edla de Araújo Lira Soares	Jacques Schwartzman
Guiomar Namo de Mello	José Carlos Almeida da Silva
Iara Glória Areias Prado	Lauro Ribas Zimmer
Kuno Paulo Rhoden	Silke Weber
Nelio Marco Vincenzo Bizzo	Teresa Roserley Neubauer
Sylvia Figueiredo Gouvêa	Yugo Okida

In Documenta. Brasília. nº 483, p. 1-526, dezembro de 2001, contracapa.

Composição que se repete:

In Documenta. Brasília. n° 484, p. 1-265, janeiro de 2002, contracapa.

In Documenta. Brasília. n° 485, p. 1-532, fevereiro de 2002, contracapa.

In Documenta. Brasília. n° 486, p. 1-464, março de 2002, contracapa.

Abril de 2002	
Presidente da República	Fernando Henrique Cardoso
Ministro da Educação	Paulo Renato Souza
Presidente: José Carlos Almeida da Silva	
Câmara de Educação Básica	Câmara de Educação Superior
Presidente: Carlos Roberto Jamil Cury	Presidente: Arthur Roquete de Macedo
Vice-Presidente: Nelio Marco Vincenzo Bizzo	Vice-Presidente: Lauro Ribas Zimmer
Arthur Fonseca Filho	Edson de Oliveira Nunes
Ataíde Alves	Éfrem de Aguiar Maranhã
Francisca Novatino Pinto de Angelo	Francisco César de Sá Barreto
Francisco Aparecido Cordão	Jacques Schwartzman
Guiomar Namo de Mello	Marilia Ancora-Lopez
Iara Glória Areias Prado	Petronilha Beatriz Gonçalves e Silva
Kuno Paulo Rhoden	Roberto Claudio F. Bezerra
Neroaldo Pontes de Azevedo	Teresa Roserley Neubauer da Silva
Raquel Figueiredo Alessandri Texeira	
Sylvia Figueiredo Gouvêa	

In Documenta. Brasília. n° 487, p. 1-627, abril de 2002, contracapa.

Composição que se repete:

In Documenta. Brasília. n° 488, p. 1-327, maio de 2002, contracapa.

In Documenta. Brasília. n° 489, p. 1-327, junho de 2002, contracapa.

In Documenta. Brasília. n° 490, p. 1-361, julho de 2002, contracapa.

In Documenta. Brasília. n° 491, p. 1-270, agosto de 2002, contracapa.

Setembro de 2002	
Presidente da República	Fernando Henrique Cardoso
Ministro da Educação	Paulo Renato Souza

Presidente: Ulysses de Oliveira Panisset	
Câmara de Educação Básica	**Câmara de Educação Superior**
Presidente: Carlos Roberto Jamil Cury	Presidente: Arthur Roquete de Macedo
Vice-Presidente: Nelio Marco Vincenzo Bizzo	Vice-Presidente: Lauro Ribas Zimmer
Arthur Fonseca Filho	Edson de Oliveira Nunes
Ataíde Alves	Éfrem de Aguiar Maranhã
Francisca Novantino Pinto de Ângelo	Francisco César de Sá Barreto
Francisco Aparecido Cordão	Jacques Schwartzman
Guiomar Namo de Mello	Marilia Ancora-Lopez
Iara Glória Areias Prado	Petronilha Beatriz Gonçalves e Silva
Kuno Paulo Rhoden	Roberto Claudio F. Bezerra
Neroaldo Pontes de Azevedo	Teresa Roserley Neubauer da Silva
Raquel Figueiredo Alessandri Texeira	
Sylvia Figueiredo Gouvêa	

In Documenta. Brasília. nº 492, p. 1-369, setembro de 2002, contracapa.

Outubro de 2002	
Presidente da República	Fernando Henrique Cardoso
Ministro da Educação	Paulo Renato Souza

Presidente: José Carlos Almeida da Silva	
Câmara de Educação Básica	**Câmara de Educação Superior**
Presidente: Carlos Roberto Jamil Cury	Presidente: Arthur Roquete de Macedo
Vice-Presidente: Nelio Marco Vincenzo Bizzo	Vice-Presidente: Lauro Ribas Zimmer
Arthur Fonseca Filho	Edson de Oliveira Nunes
Ataíde Alves	Éfrem de Aguiar Maranhã
Francisca Novantino Pinto de Ângelo	Francisco César de Sá Barreto
Francisco Aparecido Cordão	Jacques Schwartzman
Guiomar Namo de Mello	Marilia Ancora-Lopez
Iara Glória Areias Prado	Petronilha Beatriz Gonçalves e Silva
Kuno Paulo Rhoden	Roberto Claudio F. Bezerra
Neroaldo Pontes de Azevedo	Teresa Roserley Neubauer da Silva
Raquel Figueiredo Alessandri Texeira	
Sylvia Figueiredo Gouvêa	

In Documenta. Brasília. nº 493, p. 1-406, outubro de 2002, contracapa.

Composição que se repete:

In Documenta. Brasília. nº 494, p. 1-467, novembro de 2002, contracapa.
In Documenta. Brasília. nº 495, p. 1-902, dezembro de 2002, contracapa.

Janeiro de 2003	
Presidente da República	Luiz Inácio Lula da Silva
Ministro da Educação	Cristovam Buarque
Presidente: José Carlos Almeida da Silva	
Câmara de Educação Básica	Câmara de Educação Superior
Presidente: Carlos Roberto Jamil Cury	Presidente: Arthur Roquete de Macedo
Vice-Presidente: Nelio Marco Vincenzo Bizzo	Vice-Presidente: Lauro Ribas Zimmer
Arthur Fonseca Filho	Edson de Oliveira Nunes
Ataíde Alves	Éfrem de Aguiar Maranhão
Francisca Novantino Pinto de Ângelo	Carlos Robertos Antunes dos Santos
Francisco Aparecido Cordão	Francisco César de Sá Barreto
Guiomar Namo de Mello	Jacques Schwartzman
Maria José Vieira Feres	Marília Ancora-Lopez
Kuno Paulo Rhoden	Petronilha Beatriz Gonçalves e Silva
Neroaldo Pontes de Azevedo	Roberto Claudio F. Bezerra
Raquel Figueiredo Alessandri Texeira	Teresa Roserley Neubauer da Silva
Sylvia Figueiredo Gouvêa	

In Documenta. Brasília. nº 496, p. 1-229, janeiro de 2003, contracapa.

Composição que se repete:

In Documenta. Brasília. nº 497, p. 1-97, fevereiro de 2003, contracapa.
In Documenta. Brasília. nº 498, p. 1-274, março de 2003, contracapa.

Abril de 2003	
Presidente da República	Luiz Inácio Lula da Silva
Ministro da Educação	Cristovam Buarque

Presidente: José Carlos Almeida da Silva	
Câmara de Educação Básica	Câmara de Educação Superior
Presidente: Francisco Aparecido Cordão	Presidente: Éfrem de Aguiar Maranhão
Vice-Presidente: Nelio Marco Vincenzo Bizzo	Vice-Presidente: Edson de Oliveira Nunes
Arthur Fonseca Filho	Arthur Roquete de Macedo
Ataíde Alves	Carlos Roberto Antunes dos Santos
Francisca Novantino Pinto de Ângelo	Francisco César de Sá Barreto
Guiomar Namo de Mello	Jacques Schwartzman
Maria José Vieira Féres	Lauro Ribas Zimmer
Kuno Paulo Rhoden	Marília Ancora-Lopez
Neroaldo Pontes de Azevedo	Petronilha Beatriz Gonçalves e Silva
Raquel Figueiredo Alessandri Texeira	Roberto Claudio F. Bezerra
Sylvia Figueiredo Gouvêa	Teresa Roserley Neubauer da Silva

In Documenta. Brasília. nº 499, p. 1-212, abril de 2003, contracapa.

Maio de 2003	
Presidente da República	Luiz Inácio Lula da Silva
Ministro da Educação	Cristovam Buarque

Presidente: José Carlos Almeida da Silva	
Câmara de Educação Básica	Câmara de Educação Superior
Presidente: Francisco Aparecido Cordão	Presidente: Éfrem de Aguiar Maranhão
Vice-Presidente: Nelio Marco Vincenzo Bizzo	Vice-Presidente: Edson de Oliveira Nunes
Arthur Fonseca Filho	Arthur Roquete de Macedo
Ataíde Alves	Carlos Roberto Antunes dos Santos
Carlos Roberto Jamil Cury	Francisco César de Sá Barreto
Francisca Novantino Pinto de Ângelo	Jacques Schwartzman
Guiomar Namo de Mello	Lauro Ribas Zimmer
Maria José Vieira Féres	Marília Ancora-Lopez
Kuno Paulo Rhoden	Petronilha Beatriz Gonçalves e Silva
Neroaldo Pontes de Azevedo	Roberto Claudio F. Bezerra
Raquel Figueiredo Alessandri Texeira	Teresa Roserley Neubauer da Silva
Sylvia Figueiredo Gouvêa	

In Documenta. Brasília. nº 500, p. 1-409, maio de 2003, contracapa.

Composição que se repete:
In Documenta. Brasília. nº 501, p. 1-295, junho de 2003, contracapa.

Julho de 2003	
Presidente da República	Luiz Inácio Lula da Silva
Ministro da Educação	Cristovam Buarque
Presidente: José Carlos Almeida da Silva	
Câmara de Educação Básica	**Câmara de Educação Superior**
Presidente: Francisco Aparecido Cordão	Presidente: **Éfrem** de Aguiar Maranhão
Vice-Presidente: Nelio Marco Vincenzo Bizzo	Vice-Presidente: Edson de Oliveira Nunes
Arthur Fonseca Filho	Arthur Roquete de Macedo
Ataíde Alves	Carlos Roberto Antunes dos Santos
Carlos Roberto Jamil Cury	Francisco César de Sá Barreto
Francisca Novantino Pinto de Ângelo	Jacques Schwartzman
Guiomar Namo de Mello	Lauro Ribas Zimmer
Maria José Vieira Féres	Marília Ancora-Lopez
Kuno Paulo Rhoden	Petronilha Beatriz Gonçalves e Silva
Neroaldo Pontes de Azevedo	Roberto Claudio F. Bezerra
Raquel Figueiredo Alessandri Texeira	Teresa Roserley Neubauer da Silva
Sylvia Figueiredo Gouvêa	
Pe. Paulo Balduíno de Sousa Décio	

In Documenta. Brasília. nº 502, p. 1-327, julho de 2003, contracapa.

Agosto de 2003	
Presidente da República	Luiz Inácio Lula da Silva
Ministro da Educação	Cristovam Buarque
	Presidente: José Carlos Almeida da Silva
Câmara de Educação Básica	Câmara de Educação Superior
Presidente: Francisco Aparecido Cordão	Presidente: Éfrem de Aguiar Maranhão
Vice-Presidente: Nelio Marco Vincenzo Bizzo	Vice-Presidente: Edson de Oliveira Nunes
Arthur Fonseca Filho	Arthur Roquete de Macedo
Ataíde Alves	Carlos Roberto Antunes dos Santos
Carlos Roberto Jamil Cury	Francisco César de Sá Barreto
Francisca Novantino Pinto de Ângelo	Jacques Schwartzman
Guiomar Namo de Mello	Lauro Ribas Zimmer
Maria José Vieira Féres	Marília Ancora-Lopez
Kuno Paulo Rhoden	Petronilha Beatriz Gonçalves e Silva
Neroaldo Pontes de Azevedo	Roberto Claudio F. Bezerra
Sylvia Figueiredo Gouvêa	Teresa Roserley Neubauer da Silva
Pe. Paulo Balduíno de Sousa Décio	

In Documenta. Brasília. nº 503, p. 1-264, agosto de 2003, contracapa.

Composição que se repete:

In Documenta. Brasília. nº 504, p. 1-263, setembro de 2003, contracapa.

In Documenta. Brasília. nº 505, p. 1-323, outubro de 2003, contracapa.

In Documenta. Brasília. nº 506, p. 1-615, novembro de 2003, contracapa.

In Documenta. Brasília. nº 507, p. 1-683, dezembro de 2003, contracapa.

Janeiro de 2004	
Presidente da República	Luiz Inácio Lula da Silva
Ministro da Educação	Tarso Genro

Presidente: José Carlos Almeida da Silva	
Câmara de Educação Básica	Câmara de Educação Superior
Presidente: Francisco Aparecido Cordão	Presidente: **Éfrem** de Aguiar Maranhão
Vice-Presidente: Nelio Marco Vincenzo Bizzo	Vice-Presidente: Edson de Oliveira Nunes
Arthur Fonseca Filho	Arthur Roquete de Macedo
Ataíde Alves	Carlos Roberto Antunes dos Santos
Carlos Roberto Jamil Cury	Francisco César de Sá Barreto
Francisca Novantino Pinto de Ângelo	Jacques Schwartzman
Guiomar Namo de Mello	Lauro Ribas Zimmer
Maria José Vieira Féres	Marília Ancora-Lopez
Kuno Paulo Rhoden	Petronilha Beatriz Gonçalves e Silva
Neroaldo Pontes de Azevedo	Roberto Claudio F. Bezerra
Sylvia Figueiredo Gouvêa	Teresa Roserley Neubauer da Silva
Pe. Paulo Balduíno de Sousa Décio	

In Documenta. Brasília. nº 508, p. 1-434, janeiro de 2004, contracapa.

Fevereiro de 2004	
Presidente da República	Luiz Inácio Lula da Silva
Ministro da Educação	Tarso Genro

Presidente: José Carlos Almeida da Silva	
Câmara de Educação Básica	Câmara de Educação Superior
Presidente: Francisco Aparecido Cordão	Presidente: **Éfrem** de Aguiar Maranhão
Vice-Presidente: Nelio Marco Vincenzo Bizzo	Vice-Presidente: Edson de Oliveira Nunes
Arthur Fonseca Filho	Arthur Roquete de Macedo
Ataíde Alves	Francisco César de Sá Barreto
Carlos Roberto Jamil Cury	Jacques Schwartzman
Francisca Novantino Pinto de Ângelo	Lauro Ribas Zimmer
Francisco das Chagas Fernandes	Marília Ancora-Lopez
Guiomar Namo de Mello	Nelson Maculan Filho
Kuno Paulo Rhoden	Petronilha Beatriz Gonçalves e Silva
Neroaldo Pontes de Azevedo	Roberto Claudio F. Bezerra
Sylvia Figueiredo Gouvêa	Teresa Roserley Neubauer da Silva
Pe. Paulo Balduíno de Sousa Décio	

In Documenta. Brasília. nº 509, p. 1-411, fevereiro de 2004, contracapa.

Março de 2004	
Presidente da República	Luiz Inácio Lula da Silva
Ministro da Educação	Tarso Genro

Presidente: José Carlos Almeida da Silva	
Câmara de Educação Básica	**Câmara de Educação Superior**
Presidente: Francisco Aparecido Cordão	Presidente: Éfrem de Aguiar Maranhão
Vice-Presidente: Nelio Marco Vincenzo Bizzo	Vice-Presidente: Edson de Oliveira Nunes
Arthur Fonseca Filho	Arthur Roquete de Macedo
Ataíde Alves	Francisco César de Sá Barreto
Carlos Roberto Jamil Cury	Jacques Schwartzman
Francisca Novantino Pinto de Ângelo	Lauro Ribas Zimmer
Guiomar Namo de Mello	Marília Ancora-Lopez
Kuno Paulo Rhoden	Petronilha Beatriz Gonçalves e Silva
Maria José Vieira Feres	Roberto Claudio F. Bezerra
Neroaldo Pontes de Azevedo	Teresa Roserley Neubauer da Silva
Sylvia Figueiredo Gouvêa	
Pe. Paulo Balduíno de Sousa Décio	

In Documenta. Brasília. nº 510, p. 1-964, março de 2004, contracapa.

Abril/Maio de 2004	
Presidente da República	Luiz Inácio Lula da Silva
Ministro da Educação	Tarso Genro

Presidente: José Carlos Almeida da Silva	
Câmara de Educação Básica	**Câmara de Educação Superior**
Presidente: Antônio Cesar Russi Calegari	Presidente: Edson de Oliveira Nunes
Vice-Presidente: Clélia Brandão Alvarenga Craveiro	Vice-Presidente: Antônio Carlos Caruso Ronca
Adeum Hilário Sauer	Alex Bolonha Fiúza de Mello
Arthur Fonseca Filho	Anaci Bispo Paim
Carlos Nejar	Arthur Roquete de Macedo
Francisca Novantino Pinto de Ângelo	Marília Ancora-Lopez
Francisco Aparecido Cordão	Milton Linhares
Francisco das Chagas Fernandes	Nelson Maculan Filho
Kuno Paulo Rhoden	Paulo Monteiro Vieira Braga Barone
Maria Beatriz Luce	Petronilha Beatriz Gonçalves e Silva
Murílio de Avellar Hingel	
Neroaldo Pontes de Azevedo	

In Documenta. Brasília. nº 511, p. 1-629, abril/maio de 2004, contracapa.

Junho de 2004	
Presidente da República	Luiz Inácio Lula da Silva
Ministro da Educação	Tarso Genro
Presidente: José Carlos Almeida da Silva	
Câmara de Educação Básica	Câmara de Educação Superior
Presidente: Antônio Cesar Russi Calegari	Presidente: Edson de Oliveira Nunes
Vice-Presidente: Clélia Brandão Alvarenga Craveiro	Vice-Presidente: Antônio Carlos Caruso Ronca
Adeum Hilário Sauer	Alex Bolonha Fiúza de Mello
Arthur Fonseca Filho	Anaci Bispo Paim
Carlos Nejar	Arthur Roquete de Macedo
Francisca Novantino Pinto de Ângelo	Marilena de Souza Chauí
Francisco Aparecido Cordão	Marília Ancora-Lopez
Francisco das Chagas Fernandes	Milton Linhares
Kuno Paulo Rhoden	Nelson Maculan Filho
Maria Beatriz Luce	Paulo Monteiro Vieira Braga Barone
Murílio de Avellar Hingel	Petronilha Beatriz Gonçalves e Silva
Neroaldo Pontes de Azevedo	

In Documenta. Brasília. n° 512, p. 1-406, junho de 2004, contracapa.

Julho de 2004	
Presidente da República	Luiz Inácio Lula da Silva
Ministro da Educação	Tarso Genro
Presidente: Roberto Claudio Frota Bezerra	
Câmara de Educação Básica	Câmara de Educação Superior
Presidente: Antônio Cesar Russi Calegari	Presidente: Edson de Oliveira Nunes
Vice-Presidente: Clélia Brandão Alvarenga Craveiro	Vice-Presidente: Antônio Carlos Caruso Ronca
Adeum Hilário Sauer	Alex Bolonha Fiúza de Mello
Arthur Fonseca Filho	Anaci Bispo Paim
Carlos Nejar	Arthur Roquete de Macedo
Francisca Novantino Pinto de Ângelo	Marilena de Souza Chauí
Francisco Aparecido Cordão	Marília Ancora-Lopez
Francisco das Chagas Fernandes	Milton Linhares
Pe. Kuno Paulo Rhoden	Nelson Maculan Filho
Maria Beatriz Luce	Paulo Monteiro Vieira Braga Barone
Murílio de Avellar Hingel	Petronilha Beatriz Gonçalves e Silva
Neroaldo Pontes de Azevedo	

In Documenta. Brasília. n° 513, p. 1-461, julho de 2004, contracapa.

Composição que se repete:

In Documenta. Brasília. nº 514, p. 1-401, agosto de 2004, contracapa.

In Documenta. Brasília. nº 515, p. 1-544, setembro de 2004, contracapa.

In Documenta. Brasília. nº 516, p. 1-606, outubro de 2004, contracapa.

In Documenta. Brasília. nº 517, p. 1-538, novembro de 2004, contracapa.

In Documenta. Brasília. nº 518, p. 1-714, dezembro de 2004, contracapa.

In Documenta. Brasília. nº 519, p. 1-415, janeiro de 2005, contracapa.

In Documenta. Brasília. nº 520, p. 1-315, fevereiro de 2005, contracapa.

In Documenta. Brasília. nº 521, p. 1-420, março de 2005, contracapa.

In Documenta. Brasília. nº 522, p. 1-461, abril de 2005, contracapa.

In Documenta. Brasília. nº 523, p. 1-509, maio de 2005, contracapa.

In Documenta. Brasília. nº 524, p. 1-557, junho de 2005, contracapa.

In Documenta. Brasília. nº 525, p. 1-665, julho de 2005, contracapa.

In Documenta. Brasília. nº 526, p. 1-665, agosto de 2005, contracapa.

In Documenta. Brasília. nº 527, p. 1-528, setembro de 2005, contracapa.

In Documenta. Brasília. nº 528, p. 1-657, outubro de 2005, contracapa.

In Documenta. Brasília. nº 529, p. 1-574, novembro de 2005, contracapa.

Dezembro de 2005	
Presidente da República	Luiz Inácio Lula da Silva
Ministro da Educação	Tarso Genro

Presidente: Roberto Claudio Frota Bezerra	
Câmara de Educação Básica	**Câmara de Educação Superior**
Presidente: Antônio Cesar Russi Callegari	Presidente: Edson de Oliveira Nunes
Vice-Presidente: Clélia Brandão Alvarenga Craveiro	Vice-Presidente: Antônio Carlos Caruso Ronca
Adeum Hilário Sauer	Alex Bolonha Fiúza de Mello
Antonio Ibañez Ruiz	Anaci Bispo Paim
Arthur Fonseca Filho	Arthur Roquete de Macedo
Francisca Novantino Pinto de Ângelo	Marilena de Souza Chauí
Francisco Aparecido Cordão	Marília Ancora-Lopez
Francisco das Chagas Fernandes	Milton Linhares
Pe. Kuno Paulo Rhoden	Nelson Maculan Filho
Maria Beatriz Luce	Paulo Monteiro Vieira Braga Barone
Murílio de Avellar Hingel	Petronilha Beatriz Gonçalves e Silva
Neroaldo Pontes de Azevedo	

In Documenta. Brasília. nº 530, p. 1-825, dezembro de 2005, contracapa.

APÊNDICE I

QUADRO HISTÓRICO-INSTITUCIONAL DO HOJE DENOMINADO CONSELHO NACIONAL DE EDUCAÇÃO - PERÍODO DE 1911 A 1995

Ato normativo	Nome da instituição	Função	Atribuições	Composição	Forma de escolha dos Conselheiros
Decreto nº 8.659/1911	Conselho Superior do Ensino (art. 5º)	Deliberativa, consultiva e fiscal (arts. 5º e 11)	"a) autorizar as despezas extraodinarias, não previstas no orçamento actual; b) tomar conhecimento e julgar em grau de recurso as resoluções das Congregações ou dos directores; c) providenciar acerca dos factos e occurrencias levados ao seu conhecimento por intermedio das directorias; d) suspender um ou mais cursos, desde que o exigirem a ordem e a disciplina; e) impôr as penas disciplinares de sua competencia, enumeradas no capitulo desta lei, concernente ao assumpto; f) informar ao Governo sobre a conveniencia da creação, transformação ou suppressão de cadeiras; g) representar ao Governo sobre a conveniencia da demissão do presidente, quando este se mostrar incompatível com o exercício de suas funcções. Em tal caso, o seu substituto occupará a presidencia do Conselho, até que o Governo resolva o incidente; h) responder a todas as consultas e prestar todas as informações pedidas pelo Ministerio do Interior; i) determinar a inspecção sanitaria do docente que lhe pareça estar invalido para o serviço; j) promover a reforma e melhoramentos necessarios ao ensino, submettendo-os á approvação do Governo, desde que exijam augmento de despeza; k) resolver, finalmente, com plena autonomia, todas as questões de interesse para os institutos de ensino, nos casos não previstos pela presente lei." (art. 13)	Diretores das Faculdades de Medicina do Rio de Janeiro e da Bahia, das Faculdades de Direito de São Paulo e de Pernambuco, da Escola Politécnica do Rio de Janeiro, do diretor do Colégio Pedro II e de um docente de cada instituição. A Presidência era preenchida por livre nomeação do Presidente da República. (art. 12)	O processo de escolha dos membros natos: Diretores das Faculdades de Medicina do Rio de Janeiro e da Bahia, das Faculdades de Direito de São Paulo e Pernambuco, da Escola Politécnica do Rio de Janeiro, do diretor do Colégio Pedro II, era realizada pelas respectivas Congregações, bem como dos docentes indicados para o Conselho (arts. 12 e 18). No caso da Presidência do Conselho, cabia ao Presidente da República a escolha, cujo critério era de ser "pessoa de alto e reconhecido valor moral e scientífico, familiarizada com os problemas do ensino" (art. 15)
Decreto nº 11.530/1915	Conselho Superior do Ensino	Consultivo e fiscal (art. 28)	"a) indicar os inspectores para os institutos que requererem equiparação aos officiaes; b) exigir novos esclarecimentos desses inspectores e dar parecer sobre o relatorio por elles apresentado; c) dar parecer ao Ministro da Justiça e Negócios Interiores sobre as despezas autorizadas pelas Congregações e não previstas no orçamento actual; d) tomar conhecimento, em grão de recurso, das resoluções dos directores e das Congregações, salvo quando estas deliberarem pelo voto da maioria absoluta	Diretores dos institutos oficiais subordinados ao Ministério de Justiça e Negócios Interiores, um professor de cada instituto referido, sendo a Presidência ocupada por livre nomeação do Presidente da República. (art. 29)	No processo de escolha dos membros natos: Diretores dos institutos oficiais de ensino subordinados aos Ministérios de Justiça e Negócios Interiores, passou a não ser da Congregação a escolha, mas sim do Presidente da República. (art. 113), mantendo-se a nomeação pela Congregação do professor indicado a compor o Conselho (art. 29). Na posição da Presidência, como dito, cabia ao Presidente da República escolher, "dentre os

Ato normativo	Nome da instituição	Função	Atribuições	Composição	Forma de escolha dos Conselheiros
			dos membros respectivos e sobre assumpto que se não relacione com o augmento de despezas, nem com os casos previstos pelo art. 70, lettra f; e) providenciar acerca das occurrencias e dos factos levados ao seu conhecimento por intermedio dos directores de institutos officiaes ou equiparados; f) suspender um ou mais cursos, desde que as Congregações o proponham e a ordem ou a disciplina o exijam; g) propôr ao Governo o fechamento temporario de um instituto por motivos de indisciplina ou de calamidade publica, ou a mudança da respectiva séde, ouvida neste ultimo caso a Congregação, convocada especialmente pelo director; h) informar o Governo sobre a conveniencia da creação, suppressão ou transformação de cadeiras, e approvar a seriação das materias dos cursos proposta pelas Congregações; i) promover a reforma e os melhoramentos necessarios ao ensino; j) decidir o recurso interposto pelos professores contra actos do director; k) examinar o regimento interno de cada instituto e exigir que seja modificado sómente nos pontos em que se achar em desaccôrdo com as disposições legislativas vigentes; l) resolver todas as duvidas que possam ser suscitadas na interpretação e applicação das leis referentes ao ensino." (art. 30)		cidadãos de indiscutivel saber e familiarizados com todas as questões do ensino" (art. 29).
Decreto nº 16.782-A/1925	Extinguiu o Conselho Superior do Ensino e criou o Conselho Nacional do Ensino (art. 12)	Consultivo e fiscal (arts. 22-23)	"Art. 22. Ao Conselho do Ensino secundario e superior compete: a) dar parecer sobre a equiparação de institutos de ensino particulares ou dos Estados aos officiaes; b) examinar os relatorios dos fiscaes de ensino secundario ou superior, exigir-lhes esclarecimentos e dar parecer sobre os mesmos relatorios; c) dar parecer sobre os recursos que sejam interpostos das resoluções dos directores e das congregações dos estabelecimentos de ensino superior e secundario officiaes ou equiparados, quando lhe sejam remetidos pelo Ministro da Justiça e Negocios Interiores; d) propôr a suspensão de um ou mais cursos, desde que o exijam a ordem e disciplina do ensino secundario ou superior; e) propôr o fechamento temporario de um insituto de	Composto por três sessões: o Conselho do Ensino Secundário e Superior, o Conselho do Ensino Artístico e o Conselho do Ensino Primário e Profissional (art. 13) "Art. 14. O Conselho do Ensino Secundario e Superior Compôr-se-á: a) dos directores das Faculdades da Universidade do Rio de Janeiro, dos directores das Faculdades de Medicina, de Pharmacia e de Odontologia da Bahia, de Direito, de S. Paulo e dos Recife, do Collegio Pedro II, e de outros estabelecimentos de ensino secundario e superior que venham a ser subordinados ao	A escolha dos diretores das instituições de ensino secundário e superior permaneceu a critério do Presidente da República (art. 198) A Presidência do Conselho era preenchida pelo Diretor-Geral do Departamento Nacional, sendo livremente escolhido pelo Presidente da República, "entre pessoas de notavel competencia no ensino" (art. 3º, §1º)

Ato normativo	Nome da instituição	Função	Atribuições	Composição	Forma de escolha dos Conselheiros
			ensino secundario ou superior, official ou equiparado, por motivo de indisciplina ou de calamidade publica; f) propôr a suspensão ou cassação das regalias de equiparação aos institutos de ensino secundario ou superior, quando isso seja exigido pelos interesses do ensino ou pela violação dos regulamentos deste; g) informar sobre a conveniencia da creação, suppressão ou transformação de cadeiras e modificação da seriação de materias dos cursos superior ou secundario; h) examinar o regimento interno de cada instituto e propôr a modificação dos pontos que estejam em desaccôrdo com os preceitos legaes vigentes; i) propôr as reformas e melhoramentos neccesarios ao ensino e dar parecer sobre duvidas suscitadas na interpretação e applicação das leis ao mesmo relativas; j) organizar o seu regimento interno. Art. 23. Ao Conselho do Ensino Artistico e ao do Ensino Primario e Profissional competem, no que fôr applicavel, as atribuições constantes do artigo antecedente."	Departamento Nacional do Ensino. b) de um professor cathedratico ou de um professor privativo de cada um dos referidos institutos, eleitos por um biennio pelas respectivas congregações; c) de um livre docente de cada um dos referidos institutos, designados, por um biennio, pelo Ministro da Justiça e Negocios Interiores. Art. 15. O Conselho de Ensino Artistico compôr-se-á: a) dos directores do Instituto Nacional de Musica, da Escola Nacional de Bellas Artes e de outros estabelecimentos congeneres, que venham a ser subordinados ao Departamento Nacional do Ensino; b) de dois professores effectivos de cada um desses institutos, eleitos pelas respectivas congregações, por um biennio; c) de um livre docente de cada um dos mesmos institutos, designado por um biennio pelo Ministro da Justiça e Negocios Interiores. Na falta de livres docente serão designada, pela mesma forma, pessôas de reconhecida competencia nas materia sujeitas ao exame do Conselho. Art. 16. O Conselho de Ensino Primario e Profissional comôr-se-á: a) dos directores de Instituto Benjamin Constant e do Instituto de Surdos-Mudos; b) de um professor effectivo de cada um desses Institutos, designado pelo Ministro da Justiça e Negocios Interiores, por um biennio; c) do director da Escola 15 de Novembro e de um professor designado pela mesma forma; d) de um delegado de cada Estado, on de exista ensino primario	

Ato normativo	Nome da instituição	Função	Atribuições	Composição	Forma de escolha dos Conselheiros
Decretos nºs 19.850/1931 e 19.851/1931	Conselho Nacional de Educação	Consultivo (art. 1º do Decreto nº 19.850/1931 e arts. 7º, 9º, parágrafo único, 11, §1º, 12, parágrafo único, 13, parágrafo único e 111, parágrafo único do Decreto nº 19.851/1931)	"Art. 5º Constituem atribuições fundamentais do Conselho: I-retirar: a) collaborar com o Ministro na orientação e direção superior de ensino; b) promover e estipular iniciativas em benefício da cultura nacional, e animar atividades privadas, que se proponham a collaborar com o Estado em quaisquer domínios da educação; c) sugerir providencias tendentes a ampliar os recursos financeiros, concedidos pela União, pelos Estados ou	subvencionado pela União, designando pelo respectivo Governo, por um biennio. Paragrapho unico. Mediante accôrdo com o Prefeito do Districto Federal, poderão fazer parte desse Conselho o Director da Intrucção Publica Municipal, um professor da Escola Normal do Districto Federal, eleito por um biennio pela respectiva Congregação, um Inspector escolar e um professor de instrucção primaria, designados pelo Prefeito, por dois annos. Art. 17. Os estabelecimentos de ensino equiparados poder-se-ão fazer representar por um delegado, em cada uma das secções do Conselho Nacional do Ensino. Paragrapho unico. Esse delegado será escolhido pelo grupo respectivo de estabelecimentos de ensino equiparados, mediante accôrdo ente ellas. Art. 18. Poderão tomar parte, como membros consultivos, sem voto, nos trabalhos de cada uma das secções do Conselho Nacional de Ensino, os directores de estabelecimentos particulares de ensio, que sejam para isso convidados, ou que o requeiram, com annuencia da mesma seção do Conselho." A composição do Conselho Nacional de Educação passou a ser realizado por nomeados pelo Presidente da República, sendo um representante de cada universidade federal ou equiparada; um representante de cada um dos institutos federais de ensino do direito, da medicina e de engenharia, não encorporados a universidades.; um representante do ensino superior estadual equiparado e um do	Composição integralmente realizada pelo Presidente da República (art. 3º)

Ato normativo	Nome da instituição	Função	Atribuições	Composição	Forma de escolha dos Conselheiros
			pelos municípios à organização e ao desenvolvimento do ensino, em todos os seus ramos; d) estudar e emitir parecer sobre assumptos de ordem administrativa e didática, referentes a qualquer instituto de ensino, que devem ser resolvidos pelo Ministro; e) facilitar, na esfera de sua ação, a extensão universitaria e promover o maior contacto entre os institutos técnicos-cientificos e o ambiente social; f) firmar as diretrizes gerais do ensino primário, secundario, técnico e superior, atendendo, acima de tudo, os interesses da civilização e da cultura do país."	particular também equiparado; um representante do ensino secundario estadual equiparado e um do particular também equiparado; e três membros escolhidos livremente entre personalidades de alto saber e reconhecida capacidade em assumtos de educação e de ensino, "escolhidos entre nomes eminentes do magisterio efetivo ou entre personalidade de reconhecida capacidade e experiência em assumptos pedagógicos" (art. 3º). Como membro nato, o Diretor do Departamento Nacional do Ensino (art. 3º, §2º) e na Presidência, o Ministro da Educação e Saúde Pública (art. 6º)	
Lei nº 174/1936	Conselho Nacional de Educação	Colaborador do Poder Executivo e consultivo (art. 1º)	"Art. 2º O Conselho Nacional de Educação terá as seguintes atribuições: 1º, elaborar o plano nacional de educação, para ser approvado pelo Poder Legislativo (Constituição Federal, artigo 152); 2º, propor ao Poder Legislativo quaesquer modificações do plano nacional de educação, decorrido o prazo que for determinado em lei para a sua inalterabilidade (Constituição Federal, art. 150, paragrapho unico); 3º, suggerir ao Governo as medidas que julgar necessarias para melhor solução dos problemas educativos, bem como a distribuição adequada dos fundos especiaes (Constituição Federal, art. 152); 4º, emitir parecer sobre a localização dos estabelecimentos mantidos pela União e sobre as consultas que lhe forem feitas pela Camara dos Deputados e pelo Senado Federal, pelo Ministerio da Educação e Saude Publica e pelos Governos dos Estados e do Districto Federal; 5º, estimular iniciativas em benefício da cultura e animar actividades privadas que proponham collaborar com os poderes publicos em qualquer dominio de educação; 6º, zelar pela integral observancia da legislação de ensino, representando aos poderes competentes, por intermedio do ministro de Educação e Saude Publica, nos casos de infringencia da Constituição, no plano nacional e demais	"Art. 3º O Conselho Nacional de Educação será constituído de 16 membros, sendo 12 representantes do ensino, em seus differentes graus e ramos, e, quatro como representantes da cultura livre e popular, todos nomeados pelo Presidente da Republica, com approvação do Senado Federal, e escolhidos na forma prevista na presente lei, dentre pessoas de reconhecida competencia para essas funções e, de preferencia, experimentadas na administração do ensino e conhecedoras das necessidades nacionaes."	"§1º Os representantes do ensino dividir-se-hão em dous grupos, sendo nove do ensino official, mantido pela União ou pelos Governos dos Estados e do Districto Federal, e tres ensino particular, escolhidos dentre os directores e professores de estabelecimentos particulares reconhecidos officialmente. Os representantes do ensino official corresponderão às seguintes categorias: 1) Ensino primario e normal, comprehendendo a educação physica. 2. Ensino secundario. 3) Ensino agrícola e veterinario. 4) Ensino technico-industrial e commercial. 5) Ensino polytechnico. 6) Ensino de sciencias medicas. 7) Ensino de sciencias sociaes. 8) Ensino artístico. 9) Ensino de philosophia, sciencias e letras. §2º Dentre os representantes das cinco ultimas categorias mencionadas no §1º, dous, no minimo, deverão ser professores de Universidade e dous, no minimo, deverão ser professores de estabelecimentos isolados. §3º Os representantes do ensino particular corresponderão aos tres graus, primario,

Ato normativo	Nome da instituição	Função	Atribuições	Composição	Forma de escolha dos Conselheiros
			leis e regulamentos federaes; 7º, coordenar a acção dos conselhos estaduaes de educação, obter e colligir informações sobre os systemas educativos e os serviços de educação nos varios Estados, no Districto Federal e nos territorios, verificando especialmente a applicação pelos Estados e Municipios, das quantias exigidas pelo art. 156 da Constituição Federal; 8º, deliberar sobre a organização elaborada pelo Ministerio da Educação e Saude Publica, dos systemas educativos, mantidos pela União nos territorios, e bem assim as suggestões e recommendações complementares baseadas nos inqueritos a que haja procedido o mesmo ministerio; 9º, organizar o seu regimento interno; 10º, promover conferencias sobre problemas de educação nacional, quer de representantes dos conselhos estaduaes de educadores e, em geral, de pessoas de competencia especializada na materia; 11, realizar investigações e inqueritos sobre a situação do ensino em qualquer parte do territorio nacional; 12, publicar periodicamente, boletim contendo noticia de seus trabalhos, e informações e, estudos sobre os problemas de educação nacional. Paragrapho unico. Dentro de noventa dias após a decretação do plano nacional de educação e de, suas alterações periodicas, deverá o Ministerio de Educação e Saude Publica apresentar ao Conselho Nacional de Educação a proposta de organização de systemas educativos para os territorios, afim de ser enviado o projeto ao Poder Legislativo."		secundario e superior de ensino, sem qualquer outra distinção. §4º Os representantes da cultura livre e popular serão em numero de quatro, assim discriminados: a) um representante das associações de educação; b) um representante da imprensa; c) dous de livre escolha do Presidente da Republica. (art. 3º)
Lei nº 4.024/1961	Conselho Federal de Educação	Consultivo e relativamente decisório (arts. 7º e 101)	"Art. 9º Ao Conselho Federal de Educação, além de outras atribuições conferidas por lei, compete: a) decidir sôbre o funcionamento dos estabelecimentos isolados de ensino superior, federais e particulares; b) decidir sôbre o reconhecimento das universidades, mediante a aprovação dos seus estatutos e dos estabelecimentos isolados de ensino superior, depois de um prazo de funcionamento regular de, no mínimo, dois anos; c) pronunciar-se sôbre os relatórios anuais dos institutos referidos nas alíneas anteriores; d) opinar sôbre a incorporação de escolas ao sistema federal de ensino, após verificação da existência de	Dividido em câmaras para deliberar sobre assuntos pertinentes ao ensino primário, médio e superior (art. 8º, §4º), a composição somava vinte e quatro membros nomeados pelo Presidente da República. (art. 8º)	O critério para a escolha dos membros do Conselho Federal de Educação era baseado no notável saber e experiência na área da educação, considerando "a necessidade de nêles serem devidamente representadas as diversas regiões do País, os diversos graus do ensino e o magistério oficial e particular" (art. 8º, §1º)

Ato normativo	Nome da instituição	Função	Atribuições	Composição	Forma de escolha dos Conselheiros
			recursos orçamentários; e) indicar disciplinas obrigatórias para os sistemas de ensino médio (artigo 35, parágrafo 1º) e estabelecer a duração e o currículo mínimo dos cursos de ensino superior, conforme o disposto no artigo 70; f) VETADO g) promover sindicâncias, por meio de comissões especiais, em quaisquer estabelecimentos de ensino, sempre que julgar conveniente, tendo em vista o fiel cumprimento desta lei; h) elaborar seu regimento a ser aprovado pelo Presidente da República; i) conhecer dos recursos interpostos pelos candidatos ao magistério federal e decidir sôbre êles; j) sugerir medidas para organização e funcionamento do sistema federal de ensino; l) promover e divulgar estudos sôbre os sistemas estaduais de ensino; m) adotar ou propor modificações e medidas que visem à expansão e ao aperfeiçoamento do ensino; n) estimular a assistência social escolar; o) emitir pareceres sôbre assuntos e questões de natureza pedagógica e educativa que lhe sejam submetidos pelo Presidente da República ou pelo Ministro da Educação e Cultura; p) manter intercâmbio com os conselhos estaduais de educação; q) analisar anualmente as estatísticas do ensino e os dados complementares. §1º Dependem de homologação do Ministro da Educação e Cultura os atos compreendidos nas letras a, b, d, e, f, h e i ; §2º A autorização e a fiscalização dos estabelecimentos estaduais de ensino superior caberão aos conselhos estaduais de educação na forma da lei estadual respectiva."		
Medida Provisória nº 661/1994, Medida Provisória nº 711/1994, Medida Provisória nº 765/1994	Conselho Nacional de Educação	Consultivo (redação dada ao art. 9º da Lei nº 4.024/1961)	"Art. 9º. Ao Conselho Nacional de Educação compete: I - emitir parecer sobre assuntos da área educacional, quando solicitado pelo Ministro de Estado; II - emitir parecer sobre a autorização para o funcionamento de cursos em estabelecimentos isolados de ensino superior particulares, observando a necessidade social do distrito geoeducacional; III - emitir parecer sobre a autorização para o	Composto por 25 membros eleitos pelo Presidente da República (redação dada ao art. 8º da Lei nº 4.024/1961)	A nomeados pelo Presidente da República considerando serem por brasileiros de reputação ilibada e de notável saber e experiência em matéria de educação, sendo 12 indicados pelo "Ministro de Estado da Educação e do Desporto, levando em consideração a necessidade de neles serem devidamente representadas as diversas regiões

Ato normativo	Nome da instituição	Função	Atribuições	Composição	Forma de escolha dos Conselheiros
			funcionamento de universidades particulares; IV - emitir parecer sobre o reconhecimento de universidades e de estabelecimentos isolados de ensino superior, depois de um prazo de funcionamento regular de, no mínimo, dois anos; V - promover sindicâncias, por meio de comissões especiais, em quaisquer estabelecimentos de ensino, de ofício ou por indicação do Ministério da Educação e do Desporto, e emitir parecer conclusivo a respeito; VI - exercer as funções normativas do sistema federal de ensino, propondo medidas para sua organização; VII - promover e divulgar estudos sobre os sistemas estaduais de ensino; VIII - propor modificações e medidas que visem à expansão e ao aperfeiçoamento do ensino; IX - analisar anualmente as estatísticas do ensino e dados complementares; X - manter intercâmbio com os conselhos estaduais de educação; XI - elaborar seu regimento, a ser aprovado pelo Ministro de Estado da Educação e do Desporto. §1º Os pareceres e proposições do Conselho Nacional de Educação somente terão eficácia após aprovação pelo Ministro de Estado da Educação e do Desporto, que poderá determinar o reexame de qualquer matéria. §2º Caberá aos conselhos estaduais de educação, na forma da lei estadual respectiva, emitir parecer sobre a autorização para o funcionamento de cursos em estabelecimentos estaduais e municipais isolados de ensino superior."		do País, os diversos níveis e modalidades do ensino e o magistério oficial e particular" e outros 12 a ser igualmente indicado pelo "Ministro de Estado e do Desporto, em listas tríplices, para cada vaga, por segmentos sociais organizados, vinculados à área educacional, obedecidos os seguintes critérios: a) 2 (dois) conselheiros indicados por entidade nacional que congregue os dirigentes das instituições de ensino superior, sendo um das instituições públicas e outro das instituições privadas; b) 2 (dois) conselheiros indicados por entidade nacional que congregue os professores do ensino superior, sendo um da rede pública e outro da rede privada; c) 2 (dois) conselheiros indicados por entidade nacional que congregue os professores da educação básica; d) 2 (dois) conselheiros indicados por entidade nacional que congregue as instituições de educação profissional não-universitária. e) 1 (um) conselheiro indicado por entidade nacional que congregue cientistas e pesquisadores das diferentes áreas de conhecimento; f) 1 (um) conselheiro indicado por entidade nacional que congregue o setor técnico-administrativo da educação; g) 1 (um) conselheiro indicado por entidade nacional que congregue os estudantes de ensino superior; h) 1 (um) conselheiro indicado por entidade nacional que congregue as instituições de educação especial;", conforme redação dada ao inciso II do artigo 8º da Lei nº4.024, de 1961. Impossibilitada o exercício àqueles que são titulares "de cargo de direção ou mandato em estabelecimento de ensino privado e membro de entidade mantenedora, nem os titulares de cargos ou funções de direção de instituição pública de ensino" (redação dada ao inciso §2º do artigo 8º da Lei nº4.024/1961) Como membro nato, o Secretário-Executivo do Ministério da Educação e do Desporto

Ato normativo	Nome da instituição	Função	Atribuições	Composição	Forma de escolha dos Conselheiros
Medida Provisória nº 830/1995 e Medida Provisória nº 891/1995	Conselho Nacional de Educação	Consultivo (redação dada ao art. 7º, parágrafo único e art. 9º da Lei nº 4.024/1961)	"Art. 9º Ao Conselho Nacional de Educação, além de outras atribuições que lhe sejam conferidas por lei, compete: I - emitir parecer sobre assuntos da área educacional, quando solicitado pelo Ministro de Estado da Educação e do Desporto; II - propor procedimentos e critérios para o funcionamento de universidades e outros estabelecimentos de ensino superior, objetivando a contínua melhoria da qualidade do ensino e da sua administração; III - promover sindicâncias e inquéritos administrativos, por meio de comissões especiais, em quaisquer estabelecimentos vinculados ao sistema de ensino da União, de ofício ou por indicação do Ministro de Estado da Educação e do Desporto, emitindo parecer conclusivo a respeito; IV - subsidiar a elaboração de políticas e programas que visem à expansão e ao aperfeiçoamento do ensino; V - manter intercâmbio com os conselhos estaduais de educação; VI - elaborar seu regimento, a ser aprovado pelo Ministro de Estado da Educação e do Desporto."	Composto por 24 membros nomeados pelo Presidente da República (redação dada ao art. 8º da Lei nº 4.024/1961)	(redação dada ao inciso III do artigo 8º da Lei nº 4.024, de 1961). Na condição de Presidência do Conselho, aquele escolhido por meio lista tríplice preparada pelo colegiado (redação dada ao §3º do artigo 8º da Lei nº 4.024/1961). Os critérios para a escolha do Presidente da República recaia "dentre brasileiros de reputação ilibada que representem diferentes segmentos da sociedade civil" e que fosse levada "em consideração a necessidade de nele estarem representadas as diversas regiões do País e os diferentes graus e modalidades do ensino público e privado, assim como aqueles setores da sociedade interessados no desempenho do sistema educacional" (redação dada ao art. 8º e parágrafo único, da Lei nº 4.024/1961)
Medida Provisória nº 938/1995, Medida Provisória nº 967/1995	Conselho Nacional de Educação	Consultiva normativa e de assessoramento ao Ministro de Estado da Educação e do Desporto (redação dada ao art. 9º da Lei nº 4.024/1961)	"Art. 7º (...) §2º Ao Conselho Nacional de Educação, além de outras atribuições que lhe forem conferidas, compete: a) subsidiar a elaboração e acompanhar a execução do Plano Nacional de Educação; b) manifestar-se sobre questões que abranjam mais de um nível ou modalidade da educação; c) assessorar o Ministério da Educação e do Desporto no diagnóstico dos problemas e nas medidas para aperfeiçoar os sistemas de ensino, especialmente no que diz respeito à integração dos diferentes níveis e modalidades de ensino; d) elaborar o seu regimento interno, a ser aprovado pelo Ministro de Estado da Educação e do Desporto."	Bipartido, composto pelo Conselho Setorial de Educação Básica e o Conselho Setorial de Educação Superior, constituídos por dois membros natos e dez conselheiros escolhidos e nomeados pelo Presidente da República (redação dada ao art. 8º da Lei nº 4.024/1961)	A Presidência do Conselho realizada pelo Ministro de Estado da Educação e do Desporto (redação dada ao art. 7º da Lei nº 4.024/1961) Como membro nato do Conselho Setorial de Educação Básica, o Secretário de Educação Fundamental, que o preside, e o Secretário de Educação Média e Tecnológica, já do Conselho Setorial de Educação Superior, o Secretário de Educação Superior, que o preside, e o Presidente da Fundação Coordenação de Aperfeiçoamento de Pessoal de Nível Superior. (redação dada ao arts. 8º, §1º e §2º da Lei nº 4.024/1961) A escolha pelo Presidente da República para a nomeação dos demais Conselheiros se daria "dentre os indicados em lista elaborada

Ato normativo	Nome da instituição	Função	Atribuições	Composição	Forma de escolha dos Conselheiros
Medida Provisória nº 992/1995, Medida Provisória nº 1.018/1995, Medida Provisória nº 1.041/1995, Medida Provisória nº 1.067/1995, Medida Provisória nº 1.126/1995, e Medida Provisória nº 1.159/1995	Conselho Nacional de Educação	Normativa, deliberativa e de assessoramento ao Ministro de Estado da Educação e do Desporto, de forma a assegurar a participação da sociedade no aperfeiçoamento da educação nacional (redação dada ao art. 7º da Lei nº 4.024/1961)	"Art. 7º (...) §1º Ao Conselho Nacional de Educação, além de outras atribuições que lhe forem conferidas por lei, compete: a) subsidiar a elaboração e acompanhar a execução do Plano Nacional de Educação; b) manifestar-se sobre questões que abranjam mais de um nível ou modalidade de ensino; c) assessorar o Ministério da Educação e do Desporto no diagnóstico dos problemas e deliberar sobre medidas para aperfeiçoar os sistemas de ensino, especialmente no que diz respeito à integração dos seus diferentes níveis e modalidades; d) emitir parecer sobre assuntos da área educacional por iniciativa de seus conselheiros ou quando solicitado pelo Ministro de Estado da Educação e do Desporto; e) manter intercâmbio com os sistemas de ensino dos	Bipartido, composto pelo Câmara de Educação Básica e a Câmara de Educação Superior, constituídos por dois membros natos e dez conselheiros escolhidos e nomeados pelo Presidente da República (redação dada ao art. 8º da Lei nº 4.024/1961)	especialmente para cada Conselho Setorial, mediante consulta a entidades da sociedade civil relacionadas às áreas de atuação dos respectivos colegiados.", no caso do "Conselho Setorial de Educação Básica, a consulta envolverá necessariamente entidades nacionais que congreguem os docentes, os Secretários de Educação de Estados e os de Municípios.", enquanto que para o "Conselho Setorial de Educação Superior, a consulta envolverá necessariamente as entidades nacionais que congreguem os Reitores das universidades, os docentes, os estudantes e segmentos representativos da comunidade científica." (redação dada ao art. 8º, §§2º, 3º e 4º da Lei nº 4.024/1961) Ficando assegurado que a indicação feita por entidades e segmentos da sociedade civil se dessem sobre brasileiros de reputação ilibada, que tenham prestado serviços relevantes à educação, à ciência e à cultura, e que a escolha dos nomes que comporão os Conselhos Setoriais pelo Presidente da República levasse em conta a representação de todas as regiões do País e as diversas modalidades de ensino, de acordo com a especificidade de cada colegiado. (redação dada ao art. 8º, §6º e §7º da Lei nº 4.024/1961) A Presidência do Conselho seria realizada por um de seus membros, eleito por seus pares (redação dada ao art. 7º, §3º, da Lei nº 4.024/1961) Como membro nato da Câmara de Educação Básica, o Secretário de Educação Fundamental e o Secretário da Câmara de Educação Superior, o Secretário de Educação Superior e o Presidente da Fundação Coordenação de Aperfeiçoamento de Pessoal de Nível Superior. (redação dada ao art. 8º, §1º e §2º da Lei nº 4.024/1961) A escolha pelo Presidente da República para a nomeação dos demais Conselheiros se daria "dentre os indicados em lista elaborada

APÊNDICE I | 231

Ato normativo	Nome da instituição	Função	Atribuições	Composição	Forma de escolha dos Conselheiros
Conversão da Medida Provisória nº 1.159/1995, na Lei nº 9.131/1995 que altera dispositivos da Lei nº 4.024/1961	Conselho Nacional de Educação	Normativa, deliberativa e de assessoramento ao Ministro de Estado da Educação e do Desporto, de forma a assegurar a participação da sociedade no aperfeiçoamento da educação	Estados e do Distrito Federal; f) analisar e emitir parecer sobre questões relativas à aplicação da legislação educacional no que diz respeito à integração entre os diferentes níveis e modalidades de ensino; g) elaborar o seu regimento, a ser aprovado pelo Ministro de Estado da Educação e do Desporto." "Art. 7º (...) §1º Ao Conselho Nacional de Educação, além de outras atribuições que lhe forem conferidas por lei, compete: a) subsidiar a elaboração e acompanhar a execução do Plano Nacional de Educação; b) manifestar-se sobre questões que abranjam mais de um nível ou modalidade de ensino; c) assessorar o Ministério da Educação e do Desporto no diagnóstico dos problemas e deliberar sobre medidas para aperfeiçoar os sistemas de ensino, especialmente no que diz respeito à integração dos seus diferentes níveis e modalidades;	Bipartido, composto pela Câmara de Educação Básica e a Câmara de Educação Superior, constituídos por um membro nato e doze conselheiros nomeados pelo Presidente da República (redação dada ao art. 8º da Lei nº 4.024/1961)	especialmente para cada Câmara, mediante consulta a entidades da sociedade civil relacionadas às áreas de atuação dos respectivos colegiados.", no caso da "Câmara de Educação Básica, a consulta envolverá necessariamente entidades nacionais que congreguem os docentes, os Secretários de Educação de Estados, do Distrito Federal e dos Municípios.", enquanto que para a "Câmara de Educação Superior, a consulta envolverá necessariamente as entidades nacionais que congreguem os reitores das universidades, os docentes, os estudantes e segmentos representativos da comunidade científica." (redação dada ao art. 8º, §§2º, 3º e 4º da Lei nº 4.024/1961) Ficando assegurado que a indicação feita por entidades e segmentos da sociedade civil se dessem sobre brasileiros de reputação ilibada, que tenham prestado serviços relevantes à educação, à ciência e à cultura, e que a escolha dos nomes que comporão as Câmaras, pelo Presidente da República, levasse em conta a representação de todas as regiões do País e as diversas modalidades de ensino, de acordo com a especificidade de cada colegiado. (redação dada ao art. 8º, §6º e §7º da Lei nº 4.024/1961) Sendo que a presidência de cada Câmara seria assumida por aquele escolhido por seus pares, vedada a escolha dos membros natos. (redação dada ao art. 8º §9º da Lei nº 4.024/1961) A Presidência do Conselho seria realizada por um de seus membros, eleito por seus pares (redação dada ao art. 7º, §3º, da Lei nº 4.024/1961) Como membro nato da Câmara de Educação Básica, o Secretário de Educação Fundamental e na Câmara de Educação Superior, o Secretário de Educação Superior, ambos do Ministério da Educação e do Desporto. (redação dada ao 'caput' do art. 8º da Lei nº 4.024/1961) A escolha pelo Presidente da República para a

Ato normativo	Nome da instituição	Função	Atribuições	Composição	Forma de escolha dos Conselheiros
		nacional (redação dada ao art. 7º da Lei nº 4.024/1961)	d) emitir parecer sobre assuntos da área educacional, por iniciativa de seus conselheiros ou quando solicitado pelo Ministro de Estado da Educação e do Desporto; e) manter intercâmbio com os sistemas de ensino dos Estados e do Distrito Federal; f) analisar e emitir parecer sobre questões relativas à aplicação da legislação educacional, no que diz respeito à integração entre os diferentes níveis e modalidade de ensino; g) elaborar o seu regimento, a ser aprovado pelo Ministro de Estado da Educação e do Desporto."		nomeação dos demais Conselheiros, pelo menos a metade, obrigatoriamente se daria "dentre os indicados em lista elaborada especialmente para cada Câmara, mediante consulta a entidades da sociedade civil relacionadas as áreas de atuação dos respectivos colegiados.", no caso da "Câmara de Educação Básica a consulta envolverá, necessariamente, indicações formuladas por entidades nacionais, públicas e particulares, que congreguem os docentes, dirigentes de instituições de ensino e os Secretários de Educação dos Municípios, dos Estados e do Distrito Federal", enquanto que para a "Câmara de Educação Superior, a consulta envolverá, necessariamente, indicações formuladas por entidades nacionais, públicas e particulares, que congreguem os reitores das universidades, diretores de instituições isoladas, os docentes, os estudantes e segmentos representativos da comunidade científica." (redação dada ao art. 8º, §§1º, 2º e 3º da Lei nº 4.024/1961) Ficando assegurado que a indicação feita por entidades e segmentos da sociedade civil se dessem sobre brasileiros de reputação ilibada, que tenham prestado serviços relevantes à educação, à ciência e à cultura, e que a escolha dos nomes que comporão as Câmaras, pelo Presidente da República, levasse em conta a representação de todas as regiões do País e as diversas modalidades de ensino, de acordo com a especificidade de cada colegiado. (redação dada ao art. 8º, §4º e §5º da Lei nº 4.024/1961) Sendo que a presidência de cada Câmara seria assumida por aquele escolhido por seus pares, vedada a escolha do membro nato. (redação dada ao art. 8º, §7º da Lei nº 4.024/1961)

APÊNDICE II

LINHA DO TEMPO: TRAJETÓRIA INSTITUCIONAL DO CSE AO CNE

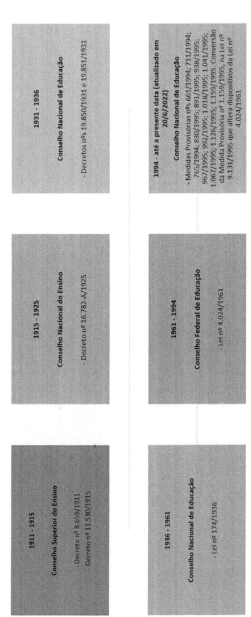

APÊNDICE III

COMPOSIÇÃO DA CÂMARA DE EDUCAÇÃO SUPERIOR DO CNE NO PERÍODO DE 1996 A 2015

Nº	Conselheiro	Mandato	Condição	Cidade	UF	Região	Posse	Início	Fim	Posse	Início	Fim
1	Abílio Afonso Baeta Neves	Encerrado	Membro nato	Brasília	DF	CENTRO-OESTE	13-nov-96	13-nov-96	17-mai-00			
2	Aldo Vannucchi	Encerrado	Nomeado	Sorocaba	SP	SUDESTE	10-mai-06	10-mai-06	10-mai-10			
3	Alex Bolonha Fiúza de Mello	Encerrado	Nomeado	Belém	PA	NORTE	04-mai-04	04-mai-04	04-mai-08			
4	Amaro Henrique Pessoa Lins	Encerrado	Membro nato	Brasília	DF	CENTRO-OESTE	08-mai-12	08-mai-12	07-mar-13			
5	Ana Dayse Rezende Dórea	Encerrado	Nomeado	Maceió	AL	NORDESTE	10-abr-12	10-abr-12	07-jun-14			
6	Anaci Bispo Paim	Encerrado	Nomeado	Salvador	BA	NORDESTE	04-mai-04	04-mai-04	04-mai-08			
7	Antônio Carlos Caruso Ronca (1)	Encerrado	Nomeado	São Paulo	SP	SUDESTE	04-mai-04	04-mai-04	04-mai-08	10-jun-08	10-jun-08	10-jun-12
8	Antônio de Araújo Freitas Junior	Encerrado	Nomeado	Rio de Janeiro	RJ	SUDESTE	10-jun-08	10-jun-08	10-jun-12			
9	Antônio Macdowell de Figueiredo	Encerrado	Membro nato	Brasília	DF	CENTRO-OESTE	05-jun-00	05-jun-00	08-mai-01			
10	Arnaldo Niskier	Encerrado	Nomeado	Rio de Janeiro	RJ	SUDESTE	26-fev-96	26-fev-96	26-fev-98			
11	Arthur Roquete de Macedo (1)	Em curso	Nomeado	São Paulo	SP	SUDESTE	06-abr-98	06-abr-98	06-abr-02	09-abr-02	09-abr-02	09-abr-06
12	Arthur Roquete de Macedo (2)	Em curso	Nomeado	São Paulo	SP	SUDESTE	07-jun-10	07-jun-10	07-jun-14	07-out-14	07-out-14	07-out-18
13	Benno Sander	Encerrado	Nomeado	Niterói	RJ	SUDESTE	03-jul-12	03-jul-12	29-abr-14			
14	Carlos Alberto Serpa de Oliveira	Encerrado	Nomeado	Rio de Janeiro	RJ	SUDESTE	26-fev-96	26-fev-96	26-fev-98	06-abr-98	06-abr-98	06-abr-02
15	Carlos Roberto Antunes dos Santos	Encerrado	Membro nato	Brasília	DF	CENTRO-OESTE	28-jan-03	28-jan-03	09-fev-04			
16	Edson de Oliveira Nunes	Encerrado	Nomeado	Rio de Janeiro	RJ	SUDESTE	09-abr-02	09-abr-02	09-abr-06	10-mai-06	10-mai-06	10-mai-10
17	Éfrem de Aguiar Maranhão	Encerrado	Nomeado	Recife	PE	NORDESTE	26-fev-96	26-fev-96	26-fev-00	13-mar-00	13-mar-00	13-mar-04
18	Erasto Fortes Mendonça	Em curso	Nomeado	Brasília	DF	CENTRO-OESTE	03-jul-12	03-jul-12	03-jul-16			
19	Eunice Ribeiro Durham	Encerrado	Nomeado	São Paulo	SP	SUDESTE	02-set-97	02-set-97	26-fev-00	03-abr-00	03-abr-00	08-ago-01
20	Francisco César de Sá Barreto	Encerrado	Nomeado	Belo Horizonte	MG	SUDESTE	13-mar-00	13-mar-00	13-mar-04			
21	Gilberto Gonçalves Garcia	Em curso	Nomeado	Goiânia	GO	CENTRO-OESTE	07-jun-10	07-jun-10	07-jun-14	07-out-14	07-out-14	07-out-18
22	Hélgio Henrique Casses Trindade	Encerrado	Nomeado	Porto Alegre	RS	SUL	10-mai-06	10-mai-06	10-mai-10			
23	Hésio de Albuquerque Cordeiro	Encerrado	Nomeado	Rio de Janeiro	RJ	SUDESTE	26-fev-96	26-fev-96	26-fev-00			
24	Jacques Rocha Velloso	Encerrado	Nomeado	Brasília	DF	CENTRO-OESTE	26-fev-96	26-fev-96	26-fev-00			

Nº	Conselheiro	Mandato	Condição	Cidade	UF	Região	Posse	Início	Fim	Posse	Início	Fim
25	Jacques Schwartzman	Encerrado	Nomeado	Belo Horizonte	MG	SUDESTE	10-dez-01	10-dez-01	13-mar-04			
26	Jesualdo Pereira Farias	Em curso	Membro nato	Brasília	DF	CENTRO-OESTE	05-mai-15	05-mai-15				
27	Joaquim José Soares Neto	Em curso	Nomeado	Brasília	DF	CENTRO-OESTE	07-out-14	07-out-14	07-out-18			
28	José Arthur Gianotti	Encerrado	Nomeado	São Paulo	SP	SUDESTE	26-fev-96	26-fev-96	25-ago-97			
29	José Carlos Almeida da Silva	Encerrado	Nomeado	Salvador	BA	NORDESTE	26-fev-96	26-fev-96	26-fev-00	13-mar-00	13-mar-00	13-mar-04
30	José Eustáquio Romão	Em curso	Nomeado	São Paulo	SP	SUDESTE	03-jul-12	03-jul-12	03-jul-16			
31	Lauro Ribas Zimmer	Encerrado	Nomeado	Florianópolis	SC	SUL	26-fev-96	26-fev-96	26-fev-00	13-mar-00	13-mar-00	13-mar-04
32	Luiz Antonio Constant Rodrigues da Cunha	Encerrado	Nomeado	Rio de Janeiro	RJ	SUDESTE	07-jun-10	07-jun-10	23-mar-12			
33	Luiz Bevilacqua	Encerrado	Nomeado	Rio de Janeiro	RJ	SUDESTE	06-jun-06	06-jun-06	25-jul-07			
34	Luiz Cláudio Costa	Encerrado	Membro nato	Brasília	DF	CENTRO-OESTE	25-jan-11	25-jan-11	07-fev-12			
35	Luiz Fernandes Dourado	Em curso	Nomeado	Goiânia	GO	CENTRO-OESTE	03-jul-12	03-jul-12	03-jul-16			
36	Luiz Roberto Liza Curi	Em curso	Nomeado	Brasília	DF	CENTRO-OESTE	03-jul-12	03-jul-12	03-jul-16			
37	Manuel Fernando Palácios da Cunha Melo (1)	Encerrado	Membro nato	Brasília	DF	CENTRO-OESTE		02-jan-07	13-abr-07			
38	Márcia Ângela da Silva Aguiar	Em curso	Nomeado	Recife	PE	NORDESTE	07-out-14	07-out-14	07-out-18			
39	Maria Beatriz Luce (2)	Encerrado	Nomeado	Porto Alegre	RS	SUL	10-jun-08	10-jun-08	10-jun-12			
40	Maria Helena Guimarães de Castro	Encerrado	Membro nato	Brasília	DF	CENTRO-OESTE	09-mai-01	09-mai-01	23-abr-02			
41	Maria Paula Dallari Bucci	Encerrado	Membro nato	São Paulo	SP	SUDESTE	02-dez-08	02-dez-08	14-jan-11			
42	Marilena de Souza Chauí	Encerrado	Nomeado	São Paulo	SP	SUDESTE	15-jun-04	15-jun-04	15-jun-08			
43	Marília Ancona-Lopez	Encerrado	Nomeado	Curitiba	PR	SUDESTE	09-abr-02	09-abr-02	09-abr-06	10-mai-06	10-mai-06	10-mai-10
44	Mario Portugal Pedermeiras	Encerrado	Nomeado	Curitiba	PR	SUL	07-ago-07	07-ago-07	06-jun-10			
45	Milton Linhares	Encerrado	Nomeado	São Paulo	SP	SUDESTE	04-mai-04	04-mai-04	04-mai-08	10-jun-08	10-jun-08	10-jun-12
46	Myriam Krasilchik	Encerrado	Nomeado	São Paulo	SP	SUDESTE	26-fev-96	26-fev-96	26-fev-98			
47	Nelson Maculan Filho	Encerrado	Membro nato	Brasília	DF	CENTRO-OESTE	18-fev-04	18-fev-04	02-jan-07			
48	Paschoal Laercio Armonia	Encerrado	Nomeado	São Paulo	SP	SUDESTE	07-jun-10	07-jun-10	07-jun-14			
49	Paulo Monteiro Vieira Braga Barone (1)	Encerrado	Nomeado	Juiz de Fora	MG	SUDESTE	04-mai-04	04-mai-04	04-mai-08	10-jun-08	10-jun-08	10-jun-12
50	Paulo Monteiro Vieira Braga Barone (2)	Em curso	Nomeado	Juiz de Fora	MG	SUDESTE	07-out-14	07-out-14	07-out-18			
51	Paulo Speller (1)	Encerrado	Nomeado	Cuiabá	MT	CENTRO-OESTE	10-jun-08	10-jun-08	10-jun-12			

APÊNDICE III | 237

Nº	Conselheiro	Mandato	Condição	Cidade	UF	Região	Posse	Início	Fim	Posse	Início	Fim
52	Paulo Speller (2)	Encerrado	Membro nato	Brasília	DF	CENTRO-OESTE	10-abr-13	10-abr-13	31-dez-14			
53	Petronilha Beatriz Gonçalves e Silva	Encerrado	Nomeado	São Carlos	SP	SUDESTE	09-abr-02	09-abr-02	09-abr-06			
54	Reynaldo Fernandes	Encerrado	Nomeado	São Paulo	SP	SUDESTE	07-jun-10	07-jun-10	07-jun-14			
55	Roberto Cláudio Frota Bezerra	Encerrado	Nomeado	Fortaleza	CE	NORDESTE	06-abr-98	06-abr-98	06-abr-02	09-abr-02	09-abr-02	09-abr-06
56	Ronaldo Mota	Encerrado	Membro nato	Brasília	DF	CENTRO-OESTE	13-abr-07	13-abr-07	22-out-08			
57	Sérgio Roberto Kieling Franco	Em curso	Nomeado	Porto Alegre	RS	SUL	03-jul-12	03-jul-12	03-jul-16			
58	Silke Weber	Encerrado	Nomeado	Recife	PE	NORDESTE	26-fev-96	26-fev-96	26-fev-98	06-abr-98	06-abr-98	06-abr-02
59	Teresa Roserley Neubauer da Silva	Encerrado	Nomeado	São Paulo	SP	SUDESTE	10-set-01	10-set-01	03-abr-04			
60	Vanessa Guimarães Pinto	Encerrado	Membro nato	Brasília	DF	CENTRO-OESTE	26-fev-96	26-fev-96	12-nov-96			
61	Vilma de Mendonça Figueiredo	Encerrado	Nomeado	Brasília	DF	CENTRO-OESTE	13-mar-00	13-mar-00	19-nov-01			
62	Yugo Okida (1)	Encerrado	Nomeado	São Paulo	SP	SUDESTE	26-fev-96	26-fev-96	26-fev-98	06-abr-98	06-abr-98	06-abr-02
63	Yugo Okida (2)	Em curso	Nomeado	Brasília	DF	CENTRO-OESTE	07-out-14	07-out-14	07-out-18			

APÊNDICE IV

CNE – CES (1996-2015): QUADRO ANALÍTICO DE VINCULAÇÃO INSTITUCIONAL DOS CONSELHEIROS NOMEADOS NO PERÍODO DE 1996 A 2015

Informações disponibilizadas pelo Governo Federal via Lei Federal nº 12.527/2011, completadas com dados do Currículo LATTES, CNPq, dos membros nomeados e a vinculação institucional estabelecida pela LDB, Lei Federal nº 9.394/1996, nos artigos 19 e 20.

Nº	Conselheiro	Mandato	Cidade	UF	Região	Posse	Início	Fim	Posse	Início	Fim	Ligação com instituição de ensino	Vinculação institucional por categoria administrativa (LDB)
1	Aldo Vannucchi	Encerrado	Sorocaba	SP	SUDESTE	10-mai-06	10-mai-06	10-mai-10				UNISO	Privada
2	Alex Bolonha Fiúza de Mello	Encerrado	Belém	PA	NORTE	04-mai-04	04-mai-04	04-mai-08				UFPA	Pública
3	Ana Dayse Rezende Dorea	Encerrado	Maceió	AL	NORDESTE	10-abr-12	10-abr-12	07-jun-14				UFAL	Pública
4	Anaci Bispo Paim	Encerrado	Salvador	BA	NORDESTE	04-mai-04	04-mai-04	04-mai-08				UEFS	Pública
5	Antônio Carlos Caruso Ronca (1)	Encerrado	São Paulo	SP	SUDESTE	04-mai-04	04-mai-04	04-mai-08				PUC/SP	Privada confessional
6	Antônio de Araújo Freitas Junior	Encerrado	Rio de Janeiro	RJ		10-jun-08	10-jun-08	10-jun-12	10-jun-08	10-jun-08	10-jun-12	FGV e UERJ	Pública/Privada
7	Arnaldo Niskier	Encerrado	Rio de Janeiro	RJ	SUDESTE	26-fev-96	26-fev-96	26-fev-98				Cargos públicos e privados entre quais: Presidente da ABI, FUNARTE, ICSS, Secretário de Estado da Cultura do RJ e membro de instituto de estudo da Feconercio*	Pública/Privada

N°	Conselheiro	Mandato	Cidade	UF	Região	Posse	Início	Fim	Posse	Início	Fim	Ligação com instituição de ensino	Vinculação institucional por categoria administrativa (LDB)
8	Arthur Roquete de Macedo (1)	Encerrado	São Paulo	SP	SUDESTE	06-abr-98	06-abr-98	06-abr-02	09-abr-02	09-abr-02	09-abr-06	FMU*	Privada
9	Arthur Roquete de Macedo (2)	Em curso	São Paulo	SP	SUDESTE	07-jun-10	07-jun-10	07-jun-14	07-out-14	07-out-14	07-out-18	FMU*	Privada
10	Benno Sander	Encerrado	Niterói	RJ	SUDESTE	03-jul-12	03-jul-12	29-abr-14				OEA e ANPAE	Associação
11	Carlos Alberto Serpa de Oliveira	Encerrado	Rio de Janeiro	RJ	SUDESTE	26-fev-96	26-fev-96	26-fev-98	06-abr-98	06-abr-98	06-abr-02	PUC/RJ	Privada confessional
12	Edson de Oliveira Nunes	Encerrado	Rio de Janeiro	RJ	SUDESTE	09-abr-02	09-abr-02	09-abr-06	10-mai-06	10-mai-06	10-mai-10	UCAM e AVM Faculdade Integrada	Privada
13	Éfrem de Aguiar Maranhão	Encerrado	Recife	PE	NORDESTE	26-fev-96	26-fev-96	26-fev-00				UFPE	Pública
14	Erasto Fortes Mendonça	Em curso	Brasília	DF	CENTRO-OESTE	03-jul-12	03-jul-12	03-jul-16				UnB	Pública
15	Eunice Ribeiro Durham	Encerrado	São Paulo	SP	SUDESTE	02-set-97	02-set-97	26-fev-00	03-abr-00	03-abr-00	08-ago-01	USP	Pública
16	Francisco César de Sá Barreto	Encerrado	Belo Horizonte	MG	SUDESTE	13-mar-00	13-mar-00	13-mar-04				UFMG	Pública
17	Gilberto Gonçalves Garcia	Em curso	Goiânia	GO	CENTRO-OESTE	07-jun-10	07-jun-10	07-jun-14	07-out-14	07-out-14	07-out-18	IFTEG, PUC/GO, USF e UCB/DF	Pública, Privada e Privada confessional
18	Hélgio Henrique Casses Trindade	Encerrado	Porto Alegre	RS	SUL	10-mai-06	10-mai-06	10-mai-10				UFRGS e UNICAMP	Pública
19	Hésio Albuquerque Cordeiro	Encerrado	Rio de Janeiro	RJ	SUDESTE	26-fev-96	26-fev-96	26-fev-00				UERJ, Fundação CESGRANRIO	Pública/Privada
20	Jacques Velloso	Encerrado	Brasília	DF	CENTRO-OESTE	26-fev-96	26-fev-96	26-fev-00				UNB	Pública
21	Jacques Schwartzman	Encerrado	Belo Horizonte	MG	SUDESTE	10-dez-01	10-dez-01	13-mar-04				UFMG	Pública
22	Joaquim José Soares Neto	Em curso	Brasília	DF	CENTRO-OESTE	07-out-14	07-out-14	07-out-18				UnB, MNPEF	Pública/Privada (associação privada)
23	José Arthur Giannotti	Encerrado	São Paulo	SP	SUDESTE	26-fev-96	26-fev-96	25-ago-97				USP	Pública
24	José Carlos Almeida da Silva	Encerrado	Salvador	BA	NORDESTE	26-fev-96	26-fev-96	26-fev-00	13-mar-00	13-mar-00	13-mar-04	Reitor da UCSAL*	Privada confessional
25	José Eustáquio Romão	Em curso	São Paulo	SP	SUDESTE	03-jul-12	03-jul-12	03-jul-16				UNINOVE	Privada

APÊNDICE IV | 241

Nº	Conselheiro	Mandato	Cidade	UF	Região	Posse	Início	Fim	Posse	Início	Fim	Ligação com instituição de ensino	Vinculação institucional por categoria administrativa (LDB)
26	Lauro Ribas Zimmer	Encerrado	Florianópolis	SC	SUL						13-mar-04	Cargos públicos e reitor das universidades Estaduais de Santa Catarina e Estácio de Sá*	Pública/Privada
27	Luiz Antonio Constant Rodrigues da Cunha	Encerrado	Rio de Janeiro	RJ	SUDESTE	26-fev-96	26-fev-96	26-fev-00	13-mar-00	13-mar-00		UFRJ	Pública
28	Luiz Bevilacqua	Encerrado	Rio de Janeiro	RJ	SUDESTE	07-jun-10	07-jun-10	23-mar-12				UFABC e LNCC	Pública
29	Luiz Fernandes Dourado	Em curso	Goiânia	GO	CENTRO-OESTE	06-jun-06	06-jun-06	25-jul-07				UFG	Pública
30	Luiz Roberto Liza Curi	Em curso	Brasília	DF	CENTRO-OESTE	03-jul-12	03-jul-12	03-jul-16				SEB	Privada
31	Márcia Ângela da Silva Aguiar	Em curso	Recife	PE	NORDESTE	03-jul-12	03-jul-12	03-jul-16				UFPE	Pública
32	Maria Beatriz Luce (2)	Encerrado	Porto Alegre	RS	SUL	07-out-14	07-out-14	07-out-18				UFRGS/UNIP AMPA	Pública
33	Marilena de Souza Chauí	Encerrado	São Paulo	SP	SUDESTE	10-jun-08	10-jun-08	10-jun-12				USP	Pública
34	Marília Ancona-Lopez	Encerrado	São Paulo	SP	SUDESTE	15-jun-04	15-jun-04	15-jun-08				PUC/SP	Privada confessional
35	Mario Portugal Pedermeiras	Encerrado	Curitiba	PR	SUL	09-abr-02	09-abr-02	09-abr-06	10-mai-06	10-mai-06	10-mai-10	UFPR/Funpar*	Pública
36	Milton Linhares	Encerrado	São Paulo	SP	SUDESTE	07-ago-07	07-ago-07	06-jun-10				UNIBAN/CE E-SP	Privada
37	Myriam Krasilchik	Encerrado	São Paulo	SP	SUDESTE	04-mai-04	04-mai-04	04-mai-08	10-jun-08	10-jun-08	10-jun-12	USP	Pública
38	Paschoal Laercio Armonia	Encerrado	São Paulo	SP	SUDESTE	26-fev-96	26-fev-96	26-fev-98				UNIP	Privada
39	Paulo Monteiro Vieira Braga Barone (1)	Encerrado	Juiz de Fora	MG	SUDESTE	07-jun-10	07-jun-10	07-jun-14	10-jun-08	10-jun-08	10-jun-12	UFJF	Pública
40	Paulo Monteiro Vieira Braga Barone (2)	Em curso	Juiz de Fora	MG	SUDESTE	04-mai-04	04-mai-04	04-mai-08	07-out-14	07-out-14	07-out-18	UFJF	Pública
41	Paulo Speller (1)	Encerrado	Cuiabá	MT	CENTRO-OESTE	10-jun-08	10-jun-08	10-jun-12				UFMT, Unilab	Pública
42	Petronilha Beatriz Gonçalves e Silva	Encerrado	São Carlos	SP	SUDESTE	09-abr-02	09-abr-02	09-abr-06				UFSCAR	Pública
43	Reynaldo Fernandes	Encerrado	São Paulo	SP	SUDESTE	07-jun-10	07-jun-10	07-jun-14				USP	Pública

Nº	Conselheiro	Mandato	Cidade	UF	Região	Posse	Início	Fim	Posse	Início	Fim	Ligação com instituição de ensino	Vinculação institucional por categoria administrativa (LDB)
44	Roberto Cláudio Frota Bezerra	Encerrado	Fortaleza	CE	NORDESTE	06-abr-98	06-abr-98	06-abr-02	09-abr-02	09-abr-02	09-abr-06	UFC*	Pública
45	Sérgio Roberto Kieling Franco	Em curso	Porto Alegre	RS	SUL	03-jul-12	03-jul-12	03-jul-16				UFRGS	Pública
46	Silke Weber	Encerrado	Recife	PE	NORDESTE	26-fev-96	26-fev-96	26-fev-98	06-abr-98	06-abr-98	06-abr-02	GOVERNO/P E e UFPE	Pública
47	Teresa Roserley Neubauer da Silva	Encerrado	São Paulo	SP	SUDESTE	10-set-01	10-set-01	03-abr-04				GOVERNO/S P, USP	Pública
48	Vilma de Mendonça Figueiredo	Encerrado	Brasília	DF	CENTRO-OESTE	13-mar-00	13-mar-00	19-nov-01				Embrapa	Pública
49	Yugo Okida (1)	Encerrado	São Paulo	SP	SUDESTE	26-fev-96	26-fev-96	26-fev-98	06-abr-98	06-abr-98	06-abr-02	UNIP	Privada
50	Yugo Okida (2)	Em curso	Brasília	DF	CENTRO-OESTE	07-out-14	07-out-14	07-out-18				UNIP	Privada

* Informações complementadas com pesquisa realizada na internet.

Esta obra foi composta em fonte Palatino Linotype, corpo 10
e impressa em papel Offset 75g (miolo) e Supremo 250g (capa)
pela Gráfica Formato, em Belo Horizonte/MG.